KB272096

습관은 실천할 때 완성됩니다.

삼성과 LG, 현대를 거친 작가는 "어디서 일했는가보다 어떻게 일했는가"가 자신의 습관을 만들었다고 합니다. 그것은 특정 기업의 노하우가 아니라 조직이 달라져도 변하지 않았던 기준, 직함이 바뀌어도 흔들리지 않았던 판단의 원칙입니다. 작가는 "회사는 바뀌었지만, 일을 대하는 내 방식은 조금씩 다듬어졌을 뿐"이라고 말합니다. 그리고 "언젠가 회사를 떠날 수밖에 없다는 사실을 받아들이는 순간, 일하는 태도는 달라진다"고 말합니다. 현재 조직 안에 있는 40~50대 직장인, 그리고 커리어의 후반을 고민하는 분들에게 추천합니다.

그렇게 일을 배웠고 그렇게 일을 마쳤다

삼성, LG, 현대를 다니며 깨달은 것들

박만수 지음

어디에서 일했는가보다
어떤 기준으로 일했는가가 지금의 나를 만든다

좋은습관연구소

들어가며

"같은 강물에 발을 두 번 담글 수는 없다." (헤라클리투스)

처음 헤라클리투스의 이 말을 듣고 머리를 한 대 강하게 얻어맞은 것 같았다. 우리 인생에서 모든 일은 단 한 번 일어난다. 어제는 이미 지나갔고, 나에게는 오늘과 내일만 남아있을 뿐이다.

책을 쓰기로 했다. 지나간 어제를 글로 남겨서 다가올 내일을 준비하기로 했다. 불편한 현실 속에서도 따뜻한 시선을 잃지 않는 글을 쓰려고 했다. 가볍게 읽히지만 무게가 덜하지 않고, 사소하지만 여운이 남는 그런 글을 쓰고 싶었다.

고등학교를 졸업하고 미국 유학길에 올랐다. 뉴욕의 JFK 국제공항에 도착하던 그 순간을 잊지 못한다. 공항을 빠져나오는 내게 덩치 큰 흑인 아저씨가 다가와 이민 가방을 빼앗듯이 가로챘다. 그러더니 앞장서서 성큼성큼 걷기 시작했다. 한 몇십 미터쯤 갔을까? 금세 커다란 벤 앞에 도착했다.

그는 나를 빤히 쳐다보았다. 뭐지? 혹시, 팁을 달라는 건가? 난 도와달라고 한 적이 없는데... 뭔가 당한 것 같았다. 어쩔 수 없이 한국에서 환전해 온 봉투에서 10달러짜리 지폐 하나를 조

"

심스럽게 꺼내 건네주었다. 그는 하얀 치아를 드러내며 해맑게 웃었다. 그리고는 고맙다고 말했다. 나는 오히려 내가 고맙다고 인사했다. 화기애애했다. 며칠 후 알게 되었다. 그게 말도 안 되게 많은 팁이었다는 것을.

미국에서 홀로서기를 하며 그렇게 난 본격적으로 인생을 마주하기 시작했다. 그때부터 인생이란 건 늘 내게 그런 거였다. 몰랐다고 용서되지 않는 것. 정신 바짝 차리지 않으면 언제든 또 당할 수 있는 것. 사소한 것도 깊이 생각해야 좋은 결정을 할 수 있는 것. 돌아보며 후회하지 말아야 하는 것. 다양하게 경험해야 예측이 가능하고 어떤 상황에서도 여유를 가질 수 있어야 하는 것.

언젠가부터 끄적거리는 버릇이 생겼다. 생각과 깨달음은 소리와 같아서 가만히 두면 금세 허공 속으로 흩어진다. 바로 떠올리면 기억날 것 같지만, 시간이 흐르면 점점 희미해지다가 결국 까마득해진다. 잡아두고 싶었다. 숱한 경험의 터널을 지나며 깨어 있으려 노력했다. 작은 일이라도 의미를 찾아보려 했고, 하찮아도 적어보려고 했다. 생각과 감정을 활자 속에 가둔다는 건 애당초 어리석은 욕심이지만, 그보다 더 현명한 방법을 알지 못했다. 그래서 글을 쓰기 시작했다.

이 글은 내가 직접 겪어온 경험의 기록이다. 세상 누구에게나 언제든 닥칠 수 있는 평범한 일상이다. 더하지도 않았고 덜어내지도 않았다. 내가 어떻게 그 상황을 지나왔으며, 그 과정에서 어떤 느낌이 들었고 무엇을 배웠는지 덤덤하게 적었다. 끄적거리는 오랜 습관이 기억을 도왔다.

당신이 사회에 나갈 준비를 하고 있거나 이미 사회 초년생이라면, 혹은 오랜 사회인이더라도 매일 반복되는 일상에 지쳐 위로와 용기가 필요하다면, 마음속 어딘가에서 인생의 다음 챕터를 준비하고 있다면, 이 책은 바로 당신을 위한 것이다.

각자 처한 상황에 따라 와 닿는 것은 다르겠지만, 이 글 모퉁이에서 당신 자신을 마주하길 바란다. 새로운 관점으로 묵었던 문제가 풀려나가고, 우러나오는 공감으로 마음에 해방을 얻게 되기를 소망한다. 나는 아직 진행형인 사람이지만, 나의 어제가 당신의 내일에 도움이 될 수 있다면 더 바랄 게 없겠다.

이 책을 읽으며 안도하는 마음을 갖고 새롭게 떠오른 아이디어에 기뻐하며 아침을 손꼽아 기다릴 당신, 당신 덕분에 글을 쓰고 정리하며 잠 못 들었던 수많은 밤이 더욱 소중해질 것 같다. 고마운 당신을 직접 만날 그날을 꿈꾼다.

2026년 시작되는 봄을 기다리며
박 만 수

목차

CHAPTER 2. LIFE - 인생에 관해 내가 깨달은 것들

여는 글

늘 글이란 걸 쓰고 싶었다. 하지만 왜 당장은 쓸 수 없는지 백만 가지 이유가 있었다. 머릿속으로 글들이 떠다녀도 도무지 시작할 수가 없었다. 회사에서 내게 기회를 주기 전까지는 말이다.

"가장 고통스러운 끝은 가장 아름다운 시작이 될 수 있다."
(사라 메이)

12월의 어느 월요일 아침, 인사 부서의 조 상무가 오후에 31층에서 볼 수 있는지 연락이 왔다. 시간 맞춰서 올라갔더니 방 앞에 나와 전화를 받고 있었다. 나는 편히 전화받으라는 눈짓을 보내고 먼저 방에 들어가 앉았다. 네 사람이 앉을 수 있는 테이블 위에 생수가 놓여 있었고, 맞은편 통창으로는 흐린 하늘이 보였다. 전화를 마친 조 상무가 금세 따라 들어왔다.

"박 상무님이 저희 회사에 들어오신지 얼마나 됐지요?"

"이제 딱 3년 되었네요."

"처음엔 누가 연락을 드리고 만났었지요? 아, 맞다. 그때는 유 상무님이 계셨구나."

"말 돌리지 않으셔도 돼요. 그냥 편하게 말씀하세요. 인사

(人事) 부서가 멋없게 왜 그래요.”

“아… 그게… 이번에 신사업을 기존 사업과 조금 더 밀착해서 진행해보자고 대표님이 말씀하셔서, 조직을 짜다 보니 신사업 하는 상무님 사업부가 없어지게 되었어요. 다른 포지션을 찾으려 애썼는데 끝까지 자리를 못 찾았네요. 미안합니다.”

“아니요. 상무님이 미안할 건 없지요. 각자 자기 일을 하는 건데요. 회사 올 때부터 언제든 이런 날이 올 거라 생각하고 있었기에 늘 가상의 임기를 떠올리며 올해가 마지막이라는 생각으로 일해왔습니다. 미련은 없어요. 전 정말 괜찮습니다.”

“그렇게 말씀해 주시면 감사하지요. 간혹 내가 왜 나가야 하느냐, 내가 뭘 그렇게 잘못했느냐 따지시는 분도 있어서요…”

“아닙니다. 한 살이라도 젊었을 때 새로운 도전을 할 수 있게 된 게 오히려 다행인지 몰라요. 그동안 의미도 있었고, 재미도 있었습니다.”

그게 끝이었다. 현대글로비스에서 3년의 여정은 그렇게 막을 내렸다. 지난 25년의 직장 생활이 내 의지와 상관없이 마무리된 순간치고는 이상하리만치 덤덤했다. 타격감이 없었다. 오히려 홀가분했다. 언젠가 이런 날이 올 거라고 머릿속으로 수없이 상상을 해왔는데, ‘이런 기분이었구나’ 싶었다. 그때였다. 글을 써야겠다 생각이 들었다. 그 순간에 느낀 이 기분이 무엇이었는지, 왜 그런 기분이 들었는지를 남기고 싶었다.

그러고 보니 난 참 운이 좋았다. 어린 나이에 유학을 떠나서 거의 10년간 미국에서 생활하며 양쪽의 문화를 경험하는 호사를 누렸다. 한국에 돌아와서는 삼성, LG, 현대라는 최고의 대기업에 몸담으며 사업이 어떻게 성장하는지 경험할 수 있었다. 지난 25년을 다양한 신사업을 책임지면서 '혁신'이라는 키워드에 푹 빠져 지냈다. 성취한 것은 성취한 대로, 실패한 것은 실패한 대로 소중한 자산이 되었다.

MIT 미디어랩에 가서는 그들이 어떤 상상을 하고 어떻게 미래를 만들어 나가는지 직접 관찰할 수 있었다. MIT 슬론에서 MBA를 하면서는 세계 각국에서 온 친구들을 만났다. 그들로부터 얻은 새로운 시선과 교훈은 내 사회적 자아를 이루는 자양분이 되었다. 그리고 스타트업 및 투자가들과도 자연스럽게 인연을 맺었다. 그들이야말로 진정한 혁신가였다. 자신의 신념을 행동으로 옮기는 힘이 있었다. 세상을 바꾸려는 그들의 열정과 에너지는 내 삶에 큰 자극이 되었고, 매 순간 겸허히 나 자신을 돌아보게 했다. 동시에 가정에서는 사랑하는 아내의 남편, 두 아들의 아빠가 되어 더 좋은 사람이 되기 위한 노력도 게을리하지 않았다. 돌아보면 참으로 복 받은 인생이었다.

'그래, 이 모든 걸 남겨보자. 시시콜콜하더라도 내 이야기를 써 보자.'

그걸 따라가다 보면 지난 50여 년 동안의 삶이 실타래 풀리듯 줄줄 엮여 나올 것 같았다. 자취를 남기는 것이 열심히 살아온 나 자신에게 줄 수 있는 선물이라는 생각이 들었다. 그동안 내가 은혜 입었던 분들에 대한 도리라고도 생각되었다. 갑자기 마음속 저 끝에서 뭔가 희망 같은 것이 반짝였다.

31층에서 25층까지 비상계단을 타고 걸어 내려오면서 나도 모르게 미소가 지어졌다.

하나의 문이 닫히면 다른 하나의 문이 열린다. 끝은 새로운 시작이다.

CHAPTER 1.

WORK
그렇게 일을 배웠고,
그렇게 일을 마쳤다.

세상의 전부라 믿었던 회사가
광대한 우주의 아주 작은 부분이었음을 알게 되었다.
열정과 야심이 넘치지만, 동시에 냉소와 스트레스로 가득 찬 공간.
아침이면 어김없이 또 일을 하러 간다.
그게 마치 인생인 것처럼...

세상의 전부라 믿었던 회사가
광대한 우주의 아주 작은 부분이었음을 알게 되었다.

내가 그냥 하면 된다

"완벽보다는 완성이다." (셰릴 샌드버그)

내 커리어의 1막은 삼성이었다. 그 시작은 미국의 한 고급 호텔에서 열리던 채용 설명회였다. 대기업은 매년 현지에서 글로벌 채용 행사를 열었는데, 유학생 처지에서는 비싼 호텔 뷔페를 공짜로 먹을 수 있는 흔치 않은 기회였다. 졸업을 앞두었던 나는 호텔로 향했고, 그 자리에서 삼성 임원을 만났다. 병역 특례를 보장해준다는 말에 별 고민 없이 삼성전자 입사를 결정했다. 지금 돌아보면 참 어리숙했다.

귀국 후 삼성전자에 연락하자 상황이 달라져 있었다. 행정적 오류 때문에 병역 특례 정원이 이미 꽉 찼다는 것이었다. 대신 삼성전기 입사를 권유받았다. 무선랜을 삼성전자와 함께 공동 개발하는 조직이라서 일하는 건 크게 다르지 않을 거라고 했다. 다른 선택지는 없었다. 내게는 병역 특례가 중요했다.

그렇게 삼성전기에서 첫 직장생활이 시작됐다. 막상 들어가보니 사정은 또 달랐다. 함께 개발하던 삼성전자는 중도에 발을 뺐고, 무선랜 사업은 삼성전기에 남겨져 있었다. 개발부터 사업화까지 우리가 다 해야 했다.

　　CHAPTER 1. WORK | 그렇게 일을 배웠고, 그렇게 일을 마쳤다.

문제는 삼성전기는 부품 회사라는 것이었다. 완제품 사업 경험도, 시장에 내놓을 상품을 직접 만든 경험도 없었다. 모든 게 처음이었다.

완제품 사업을 하려면 부품에는 붙이지 않던 판매 이름도 따로 기획해야 했다. 당시 삼성전자 제품을 살펴보니 대표적인 IT 기기로 '매직스테이션'이 있었다. 우리도 비슷하게 이름을 정했다. '매직랜'. 처음 만든 이름치고는 나쁘지 않은 것 같았다.

다음은 팔기 위한 준비였다. 매직랜을 고객이 샀다고 가정하고, 구매 과정을 따라가 봤다. 제품만 있다고 끝이 아니었다. 패키지 박스가 필요했고, 당연히 디자인도 필요했다. 설치 CD(고객이 CD를 PC에 넣었을 때 자동 실행되는 프로그램)도 있어야 했다. 그러나 아무것도 준비된 게 없었다. 사소한 것 하나까지 오롯이 우리가 챙겨야 했다.

나는 그룹장에게 물었다.

"설치 CD는 어떻게 준비하죠?"

"박 대리가 한번 만들어 봐. 어차피 누군가 해야 하잖아. 감각 있으니까 잘할 것 같은데?"

황당했다. '고객에게 팔 건데 나보고 한번 만들어 보라니. 최고의 대기업에서 이렇게 주먹구구식으로 한다고?' 하지만 숙제를 받은 이상 방법을 찾아야 했다.

먼저 설치 파일부터 시작했다. 알아보니 '인스톨실드'라는 전문 프로그램이 있었다. 바로 라이선스를 구매하고, 후배와 함께 매뉴얼을 뜯어보며 사용법을 익혔다. 코딩하고, 실행하고, 수정하고, 또 실행하고, 수십 번을 반복했다.

CD가 자동 실행되게 하려면 영상 인터랙션이 필요한데, 학부 시절 홈페이지 만들 때 써봤던 '프리미어' 영상 편집 프로그램이 떠올랐다. 다시 배워보기로 했다. 그룹장을 설득해 라이선스를 구매한 다음, 밤마다 동영상을 편집했다. 그렇게 클릭하면 설명이 뜨고, 버튼을 누르면 설치가 시작되는 인터랙티브 프로그램이 완성됐다. 제법 그럴듯했다.

이제는 만든 프로그램을 담을 CD가 필요했다. 팀원 중 하나가 CD 프린터기라는 것을 찾아냈다. 즉시 구매했다. 이제는 CD 표면 디자인을 해야 했다. 포토샵을 열었다. 삼성 로고를 따서 넣고, 매직랜 로고도 얹었다. 근데 뭔가 밋밋했다. 여러 시행착오 끝에 로고를 사선으로 틀어봤더니 회전하는 CD와 잘 어울리는 것 같았다. 마음에 쏙 들었다. 그런데 보고를 드리자 상무님은 이렇게 말했다.

"로고가 비뚤어졌잖아. 일자로 맞춰."

디자인은 원복됐다. 마음이 아팠지만 제품을 완성하는 것이 중요했다. 우리의 첫 상품 매직랜은 그렇게 완성되었다.

삼성이라는 대기업에 입사하기로 했을 때, 잘 갖춰진 시스템 아래서 체계적으로 일을 배우게 될 줄 알았다. 하지만 막상 마주한 건 "네가 한번 해봐."였다. 처음엔 불안했다. 하지만 수많은 시행착오의 밤들이 지난 후에야 깨닫게 되었다. 우리가 방금 해낸 것이 사업이라는 것을. 세상의 모든 기업이 처음에는 다 이렇게 시작했다는 것을. 삼성 이름을 달고서 우리도 스타트업처럼 첫 상품을 만들어 냈다는 것을.

미국의 고급 호텔에서 공짜 밥을 얻어먹고 병역 특례라는 말에 어리바리 들어온 삼성에서 "사업의 본질"을 배웠다. 사업은 항상 돈을 내는 고객부터 시작된다. 개발이든, 디자인이든,

마케팅이든, 영업이든, 고객 입장에서 필요하다고 생각되는 것은 무엇이든 그냥 하면 된다. 방법을 모르면 직접 배우거나, 할 줄 아는 사람을 찾아서 시키거나, 어떻게든 해내면 된다. 사업은 그런 거였다.

완벽하게 준비된 적은 단 한 번도 없었다. 그저 용기를 낸 적이 있을 뿐이었다.

세상은 기를 쓰고 용기 낸 자의 손을 들어준다. 세상의 모든 성취는 실행이라는 산을 오른다. 성공하면 사업이 되고, 실패하면 경험이 된다.

어쩌다 해결사

"모든 게 쉬워지기 전에는 어려운 법이다." (토마스 풀러)

매직랜은 무선으로 인터넷을 할 수 있게 해주는 제품이었다. 어느 날 영업팀이 KT에서 물량을 받아왔다.

"와이파이 인증 무선랜 카드 5만 대."

초도 물량 5만 대는 상당히 큰 물량이었다. 무조건 해야 했다. 그런데 문제는 우리 제품이 아직 와이파이 인증을 받지 못했다는 것이었다. KT에 납품하려면 2주 안에는 인증을 끝내야 했는데, 우리 제품의 완료일은 두 달도 넘게 남아있었다. (와이파이 인증이란 무선랜 제품이 국제 표준을 제대로 준수하고 서로 호환되는지를 공식적으로 검증, 증명받는 절차다. 미국의 Wi-Fi Alliance이라는 국제단체가 주관한다.)

어느 날 출근하니 상무님이 내게 미국 출장을 지시했다. KT 납품을 위해서는 무조건 와이파이 인증을 받아와야 한다고 했다. 난 걱정하지 말라고 했다.

난생처음 가는 해외출장이었다. 미국 실리콘밸리에 도착해 와이파이 인증을 담당하는 애질런트 랩(Agilent Lab)을 찾아갔다. 가서 보니 사무실 빌딩이 아니라 큰 창고였다. 나는 인증 때문에 삼성에서 왔다고 말을 꺼냈다. 책임자 같아 보이는 친구가 나를 힐끗 보더니 무심하게 말했다.

"미안한데, 잘못 왔어. 인증은 직접 와서 받는 게 아니야. 온라인으로 신청하는 거야."

"나도 아는데, 너무 급해서 직접 왔어."

"그래도 안 되지. 여기 신청한 회사 중 급하지 않은 회사는 하나도 없어. 그러니 순서대로 해야지. 직접 왔다고 먼저 해주면 그건 공정하지 않잖아. 안 그래?"

상무님이 나를 보낼 땐 어느 정도 합의가 되어 있는 줄 알았다. 그런데 오자마자 문전 박대를 당하니 순간 뇌가 멈추는 것 같았다. 어쩔 줄 몰라 난 그 앞에 무작정 앉았다. 계속 가라는 눈치를 줘도 그냥 버텼다. 내가 할 수 있는 건 그것밖에 없었다. 빈손으로 한국에 돌아갈 수는 없었다.

세 시간쯤 흘렀다. 점심을 먹으려고 일어서는 것 같았다. 나는 다급해져서 말했다.

"슬슬 배가 고픈데, 혹시 이 근처에 먹을만한 게 있을까? 미안하니까 점심은 내가 살게."

"너 여기 있어 봐야 우리가 해줄 수 있는 건 없어. 사정은 딱하지만 안 되는 건 안 되는 거야. 제발 그냥 좀 가."

"그래, 이해했어. 어떻게 할지 생각 좀 해볼 테니 우선 밥이나 먹자."

"그래? 그럼, 혹시 너 멕시칸 음식 좋아하니?"

우린 근처의 멕시칸 식당으로 갔다. 그리고 밥을 먹으며 이런저런 이야기를 나눴다. 책임자 한 명만 정규직이었고, 나머지 두 명은 계약직 테스트 인력이었다. 나는 미국에서 유학했다는 것과 삼성에서 군대 대신 근무한다는 것 등 시시콜콜한 이야기를 했다.

점심 후 돌아와서 아까 그 자리에 다시 앉았다. 앞으로 어떻게 해야 할지 고민이 필요하니 그냥 앉아 있게만 해달라고 부탁했다. 그들은 내게 편히 있어도 된다고 했다. 타코와 부리토의 힘이었다.

그날 저녁 한국에 있는 라이언 선배에게 전화를 걸었다. 이쪽 상황을 설명하고 뾰족한 수가 없는지를 물었다. 버티면서 잘 설득해 보라고만 했다. 답답했다.

다음 날 아침, 커피와 도넛을 사 들고 다시 갔다. 그들은 걱정되는 눈빛으로 왜 또 왔느냐고 물었다. 나는 인증 때문에 출장 온 거라서 다른 데 갈 곳이 없다고 말했다. 도넛을 나눠 먹으며 오전을 버티고는, 다시 함께 점심을 먹으러 갔다. 점심을 먹다가 문득 책임자 친구가 말했다.

"내가 생각을 해봤는데, 유일한 방법이 하나 있긴 있어. 우리가 보통 한 제품당 하루 반씩 잡아두고 테스트를 하는데, 가끔 시작하자마자 바로 불합격 나는 제품이 있거든. 그럼 남은 시간은 사실상 비는 거야. 다음 제품은 원래 계획된 시간에 테스트를 시작하면 되니까."

"오, 좋은데. 그럼 다른 제품이 불합격 나오면 그때 우리 것 테스트하게 사이에 좀 끼워주라."

"그래 알겠어. 혹시 불합격 나오면 바로 연락해줄게."

어둡기만 했던 터널 끝에서 한 줄기 빛이 비치는 것 같았다. 같은 자리에 앉아 기다린 지 3일 차 되던 날, 드디어 불합격이 나왔다고 그 친구가 뛰어왔다. 나보다 더 기뻐하는 것 같았다.

한국에서 수없이 테스트를 연습했던 나는 그들 대신 테스트를 주도했고, 반나절 만에 모든 항목의 테스트를 무사히 통과할 수 있었다. 무턱대고 실리콘밸리로 날아온 지 3일 만에 드디어 인증이 해결된 것이었다.

바로 한국으로 전화를 걸었다.

"그룹장님, 방금 인증 해결했습니다."

한국 사무실은 그야말로 축제 분위기였다. 지푸라기라도 잡는 심정으로 출장을 보냈지만, 거의 가능성이 없다고 보았던 인증이 해결되었으니 말이다. 5만 대를 방금 판 것이나 다름없었다. 전화로 소식을 전하던 그 순간의 희열을 지금도 잊을 수 없다. 그렇게 난 어쩌다 해결사가 되었다.

처음 그 친구가 "안 돼."라고 했을 때는 눈앞이 캄캄했다. 어떻게 해야 할지 아무 생각도 나지 않았다. 하지만 포기하지 않았더니, 생각하지도 못했던 방향으로 일이 조금씩 풀려나갔다. 내가 뭘 뛰어나게 잘한 게 아니었다. 그저 버틴 것뿐이었다.

아무리 치밀하게 계획을 세워도 그대로 되지 않고, 안될 것 같은 것도 버티다 보면 의외의 곳에서 문제가 풀리기도 한다. 세상의 많은 것이 그렇다. 진정성으로 끝까지 버티는 것이 중요하다. 아무리 긴 터널에도 끝은 있다. 너무 지치기 전에 터널 끝에서 빛이 비치길 바랄 뿐이다.

강점과 약점 사이

"인생은 재미있다. 당신의 가장 큰 고통이 결국 당신의 강점
이 된다." (드루 베리모어)

KT에 첫 납품을 성공적으로 마친 후, 우리는 곧장 해외 시
장의 문을 두드렸다. 그중에서도 PC 업계 2위였던 컴팩(Compaq)
을 고객사로 확보한 것은 큰 성과였다. 단, 조건이 있었다. 우리
의 무선랜이 컴팩 노트북에서 제대로 작동하는지 그들이 직접
검증해야 한다는 것이었다.

컴팩은 기술을 중요하게 여기는 회사였다. 단순히 부품을
조립해 제품을 만드는 다른 OEM과는 달리, 자체 기술력 확보
에 아낌없이 투자하는 회사였다. 기술력이 뒷받침되자 그들은
거침이 없었고, 그들의 미래 역시 탄탄대로처럼 보였다.

나는 미국 휴스턴에 위치한 컴팩 본사로 날아갔다. 제품 호
환성 테스트를 위해서였다. 현지 엔지니어 데이비드와 온종일
테스트를 반복했다. 그는 엔지니어 경력 20년의 베테랑답게 일
도 사람도 능숙하게 다뤘다. 한 방에서 일하며 몇 차례 웃음이
오가고 나니 우린 금세 친해졌다.

어느 날, 퇴근 후 호텔에서 TV를 켰는데 뉴스에서 자막이

흘렀다.

"HP, 컴팩을 3조 원에 전격 인수."

순간 난 내 눈을 의심했다. '조금 전까지 함께 일하던 회사가 하루아침에 다른 회사가 된다고?' 당황스러웠다.

다음 날 아침, 난 출근해서 데이비드를 기다렸지만, 그는 오지 않았다. 대신 나를 찾아온 건 구매 담당자였다.

"데이비드는 어제 회사를 그만뒀어요. HP가 인수하자마자 시니어 엔지니어들을 우선 정리했다고 하더군요. 안타깝지만 그게 현실이죠."

실제로 그날 이후로 데이비드는 한 번도 나타나지 않았다. 분위기는 급변했다. HP는 기술보다 재무와 마케팅을 중요하게 생각하는 회사였다. PC같은 제품은 위탁 생산으로 단가를 낮추고, 브랜드를 잘 관리해서 판매를 극대화하면 된다고 믿었다. 이제는 기술력보다는 마케팅이, 정교함보다는 속도가 중요해졌다.

우리의 사업 구도 역시 바뀌었다. 이전처럼 함께 테스트하며 검증하던 절차는 사라졌고, 요구 사항은 더 까다로워졌다.

"이 사양에 맞게 완성해서 가져오세요. 문제 생기면 다 책임지셔야 합니다."

간단했다. 그리고 냉정했고 명확했다.

그때까지 나는 기술력이야말로 사업 성공의 핵심이라 믿었다. 남들이 흉내 낼 수 없는 고유 기술을 확보하는 것이 가장 확실한 경쟁력이라고 생각했다. 그러나 HP가 컴팩을 인수한 후 알게 되었다. 최고의 기술이 반드시 최고의 무기가 되지 않는다는 것을. 아무리 뛰어난 기술이라 하더라도, 고객이 원하지 않으면 오히려 짐이 될 뿐이라는 사실을 말이다.

2017년, 아마존(Amazon)이 고급 유기농 슈퍼마켓 체인 홀푸드마켓(Whole Foods Market)를 인수했다. 당시 아마존은 유통뿐 아니라 물류, 패션, IT, 가전 등 주변 산업 전반을 빠르게 집어삼키고 있었다. 전통의 유통 기업은 공포에 휩싸였고, 업계 전반은 일종의 패닉 상태였다. 이대로라면 세상이 아마존 한 곳으로 빨려 들어갈 것만 같았다.

그런데 그 와중에도 살아남은 회사가 있었다. 베스트바이(Best Buy)였다. 서킷시티(Circuit City), 라디오섁(Radio Shack) 같은 전통적 전자제품 유통 강자들이 속속 파산하던 때라서 베스트바이의 선전은 더욱 놀라웠다. 그들은 살아남았을 뿐 아니라 회복하고 있었다. 그들의 전략은 놀라울 만큼 단순하고 분명했다.

"우리가 가진 것 중에 아마존이 갖지 못한 것은 무엇인가?"

깊은 고민 끝에 베스트바이는 '물리적 공간'과 '사람'에 집중하기로 했다.

당시 베스트바이는 전 세계에 약 1,600개 매장을 운영하고 있었다. 문제는 이 매장이 고객에게는 아마존의 쇼룸처럼 쓰이고 있다는 점이었다. 고객들은 매장에서 실물을 확인하고, 아마존에서 주문했다. 베스트바이는 이 상황을 정면 돌파하기로 했다. 매장을 단순 '진열 공간'이 아닌 '체험 공간'으로 탈바꿈 시킨 것이다. 제품군 중심으로 진열되어 있던 매장 구조를 브랜드 중심으로 재구성하고, 입점 브랜드와 협업해 고객 체험을 강화했다.

이제 고객은 언제든 신제품을 만져보고 사용해볼 수 있게 되었다. 베스트바이는 체험 고객에게 구매를 유도하지도, 압박

하지도 않았다. 대신 아마존과 비슷한 가격으로 제품 가격을 인하했다. 그러자 고객들은 자연스럽게 현장에서 지갑을 열기 시작했다.

두 번째 무기는 '사람'이었다. 아마존이 제공하지 못하는 대면 서비스를 전략의 핵심으로 잡았다. 당시 전자제품은 점점 똑똑해지고 있었고 그만큼 복잡했다. 선택부터 설치, 사용까지 모든 것이 어려웠다. 베스트바이는 매장마다 수십 명의 '긱스쿼드(Geek Squad)'라는 기술 전문가를 배치했다. 이들은 고객의 집을 직접 방문해 제품을 설치해주고 연결을 도와주었다. 사용법을 알려주고, 고장을 수리하며, 신제품을 추천하기도 했다. 안 그래도 복잡한 제품을 어려워하던 고객에게 든든한 기술 전문가 친구가 생긴 것이었다. 긱스쿼드는 회사 전체 매출의 4분의 1을 책임질 정도로 성공적이었다. 베스트바이는 그렇게 아마존과 정면으로 맞서는 생존 전략을 찾아냈다.

그러나 봄은 길지 않았다. 몇 년 후, 코로나라는 겨울이 찾아왔다. 알 수 없는 바이러스에 수십만 명이 사망했고, 사람들은 밀집된 공간을 피하기 시작했다. '긱스쿼드'는 더 이상 고객의 집을 방문할 수 없었고, 강점이라 믿었던 오프라인 매장은 사람들의 발길이 끊긴 공간이 되었다.

최대 강점이라 믿었던 '사람'과 '물리적 공간'은 하루아침에 베스트바이의 최대 약점이 돼 버렸다. 베스트바이가 뭘 잘못해서 그런 것이 아니었다. 단지, 자고 일어났더니 비즈니스 환경이 바뀐 것이었다.

반면 아마존은 훨훨 날았다. 코로나로 비대면이 표준이 되자 배송 중심의 온라인 유통 시스템은 폭발적인 성장을 이뤘다.

코로나 이전 320조 원이던 아마존 매출은 불과 3년 만에 600조 원을 넘겼다. 아마존이 갑자기 뭘 더 잘해서 그런 것도 아니었다. 원인 모를 바이러스 때문에 행운이 찾아온 것이었다.

그리고 몇 년 후, 코로나는 사라졌고 사람들은 다시 거리로 나왔다. 쇼핑몰로 몰려가기 시작했다. '보복 소비'라는 말이 유행할 정도였다. 다시 오프라인이 주목받기 시작했다. 이제 아마존이 늘려놓은 인력과 설비가 언제 어떤 부메랑이 될지 아직은 알 수 없다. 반면 베스트바이는 다시 한번 기회를 얻을지도 모른다.

어느 날은 강점이었던 것이 다음 날은 약점이 되고, 오늘은 위기였던 것이 내일은 기회가 된다. 시간의 흐름 속에서 성공과 실패가 오르락내리락하는 것, 사업은 그런 것이다.

기업의 생존은 고객의 선택에 달려 있다. 고객은 다양한 이유로 선택한다. 기술, 공간, 사람. 그 모든 것은 선택의 옵션일 뿐이다. 고객은 그것이 있다고 반드시 선택하지도 않고, 없다고 반드시 외면하지도 않는다. 있으면 있는 대로, 없으면 없는 대로 고객의 마음을 얻을 방법을 찾기만 하면 된다.

가졌으면 가졌기 때문에 이길 수 있고, 갖지 못했으면 갖지 못했기 때문에 이길 수 있다. 뭔가가 없어서 졌다는 말은 이길 방법을 찾지 못한 사람들의 회한 섞인 넋두리일 뿐이다.

　　　CHAPTER 1. WORK | 그렇게 일을 배웠고, 그렇게 일을 마쳤다.

일은 배우지 않는다

"똑똑한 사람들을 고용해서 우리가 그들에게 일을 시키는 건 넌센스다. 우리는 똑똑한 사람들을 고용해서 그들이 우리에게 일을 시키도록 한다." (스티브 잡스)

무선랜 칩을 공부하고, 코딩하고, 테스트하고, 기술영업도 했다. 신모델을 만들 때마다 그걸 반복했다. 나름의 성취도 있었다. 작은 기술이 모여 무선랜 하나가 완성되는 게 신기했고, 고객이 그걸 사줄 때면 뿌듯했다. 하지만 문득 이런 생각이 들었다.

'이걸 언제까지 반복해야 하지?'

기술을 넘어, 더 큰 그림을 그리고 싶어졌다. 작은 모듈보다 넓은 비즈니스를, 단편적 성과보다 의미 있는 방향을 추구하여 세상에 더 큰 영향력을 주고 싶었다.

그 무렵, 운 좋게도 LG전자에서 기회가 왔다. CTO 산하의 기술전략팀이었다. 전사 기술을 관통하는 부서였다. 제품 단위가 아니라 기술 단위로 세상을 보는 곳. 내가 원하던 더 큰 시야를 경험할 수 있는 곳이었다. 나는 결단을 내렸고, 그렇게 두 번째 커리어가 시작됐다.

막상 가보니 연구원일 때와는 달리 전략 부서는 분위기가 무거웠다. 정장 차림으로 출근해야 했고, 사무실은 늘 고요했다. 게다가 팀장은 거의 완벽주의자였다. 말수가 적었고, 매사에 진지했다. 주말에도 늘 하루는 출근해 혼자 책을 보며 기술을 공부하는 사람이었다. 마음은 따뜻했지만, 일에는 타협이 없었다.

한 번은 나와 비슷한 시기에 입사한 김 과장과 함께 평택으로 출장을 갔다. 회의를 마치고 순댓국밥집에 들어갔는데, 주문을 막 마친 김 과장이 나직하게 물었다.

"박 과장님은 요즘 아침에 눈뜰 때 무슨 생각이 드세요?"

"글쎄요. 별생각 없는데. 그냥 출근 준비하죠. 왜요?"

"전요, 아침마다 가슴이 벌렁거려요. 오늘은 또 무슨 일로 깨질까 싶어서. 전 팀장님이 너무 무서워요."

그로부터 한 달 후, 김 과장은 회사를 그만두었다. 제빵 기술을 배워 빵집을 차릴 거라고 했다. 실제로 그가 빵집을 냈는지는 아무도 모른다. 연락은 끊겼고 기억만 남았다.

생각해 보면 당시 팀장은 야단도 많이 쳤다. 경험이 많은 선배들도 매일 한 소리씩 들어야 했다. 그런데 이상하게도, 나는 혼난 기억이 별로 없다. 왜 그랬을까?

입사 초기, 나는 "전 개발자 출신이라 기획 업무는 잘 모릅니다."라고 솔직히 말했는데, 팀장은 "기획일은 어렵지 않아. 조금만 하면 배울 수 있어."라고 대답했다. 나는 그 말만 믿고 열심히 뛰어다닌 게 전부였다.

어느 날은 지인에게 재미있는 솔루션을 소개받았다. 아무 음악이나 몇 초만 들려주면 곡명을 알려주는 기술이었다. 응용 아이디어가 샘솟았다. 우리 제품에 넣으면 좋겠다는 생각이 들었다. 난생처음 기획서라는 걸 써서 팀장에게 들고 갔다. 팀장은 시키지도 않은 걸 들고 온 나를 한참 쳐다보았다. 그리고는 덤덤히 말했다.

"사업부에 가서 직접 소개해 봐."

나는 그걸 허락으로 받아들였고, 이후 사업부를 여기저기 뛰어다니며 MP3 플레이어, 차량용 오디오, TV 등에 적용을 제안했다. 지금 생각하면 참으로 어설픈 일이었지만, 팀장은 나를 말리지 않았다.

오랜 시간이 흐르고, 나도 조직장이 되었다. 어느 날, 우연히 당시 팀장을 만나 그때의 일을 물었다.

"저 별로 야단맞은 기억이 없는데, 그때 왜 저는 많이 혼내지 않았어요?"

"내가 볼 때 넌 일을 곧잘 했어. 네 생각대로 열심히 뛰었잖아. 난 그게 좋았어."

그 말이 오래 남았다. 그때 나는 일을 배운 게 아니었다. 내 방식대로 만들어 갔다. 맞든 틀리든, 내 생각대로 시도했고, 팀장은 그걸 지켜봐 줬다. 새싹을 밟지 않았고, 스스로 성장할 시간을 줬다. 지금도 그게 고맙다.

한참 뒤의 일이지만, 그 후로 십 수년이 흘러, 현대글로비스의 사업부장이 되었을 때, 신입사원이 입사하면 늘 그들에게 말했다.

"업무를 배우려고 하지 마세요. 일은 배우는 게 아닙니다. 맡은 일의 본질을 고민해서 본인의 생각대로 하세요. 일을 배워서 선배처럼 일한다면 당장 칭찬받을 수는 있지만, 그러면 여러

분은 그저 또 한 명의 헤드카운트(Headcount)가 될 뿐입니다. 여러분들처럼 훌륭한 인재를 뽑아 놓고 헤드카운트로 쓰는 건 큰 낭비예요. 일을 빨리 배워서 비슷한 결과를 내려고 하지 말고, 남모르는 방법으로 남다른 결과를 내보세요. 뻔하지 않은(기대 이상의) 결과를 낼수록 여러분의 가치는 올라갑니다."

그리고 다음 말도 덧붙였다.

"오늘부터 여러분도 일 인분입니다. 막내라고 선배들을 돕거나 보조하려고만 하지 말고, 각자 자기 일을 하세요. 저도 일 인분, 여러분도 일 인분입니다. 건강한 조직은 그렇게 만들어지는 거예요."

조직에는 위계가 있다. 책임은 언제나 리더가 져야 한다. 뛰어난 성과를 냈던 리더일수록 정답을 정해두고 팀원에게 빈칸 채우기만 시키는 경우가 있다. 일사불란하고 결과는 빠르다. 하지만 그런 방식으로는 절대 탁월한 성과가 나오지 않는다. 그 순간부터 리더 자신이 조직 역량의 한계가 되기 때문이다.

조직이 성장하려면, 팀원 한 사람 한 사람이 경계를 밀어내야 한다. 삐쭉삐쭉 기존의 선을 넘고, 틀을 부숴야 한다. 리더는 팀원들이 그럴 수 있도록 길을 터줘야 한다.

최고의 리더는 팀원을 통해 자기 생각을 구현하는 사람이 아니다. 조직이라는 그릇을 넓히는 사람이다. 일은 배우지 않는다. 각자 매번 새롭게 만든다. 그것이 진짜 일이고, 진짜 성장이다.

복잡하다면 모르는 것이다

"내 언어의 한계가 내 세계의 한계다." (루트비히 비트겐슈타인)

LG그룹에는 매년 두 번씩 회장님 정례 보고가 있었다. 상반기는 '전략 보고', 하반기는 '성과 보고'라 불렀다. 그룹사 전략 조직들은 한 달 이상씩 보고 준비를 했다. 매번 본문 20장에 이것저것 유첨까지 하면 족히 100장은 될만한 보고서를 만들었다. 우리 기술전략팀(LG전자)도 두 달 전부터 별도 태스크팀을 조직하여 골방에 들어가 보고 자료를 만들었다. 그 태스크가 우리 부서 한 해 농사의 꽃이라는 말이 나올 정도였다.

그룹사 중 LG생활건강에는 차석용 부회장이라는 CEO가 있었다. 오너가 아닌데도 18년간 대기업을 이끌었던 슈퍼 CEO다. 그는 임기 동안 매출과 영업이익을 끊임없이 증가시키는 성과를 냈다. 매일 오전 6시 출근, 오후 4시 퇴근을 칼같이 지켰고, 일과 후에는 수행원 없이 시장을 돌며 감을 익혔다. 효율과 스피드를 중시했고, 옳다고 판단되면 과감히 의사결정 하는 것으로도 유명했다. 그런데 그는 회장님 보고를 전략 부서에 맡기지 않았다. 매번 하고 싶은 말을 고민해서 스스로 한 장으로 정리했고, 그걸 들고 회장님을 찾아가 보고했다.

'한 해의 전략과 성과를 한 장으로 만든다?'

한 장짜리 보고서를 직접 눈으로 본 적은 없지만, 정말 그랬다면 당시 LG 문화에서는 상당한 파격이었다. 어떻게 그게 가능할까? 업계와 사업에 대한 깊은 통찰이 없으면 절대 할 수 없는 일이다.

"단순한 문제를 복잡하게 말하는 데는 지식이 필요하고, 복잡한 문제를 단순하게 말하는 데는 내공이 필요하다. 아는 것은 쓰고 싶다. 힘들게 쓴 것은 버리기 싫다. 지식의 저주는 마지막까지 글 쓰는 사람을 괴롭힌다." (강원국, 『대통령의 글쓰기』 중에서)

'지식의 저주'라는 것이 비단 글쓰기에만 적용될까? 지식의 저주는 삶의 모퉁이마다 오만이라는 이름으로 고개를 내민다. 지식을 자랑하기보다는 내공을 쌓아야 한다. 결국 아는 만큼 쓰고, 자신 있는 만큼 빼는 것이다.

난 글을 쓸 때 술술 읽히게 쓰려고 한다. 긴 단어보다는 짧은 단어, 어려운 단어보다는 쉬운 단어를 사용하고, 문장을 짧게 끊어 빠른 호흡으로 읽을 수 있게 한다. 그리고 가능하면 글자 수도 줄인다. 소리 내어 읽으며 호흡을 체크하고, 입에 깔끔하게 붙는지도 살핀다. 그렇게 쓴 글을 다시 보며 또 줄인다. 그렇게 줄이다 보면 문맥이 끊기거나 원뜻이 전달되지 않는 순간이 온다. 그때가 바로 최종본이다. 더 이상 더할 게 없을 때가 아니라 더 이상 뺄 게 없을 때 글은 완성된다. 아마 차석용 부회장의 보고서도 그랬을 것이다.

말이란 건 허술하다. 마음을 소리 내어 말로 내뱉고 나면 후회가 든다. 설명하려 하면 할수록 부족함을 느낀다.

"People never mean what they say, people never say what they mean."

말하는 것과 실제 속 뜻은 늘 다르다. 사람들은 말한 대로 의도하지 않고, 의도한 대로 말하지 않는다. 보스턴 대학교 철학 수업 시간에 들었던 말인데, 쉽게 잊히지 않는다.

말과 의도가 다른 이유는 '인식의 해상도'와 '언어의 해상도' 차이 때문이다. 인식은 순간의 미묘한 느낌을 포함하여 고해상도로 이루어지지만, 언어는 내가 알고 있는 단어의 범주로 한정되어 저해상도로 표출된다. 그래서 사람들은 언어의 해상도를 높이기 위해 독서를 한다. 생각과 감정을 어떻게 섬세하게 표현하는지 엿보기 위해서다.

언어의 표현력을 높이는 것도 중요하다. 하지만 때로는 의식의 해상도를 일부러 낮추는 연습도 필요하다. 큰 철학이나 전략을 이야기할 때는 더욱 그렇다.

더 이상 뺄 것 없는 궁극의 본질에서 핵심만 단순하게 뽑아내야 힘이 생긴다. 감정이든, 생각이든, 전략이든, 철학이든 핵심을 짚어야 한다. 조금 모자라도 괜찮다. 복잡하다면 모르는 것이다.

낯선 문제를 푸는 힘

"진정한 지능은 우리가 얼마나 많이 아는가가 아니라, 우리가 아는 것을 얼마나 잘 활용하는가에 달렸다." (존 홀트)

기술전략팀에서 나는 디지털미디어(DM)연구소를 담당했다. DM연구소는 당시 신사업으로 내비게이션을 개발해 현대차에 납품하는 일을 시작했다. 이후 양사 간 협업을 확대하자는 논의가 있었고, 관련해서 현대차 남양연구소에서 기술 전시회를 열기로 했다.

2004년 겨울 늦은 오후, 전시회 현장을 확인하러 남양연구소를 찾았다. 예상보다 연구소는 외진 곳에 있었다. 내비게이션이 안내하는 길 대로 따라갔는데, 거의 다 가서 큰 공사로 길이 막힌 걸 알았다. 다른 길로 우회하려 했다. 하지만 내비게이션은 번번이 돌고 돌아 같은 길을 알려줬다. 세 번이나 반복해서 같은 막다른 길을 만나자, 내 얼굴에는 웃음기가 사라졌다.

이미 주위는 어두웠다. 초행길이라 근처 지리도 몰랐으며, 차에는 지도책도 없었다. 스마트폰도 없던 시절이라 순간 멍해졌다. 결국 현대차 담당자에게 전화를 걸어, 길을 물어가며 어렵사리 도착할 수 있었다.

그날 난 한 가지를 분명히 깨달았다. 기술이 아무리 우리 삶을 편리하게 만들더라도 기술이 멈췄을 때의 플랜 B는 스스로 준비해야 한다는 것을 말이다.

유학 시절 미국에서 운전을 처음 배울 때도 그랬다. 설렘과 긴장 속에서, 복잡한 길을 어떻게 찾아다닐까 걱정했다. 그러나 막상 운전을 시작하자, 문제는 자연스럽게 풀렸다. 큰 지도를 보며 도로를 외우고, 자주 다니는 골목을 익히고, 일부러 안 가본 길도 다니며 머릿속으로 지도를 완성해갔다. 그 결과, 처음 가는 목적지도 감으로 찾아갈 수 있었다. 물리적으로 어딘가를 찾아가는 문제를 스스로 해결해낼 수 있게 된 것이었다.

하지만 내비게이션을 사용하면서부터는 그 능력이 안개처럼 사라졌다. 백 번을 오가도 기억에 남는 게 없다. 내비게이션 없이는 불과 며칠 전 다녀온 곳도 찾아가기가 어렵다. 기술이 문제를 쉽게 풀어주다 보니, 스스로 해결할 수 있는 능력이 사라진 것이었다. 씁쓸했다.

아이들이 어릴 때, '우리 집 플라톤'이라는 이름으로 가족 토론 시간을 자주 갖곤 했다.

"지금까지 살면서 가장 후회되는 건 무엇인가? 만약 그때로 돌아간다면 무엇을 어떻게 바꾸고 싶은가?"

"지금까지 가장 행복했던 순간은? 그땐 왜 그렇게 느꼈을까?"

정답이 없는 질문 앞에서 아이들은 생각하고, 말하고, 서로 피드백을 주고받았다.

나는 아이들에게 늘 말했다. 살아가는 데 중요한 것은 문제를 나만의 방식으로 바라보고 해결하는 힘이라고. 삶에서 마주치는 문제는 학교 시험문제와는 달라서 단 하나만의 정답만 있는 게 아니라고. 나만의 해답을 만들어 가는 게 중요하다고 자주 얘기했다.

공부를 열심히 하면 미래의 선택지가 넓어진다는 말은 틀린 말이 아니다. 좋은 대학 졸업장은 나의 성실함을 증명하는 수고를 덜어주기도 한다. 하지만 공식 암기로 연습 문제만 잘 풀도록 훈련받은 사람은 삶의 문제를 잘 풀지 못한다. 인생에는 정형화된 공식이 없고, 기출 문제가 미리 주어지는 것도 아니기 때문이다. 그래서 일류 대학을 나온다 하더라도 인생의 문제가 저절로 풀리는 일은 없다. 좋은 대학의 졸업장이 필요 없다는 말이 아니라 충분하지 않다는 말이다.

정해진 틀에서 성실히 사느라 자신만의 생각이 정립되지 않은 사람은 휩쓸리기 쉽다. 남의 기대를 자신의 꿈이라 혼동하기도 하고, 경쟁에서 이기는 것을 인생의 승리로 착각하기도 한다. 그러다 인생이 그게 다가 아니란 걸 깨닫게 되면, 배신감이 찾아온다. 그 화살촉은 결국 자기 자신에게 향한다.

얼마 전 프로야구 경기에서 자동 투구 판정 시스템(ABS)이 고장 난 일이 있었다. KBO가 세계 최초로 도입한 시스템인데, 갑자기 이유 없이 작동을 멈췄다. 한참 회의 끝에 심판들은 직접 판정을 하기로 했다. 하지만 얼굴에는 당황한 표정이 역력했다. 그들은 얼마 전까지도 직접 눈으로 판정을 해 왔던 분들이고, KBO에 ABS가 도입된 건 고작 두 달 전이었다.

"Use it, or lose it."

사용하지 않으면 잃어버리는 법이다.

지적 능력은 얼마나 많이 아느냐가 아니라, 모르는 것을 마주했을 때 어떻게 행동하느냐로 결정된다. 생각의 깊이와 폭이 중요하다. 낯선 문제를 풀어내는 사고의 힘이 필요하다. 그 힘은 멈추지 않는 사유의 습관에서 자란다.

불편함의 가격

"손실이 이득보다 크게 느껴지는 법이다."(다니엘 카너먼)

DM연구소를 담당했을 때, MP3 플레이어 제품군이 확대되고 있었다. 수년 전에 출시되었던 애플의 아이팟에 더해 아이튠즈(iTunes) 음악 스토어가 MP3 시장을 키우고 있었다. 나도 음악 시장을 본격적으로 스터디했다. 그리고 DRM(Digital Rights Management)이라는 디지털 권리 기술을 통해 불법 복제와 무단 공유 방지 방안을 고민했다.

하지만 막는 기술이 나오면 금세 푸는 기술이 나왔다. 중요한 건 어떻게 막느냐가 아니라, 풀어야 할 필요를 느끼지 않도록 어떻게 만드는가였다. 시작은 기술이었지만, 결국 고민의 끝에서 만난 건 사람의 심리였다.

넷플릭스에서 《플레이리스트》를 보다가 당시의 깨달음이 되살아났다. 온라인 음악 서비스 스포티파이(Spotify)의 창업 초창기를 사실적으로 다룬 드라마인데 흥미로웠다.

나는 이런 류의 콘텐츠를 좋아한다. 맥도널드 이야기인 《파운더》, 블랙베리 이야기인 《블랙베리》 같은 것 말이다. 보고 있으면, 지금 최고의 서비스가 사업 초창기에는 어떻게 좌충우돌

했는지 한눈에 그려볼 수 있다.

스포티파이도 처음에는 더파이럿베이(The Pirate Bay)처럼 공짜 MP3를 뿌리는 회사 취급을 당했다. 당연히 소니 같은 대형 음반사와의 협상 테이블은 엉망이었다. 하지만 천재 개발자이자 창업가, 낙천적인 투자자, 그리고 당찬 법무 담당자. 전혀 어울릴 것 같지 않은 이들의 조합은 최고의 결과를 만들어 냈다.

드라마임에도, 나는 그들의 무모해 보이는 도전을 보며 희열을 느꼈다. 그리고 보는 내내 떠오른 또 다른 이름이 있었다. 바로 '냅스터'와 '소리바다'였다.

오래전 미국 유학 시절, MP3 음원을 처음 접했다. CD 없이도 고음질의 음악을 들을 수 있다는 것이 신기했다. 마침 MP3를 다운로드할 수 있는 사이트들이 우후죽순 생겨났고, 덕분에 미국에서도 한국의 최신 노래를 들을 수 있었다. 밤새 냅스터에서 MP3를 내려받아 CD에 굽고 다음날 차에서 들었다. 친구들에게도 선물로 나눠주곤 했다.

나중에 한국에 돌아와서 보니 소리바다라는 사이트가 있었다. 거의 모든 노래를 찾을 수 있는 MP3의 천국이었다. 그런데 어느 순간부터 좀 이상했다. 원하는 곡을 찾으려고 검색하니 결과가 끝도 없이 늘어났다. 같은 제목의 파일이 100개도 넘게 나왔다. 그중 하나를 받아 재생하면 전혀 다른 노래가 흘러나왔다. 지우고 다시 받았다. 이번에는 노래가 맞긴 했지만 중간에 뚝 끊어졌다. 또 다운받았지만 다시 실패했다. 몇 번의 시도 끝에 간신히 괜찮아 보이는 파일을 찾아냈다. 그런데 듣다 보니 중간에 고막이 찢길 듯한 날카로운 굉음이 섞여 나왔다. 온전한 곡 하나를 찾기 위해 수도 없이 다운로드하고, 끝까지 들으며 확인해야 했다. CD에 담을 마지막 곡을 다운받느라 밤을 꼴딱 새웠다. 그때 문득 이런 생각이 들었다.

'도대체 나 지금 뭐 하고 있는 거지?'

피곤했다. 불쾌했고 짜증이 났다. 돈을 조금 아껴보자고 내 자존심을 갉아먹는 기분마저 들었다. 그제야 "불법이니까 그만해야지."라는 명분이 고개를 들었다. 명분은 원칙에서 오지 않았다. 체감된 불편에서 왔다. 그날 밤, 나를 멈춰 세운 건 '불법'이라는 사실이 아니라 '불편'하다는 현실이었다.

아마 그즈음이었던 것 같다. 애플 아이튠즈가 곡당 결제 모델을 내놨다. 한국에서도 벅스가 유료 서비스를 시작했고, 멜론도 탄생했다. 심지어 소리바다까지 합법 유료화를 시작했다. LG도 MP3 플레이어를 만들기 시작했다.

고객의 지갑을 여는 일은 생각보다 쉬웠다. '제대로 된 파일'을 쉽게 다운받을 수 있게 해주자 곡당 500원, 1,000원은 아깝지 않았다. MP3를 공짜 음악이라 여길 땐 비싸게 느껴지던 것이, 내 수고를 덜어주는 비용이라 생각하니 오히려 싸게 느껴졌다.

돌아보면 기술의 역사는 '신기함'으로 시작해 '불편의 제거'로 완성된다. 냅스터와 소리바다는 음악을 공짜로, 빠르게, 널리 퍼뜨렸다. 쉽고 편리해서였다. 하지만 얼마 후엔 숙명을 다하고 사라져 갔다. 불법이어서가 아니라, 더 이상 편리하지 않아서였다. 엄중한 법 집행이나 도덕적 자각이 아니었다. 불편함이 공짜의 가치를 상쇄했기 때문이었다.

서비스의 가치는 기능 목록이 아니라 체감하는 마찰의 총량으로 정의된다. 나쁜 선택에는 마찰을 더하고, 좋은 선택에는 마찰을 걷어내야 한다. 사람은 마찰을 줄이는 방향으로 움직인다. 그리고 한 번 편해지면 발걸음을 쉬이 돌리지 않는다.

불법은 불편하게, 합법은 편하게, 잘못된 건 어렵게, 바른 건 쉽게 설계하라. 그렇게 만든 서비스는 오래간다. 끝까지 살아남는 서비스가 좋은 서비스다.

리더의 말

"지금 과감하게 실행되는 좋은 계획이 다음 주에 실행되는 완벽한 계획보다 낫다." (조지 S. 패톤)

2005년, CTO가 바뀌었다. 신임 CTO는 부임하자마자 새로운 지시를 내렸다. CTO 부문의 비전을 수립하라는 것이었다. 생소한 업무였다. 팀을 꾸려 골방으로 들어가 작업을 시작했다. '비전'이라는 개념의 근원적인 의미부터 고민하기 시작했다. GE·파나소닉·소니와 같은 글로벌 전자 회사들의 비전도 참고했다.

당시 CTO 부문은 위상은 높았지만, 인원 규모 때문에 거대한 비용 조직(Cost Center)이라는 따가운 눈총을 받고 있었다. CTO의 의지는 명확했다. 기술이 사업과 분리되면 방향을 잃게 되기 때문에 돈 버는 기술을 연구해야 한다는 것이었다. 우리는 CTO가 제시한 방향성에 맞춰 '위대한 제품을 만드는 조직'임을 선언하고, 이를 실행하기 위한 핵심 원천 기술 개발과 전사의 열린 문화 선도를 과제로 정리했다. 그리고 전사 행사에서 화려하게 비전 선포식을 했다.

비전이 명확히 공유되자 많은 것이 분명해졌다. 예산을 분

배할 때도, 과제를 심의하거나 평가할 때도 새로운 기준이 생겼다. 그리고 연구원들의 태도도 달라졌다. 사업부와 협업 논의가 활발해졌고, 사업에 기여하는 과제를 만들려고 노력했다. 처음엔 비전을 만들고 선포한다는 것이 다소 작위적으로 느껴지기도 했지만, 지나고 보니 실질적인 변화를 체감할 수 있었다.

"저 두부 말고 다른 것들도 잘 먹습니다."

한 번은 연구소장 회의 시작 전, CTO가 농담 반 진담 반으로 이렇게 말하는 것이었다. 다들 웃었다. 사연은 이랬다. CTO가 연구소를 돌며 보고를 받은 후에는 늘 연구원들과 식사를 함께했는데, 연구소 입장에서는 식당 예약이 늘 고민이었다. 그러다 한번은 CTO가 식사중에 "여기 두부 맛있네요."라고 한마디 한 것이 퍼져나가 CTO가 가는 연구소마다 두붓집을 예약한 것이었다. 그분이 특별히 권위적이지도 않았지만, 자리가 그렇게 만들었다.

"비전을 선포하자."라는 말부터 "두부 맛있네요."라는 말까지. 크든 작든 리더의 말은 중요하다. 조직 운영에 대한 철학이든 개인적인 의견이든, 말의 무게는 별반 다르지 않다. 많은 이들이 리더의 입을 주시한다. 그렇기에 리더의 말은 허공에 흩어지지 않고, 멤버들 가슴에 남아 변화를 만든다.

그렇다면, 리더의 말은 어떠해야 할까?

첫째, 리더는 일관된 말을 해야 한다. 리더에게는 예측 가능성이 가장 중요하다. 기분에 따라 말이 바뀌면 구성원은 말을 듣지 않고 기분을 살핀다. 바뀔 수 있기 때문이다. 반대로 리더의 말을 예상할 수 있다면, 아무 말을 하지 않아도 이미 많은 말을 한 것이나 다름없다.

얼마 전 음식점에서 밥을 먹다가 돌을 씹은 일이 있었다. 종업원이 즉시 달려와 죄송하다고 고개 숙이며 반찬을 바꿔줬다. 나중에는 커피까지 챙겨주며, 다시 한번 용서를 구했다. 돌이 나왔지만 신기하게도 기분이 나쁘지 않았다. 말단 직원 같았는데, 어떻게 저렇게 신속히 대처할 수 있었을까? 아마도 지배인이 늘 고객 입장에서 옳은 일을 하라고 말하지 않았을까?

이처럼 리더의 일관된 말은 멤버들이 안심하고 옳은 행동을 하도록 유도한다. 그렇다고 이미 한 말이라고 해서 무조건 고집하라는 것은 아니다. 방금 한 말이 틀렸다면, 발견 즉시 사과하고 번복해야 한다. 이미 뱉은 말이 아니라, 옳은 말에 일관성이 적용되어야 한다.

둘째, 리더는 결정의 말을 해야 한다. 리더는 성과를 내야 한다. 성과는 실행을 통해 얻어진다. 그러려면 '승인'인지 '거부'인지 명확하게 말해야 한다. 그런데 불확실성이 높고 오래 걸리는 일일수록 두리뭉실하게 말하는 리더가 있다. 책임의 무게를 견디지 못하고 판단을 미루는 것이다. 하지만 때늦은 결정은 조직의 생산성을 떨어뜨린다.

예전에 리더와 회의만 하면 부서장들이 늘 다시 모이는 경우가 있었다. 저마다 들은 말을 주섬주섬 다시 꺼내 놓고 리더가 무슨 말을 했는지 해석하는 재논의를 했다. 우습게 들리지만 그들은 진지했다. 명확하지 못한 리더의 말은 결정이 아니라 또 하나의 숙제일 뿐이었다.

완벽하지 않더라도 명확한 방향성을 결정해서 말해야 한다. 리더도 모를 수 있다. 그럴 땐 모른다고 인정하고 빠르게 배우면 된다. 잘못된 결정이면 바꾸면 되고, 그 과정을 투명하게 소통하면 된다. 가끔은 옳은 결정보다 용기 있는 결단이 중요하다. 리더는 옳은 걸 결정하는 사람이기도 하지만, 결정한 걸 옳게 만드는 사람이기도 하다.

셋째, 리더는 긍정의 말을 해야 한다. 많은 구성원이 열정에 넘쳐 해보고 싶은 게 많더라도, 어디까지 가능한 건지 모르는 경우가 많다. 이때 '해도 된다' 말해주는 것이 리더의 역할이다.

예전에 MIT 미디어랩에 머물면서 가장 많이 들었던 말이 "좋은 생각이다." "재밌겠다." "한번 해보자."였다. 아무리 엉뚱해도 취지가 좋고 방향이 옳다면 늘 그렇게 말했다. 그러면 현실과 거리가 먼 상상 속 아이디어도 보석 같은 기회로 변하곤 했다. 그들의 긍정 반응은 시도하도록 용기를 줬고, 결국에는 혁신으로 이어졌다. 세상의 많은 혁신은 그런 무모할 정도의 초긍정에서 왔다.

리더는 끝을 열어주는 말을 해야 한다. 말로 가능성을 열어줘야 한다. 믿어주는 리더 아래에서 열정이 자라고, 열정이 모여 성과가 만들어진다. 해도 되는 만큼 해낼 수 있다.

"나라의 구조를 국민이 바꿀 수 없는 것처럼, 직원이 회사 구조를 바꾸기는 어렵습니다. 회사가 먼저 직원들에게 '타석에 서세요. 도전해도 좋습니다.'라고 말해야 한다고 생각합니다. 그렇게 직원들이 도전해서 방망이를 휘두르면, '왜 그런 볼에 휘둘렀어?'라고 말하고 싶더라도 참고 '나이스 스윙'이라고 말해주는 것이죠. 직원들이 도전할 수 있는 환경을 만들어주는 것이야말로, 열심히 일하는 이들에게 그런 환경을 만들어주는 것이야말로, 사장인 제가 해야 할 일이 아닌가 생각합니다."

2016년 도요타의 실적 발표회 때 아키오 CEO가 했던 말이다. 조직의 리더는 왜 그랬냐고 묻고 싶은 마음이 들어도 꾹 '참고' 용기 내서 "해도 된다."라고 말해야 한다. 리더의 용기가 직원들의 마음을 움직이고 조직 전체의 공기를 바꾼다.

리더가 해야 하는 말이 있다. 리더만이 할 수 있는 말이 있다. "도전해도 좋습니다. 나이스 스윙." 책임이라는 왕관의 무게를 견디고, 그 말을 해야 진정한 리더가 될 수 있다.

규칙은 내가 만든다

"인생은 짧다. 규칙을 깨라."(마크 트웨인)

CTO 부문의 연구에 새로운 시각을 얻기 위해 해외 유망 대학과의 스폰서십을 기획했다. 스탠포드를 비롯해 여러 학교를 검토한 끝에, MIT 미디어랩과 스폰서십 계약을 맺었다. 나는 스폰서십 프로그램의 담당자가 되었고, 종종 미국으로 건너가 그들과 이야기를 나누었다.

MIT 미디어랩은 전통 학문의 경계를 넘어 기술과 과학, 예술, 디자인의 융합을 지향하며 만들어졌다. 설립 취지에 맞게 한계가 없는 상상력과 융합적 시도는 세상에 큰 영감을 주었다. 특히 그들의 연구는 많은 SF 영화에 모티브를 제공하기도 했다. 영화 《마이너러티 리포트》에서 톰 크루즈가 장갑을 끼고 허공에 손을 휘저으며 화면을 제어하던 명장면은 미디어랩의 프로젝트 '식스센스'의 결과물이었다.

스폰서십의 담당 교수는 히로시 이시이(Hiroshi Ishii) 교수였다. '손에 잡히는 미디어(Tangible Media)'라는 연구 그룹을 이끌며 HCI(Human Computer Interaction) 분야에서 세계적인 석학 반열에 오른 분이다. 앞서 말한 '식스센스'도 그의 제자 작품이었다. 만날 때마다 새로운 영감을 주는 좋은 친구이자 스승 같은 분이었다.

이시이 교수의 이력은 독특했다. 일본 도쿄에서 태어나 삿포로에서 자랐고, 컴퓨터 공학으로 박사 학위를 받은 후 일본 NTT 연구소의 수석연구원이 되었다.

한 번은 MIT 미디어랩의 창립자인 니그로폰테(Negroponte) 교수가 일본을 방문해 NTT를 찾았는데, 이시이 박사는 '클리어보드(ClearBoard)'라는 프로젝트를 시연했다. 화면을 통해 서로의 얼굴과 스크린을 공유하며 마치 같은 공간에 있는 듯이 협업을 가능케 하는 시스템이었다. 일종의 1990년대 버전의 줌(Zoom)이었다. 당시 시연을 지켜본 니그로폰테 교수는 크게 감명을 받았고, 즉석에서 이렇게 말했다.

"당신, 나랑 MIT에 갑시다."

"저는 더 이상 공부할 생각이 없습니다. 박사 과정도 이미 마쳤고, 나이도 서른아홉입니다."

"더 공부하라는 게 아니고, 나와 함께 학생들을 가르치자는 겁니다."

그 말에 이시이 교수는 무척 당황했다고 한다. 자신은 영어도 부족하고, 체구도 작고, 나이도 많고, 실력도 충분하지 않다고 생각해서였다. 하지만 마음 한편으로는 이 기회를 놓치면 안된다는 직감이 들었고, 고민 끝에 그는 과감히 보스턴행 비행기에 몸을 실었다. 그 순간이 그의 인생 전환점이 되었다.

그렇게 서른아홉의 무모한 도전은 피나는 노력으로 이어져 10년 뒤 미디어랩에서 가장 영향력 있는 교수 중 한 명이 되었다. 그의 이야기는 내게 큰 도전을 주었다.

한번은 이시이 교수가 한국을 방문해 저녁을 대접했는데, 그가 재밌는 이야기를 꺼냈다. 사고의 관점에 관한 것이었다. 자신이 일본과 미국에서 오래 살다 보니, 두 나라가 관점 측면에서 큰 차이가 있다는 걸 느꼈다고 했다. 그는 "일본인은 규칙 기반 사고를 하고, 미국인은 논리 기반 사고를 한다."라고 했다.

가령, 새벽 2시, 길에는 다니는 차가 거의 없다. 대부분의 일본인은 신호가 파란불로 바뀔 때까지 기다린다. 차도 없는데 왜 기다리느냐고 물으면 '그게 규칙이니까.'라고 답한다. 반면 대부분의 미국인은 그런 경우에 양쪽을 살피고는 그냥 건넌다. 빨간불인데 왜 신호를 무시하느냐고 물으면, '차도 안 오고 아무에게도 피해를 주지 않으니 건너도 괜찮다.'라고 답한다. 사회적 약속은 어겼지만 나름의 논리는 있는 것이다.

두 나라의 이런 차이는 옳고 그름의 문제가 아니라 그저 문화적으로 다를 뿐이라고 이시이 교수는 설명했다. 그런데 진짜 흥미로운 것은 그 다음에 이어지는 말이었다.

이러한 사고 방식의 차이가 혁신의 빈도에 결정적인 영향을 미친다는 것이었다. 즉 미국인은 자기 논리를 만들기 위해 늘 '왜(Why)'를 고민한다. 규칙이 정해진 후에도, 계속해서 그 이유를 묻는다. 그래서 새로운 해석, 새로운 시도가 자주 등장한다. 이러한 사회적 분위기는 혁신의 토양이 되고, 저마다의 개선 아이디어는 혁신의 씨앗이 된다. 반면 일본인은 규칙이 만들어지는 순간, 더 이상 '왜'를 묻지 않는다. 순종이 미덕이기 때문이다. 그래서 사회로는 안정적인 질서가 만들어지지만, 이런 환경에서는 혁신이 나오기 어렵다. 이미 만들어진 규칙이 암묵적인 한계가 되어, 그 선을 넘어서는 생각을 하기 어렵게 되기 때문이다.

이 얘기를 듣고, 나 역시 양쪽의 문화를 오랫동안 경험한 사람으로서 고개가 끄덕여졌다. 비슷한 문화권으로서 한국도 일본과 별반 다르지 않은 것 같았다.

규칙은 지키는 것이다. 이를 잘 지키는 사회가 성숙한 사회다. 하지만 규칙을 맹목적으로 지키려고만 하지 말고, 그 규칙을 애초에 왜 만들었는지 끊임없이 되물어야 한다.

세상은 바뀌고, 기술은 발전한다. 당시의 규칙이, 당시의 '왜'라는 질문에 대한 대답이, 이젠 더 이상 유효하지 않을 수 있다. 새로운 시대에는 새로운 질문과 새로운 규칙이 필요하다. 규칙이니까 무조건 지켜야 한다는 것은 그릇된 맹종이 될 수 있다.

원래 그런 거라고 말하는 순간, 영문도 모른 채 많은 것이 불가능해진다. 세상에 원래 그런 것은 없다. 당면한 문제를 찾아 새로운 논리를 구성하고, 새로운 규칙을 만들면 된다. 규칙을 깨는 것이 변하지 않는 규칙이다.

기능인가 목적인가?

"마음 깊은 곳의 목적으로 시작하라."(스티븐 코비)

　나는 담당자로서 미디어랩 스폰서십 운영 방안을 고민했다. 연구원 한 명을 장기로 파견하여 구체적 과제를 진행하는 스폰서 기업도 있었지만, 우리는 그렇게 하지 않았다. 대신 미디어랩을 통해 구성원들의 시야를 넓혀주고 상상력을 자극하는 방향으로 고민했다. 그래서 가급적 많은 인원을 몇 개월 단위로 쪼개가며 번갈아 파견하는 방법을 택했다.

　나 역시 잠시 파견을 나가 미디어랩에 몇 개월 머문 적이 있다. 한정된 시간이었기에, 짧은 기간 동안 어떻게 하면 회사에 도움이 될 수 있는 활동을 할 수 있을지 고민했다. 그리고 세 가지 실행 계획을 세웠다.

　첫 번째는 모든 연구 그룹들을 만나서 그들의 연구와 LG 사업과의 접점을 찾아보는 것이었다. 두 번째는 MIT에서 분사한 스타트업들을 만나 혁신 트렌드를 파악하고 회사에 전달하는 것이었다. 그리고 마지막은 학교에 상주하는 다른 글로벌 스폰서 회사들과 네트워킹을 정례화하는 것이었다.

　즉시 삼성, 혼다, 도시바, 히타치, 브리티시텔레콤 등 스폰서 회사 파견자들과의 정례 모임을 만들었다. 처음에는 그냥 점심이나 함께 먹자고 제안했다. 그러다 학교 행사가 있으면 함께 참석하고 우리끼리 토론도 이어갔다. 부쩍 친해졌다.

얼마 후 미디어랩 디렉터가 나를 따로 불렀다. 오랫동안 스폰서십을 운영해왔지만, LG 덕분에 이제야 스폰서들 간 교류가 활발해졌다며 감사하다고 했다. 내가 한 건 그저 "모입시다."라고 제안한 것뿐이었는데, 흐르는 강물도 떠주면 공(功)이라고, 그의 감사가 오히려 더 감사했다.

미디어랩의 연구 그룹도 열심히 만났다. 각자의 연구 주제와 그 뒤에 깔린 철학을 들을 수 있는 소중한 기회였다. 그중 한 연구 그룹으로부터 소중한 인사이트를 얻었는데, 사고의 방향에 대한 통찰력과 신사업을 바라보는 프레임이었다. 핵심은 '기능 중심(Function-oriented)' 사고와 '목적 중심(Object-oriented)' 사고의 차이였다.

사업을 시작할 때 우리는 흔히 고객의 니즈부터 떠올린다. 그리고 기술이든, 서비스든 고객의 니즈를 어떻게 만족시킬지 고민한다. 이때 고객의 니즈는 '목적'이 되고, 이를 해결하기 위한 기술과 서비스는 '수단'이 된다. 이 둘을 명확히 구분해야 한다.

처음 전화기라는 것이 발명되었을 때를 생각해보자. 사람들은 멀리 있는 누군가와 소통하길 원했다. 예전에는 직접 찾아가야만 소통이 가능했다. 하지만 전화기가 발명되자 이 문제를 집에 앉아서 해결할 수 있었다. 신비로운 경험에 모두 갖고 싶어 했다. 전화기를 사기 위해 월급을 모두가 쏟아부어도 아깝지 않았다. 하지만 전화기가 보편화되면서부터는 신비감이 사라졌고 곧 불편함이 드러났다. 벨이 울리면 시끄러웠고, 상대방의 상황을 고려하지 않고 일방적으로 걸려오는 전화는 무례했다. 통화하는 동안에는 자리도 뜰 수 없었다. 그래서 이러한 불편함을 개선하는 새로운 수단들이 계속 등장했다. 무음, 진동, 영상 통화, 톡. 멀리서도 소통하려는 목적은 그대로인데, 기술은 변했고 수단은 진화했다.

"생각해 보니 참 바보 같았습니다. 우리는 그동안 이렇게 해왔죠. 음악을 듣기 위해 음원을 디지털로 압축하고, CD를 만들고, 플레이어를 만들고, 고객이 CD를 사고, 그걸 넣고, 재생했어요. 단지 노래 한 곡 듣고 싶었을 뿐인데 말이죠."

빌 게이츠가 '생각 주간(Think Week)'을 갖고 나와서 한 말이다.

음악을 듣고 싶다는 니즈는 '목적'이고, CD와 플레이어라는 매개체는 당시 기술 환경에서는 최선의 '수단'이었다. 이후, 수단은 MP3 플레이어라는 매개체로 바뀌었고, 궁극적으로는 스트리밍으로 진화했다.

스트리밍에는 더 이상 별도의 매개체가 필요 없다. 이제는 누구도 CD 플레이어를 들고 다니며 음악을 듣지 않는다. 목적과 직접 관련이 없는 수단으로서의 매개체는 제거하는 것이 최선이다. 아무리 편리해도 아예 없는 것만큼 편할 수는 없다.

애플 에어팟도 마찬가지다. 언박싱 후 이어셋을 꺼내 귀에 꽂자 음악이 자동으로 흘러나온다. 빼면 멈추고, 다시 꽂으면 이어서 재생이 된다. 애플은 음악을 듣기 위해 해야 했던 모든 과정을 걷어냈다. 블루투스를 활성화하는 것도, 폰과 이어셋을 연결하는 것도, 음악 앱을 열고 재생하는 것도 할 필요가 없다.

귀에 꽂는 동작 하나로 음악을 들을 수 있게 된 것이다. '수단을 제거하고 목적으로 직진하는 설계'가 어떻게 고객 경험을 혁신할 수 있는지 잘 보여주는 사례다.

테슬라의 일론 머스크가 어느 인터뷰에서 이렇게 말한 적이 있다.

"모든 사용자의 개입은 에러다(All input is error)."

사용자의 개입이 잘못됐다는 말이 아니라, 애초에 개입할 필요조차 없도록 설계하겠다는 뜻이다. 운전자의 의도를 미리 파악하고 알아서 움직이는 자동차를 만들겠다는 뜻이다. 진정한 목적 중심 사고다.

기술 기반으로 신사업을 만들 수 있는 경우는 세 가지다. 목적 달성을 위해 새로운 수단을 제공하여 신비감을 주는 경우, 기존보다 더 편한 수단을 제공하여 편리함을 주는 경우, 불필요한 수단을 제거하고 바로 목적을 달성하게 해주는 경우.

첫 번째와 두 번째는 기능 중심의 사고에 해당하고, 세 번째는 목적 중심의 사고에 해당한다. 이중 세 번째 유형이 신사업으로 등장하면 앞선 두 유형의 사업은 수명을 다한다. 사람들은 목적에만 관심이 있을 뿐, 수단으로서의 기술은 늘 '필요낭비'이기 때문이다.

지금 당신이 준비 중인 신사업은 어떤 유형에 해당하는가? 기능에 집중하여 수단을 제공하는가? 목적에 집중하여 수단을 제거하는가?

역발상의 지혜

"가정(假定)을 의심해보라. 당신의 가정은 세상을 보는 창이다. 가끔 그 창을 닦지 않으면, 빛이 들어오지 않을 것이다."
(앨런 알다)

2007년 신임 CEO(LG전자)가 부임했다. 회사를 둘러보고 그는 혁신이 필요한 시기라고 진단했다. 미래 성장 동력을 만들되 우연이 아니라 시스템적으로 만들어 내길 요구했다. 이를 위해 부문마다 CEO 직속 TFT가 만들어졌다.

나는 CTO 부문의 TFT 멤버로 차출되었다. 그러다 우리 리더가 중간에 다른 TFT로 이동하면서 내가 대신 리더를 맡게 되었다. 부담스러웠지만 어떻게든 결과를 만들어 내야 했다. 매일 밤늦게까지 논의를 거듭한 끝에 두 가지 방향을 정리했다.

"아이디어를 풍성하게 만드는 것(Ideation)"과 그렇게 나온 아이디어를 검증하며 "프로세스적으로 좁혀나가는 것(Gate Approach)"이었다. 여기서 재미있는 사실은 이 둘 모두 '역발상'을 할 때 더 좋은 결과를 얻을 수 있다는 것이다.

먼저 "아이디어를 뽑아내는 것"부터 살펴보자. 모든 혁신은 아이디어에서 출발한다. 검증 프로세스도 아이디어가 많다는 전제 아래에서 작동한다. 그래서 처음에는 아이디어 잘 내는 방법에 집중해야 한다. 이를 위해 한 번은 외부 전문 강사를 초빙하여 아이디어 발상 기법을 배웠는데, 지금까지도 잊지지 않는 포인트가 있다. 바로 '역발상'에 관한 것이다.

그는 아이디어가 잘 떠오르지 않을 때 두 가지만 기억하라고 했다.

"첫째, 아이디어를 낼 때는 문제와 솔루션을 철저히 분리하세요. 예를 들어, '회의가 너무 길어지니 모래시계를 써서 발언 시간을 제한합시다.'라는 아이디어를 생각해 봅시다. 여기엔 회의가 길어진다는 문제와 모래시계를 쓰자는 해결책이 함께 들어 있습니다. 이렇게 문제와 해결책을 함께 떠올리려고 하면 아이디어가 곧 막힙니다. 당장 해결책이 떠오르지 않는다는 이유로 우리가 자꾸 아이디어를 걸러내기 때문이죠. 하지만 정말 좋은 아이디어는 솔루션이 마땅치 않은 문제에서 나옵니다. 문제를 살려두세요. 솔루션은 생각하지 말고 먼저 문제만 잔뜩 쏟아내세요. 양이 중요합니다. 솔루션은 그다음입니다."

"둘째, 문제가 충분히 모인 후 솔루션이 잘 떠오르지 않을 땐, 싫어하는 사람을 떠올려 보세요. 그리고 그 사람에게 다 시킨다고 생각하고 아이디어를 내보세요. 많은 경우, 솔루션이 잘 떠오르지 않는 이유는 자신이 직접 실행해야 한다고 생각하기 때문입니다. 실행이 부담스러우면 뇌가 무의식중에 자꾸 아이디어를 걸러냅니다. 반대로 '남들에게 시킬 거야.'라고 전제를 깔면, 뇌의 필터가 해제되어 기발한 생각이 흘러나옵니다. 정말 좋은 아이디어는 실행이 불가능해 보이는 것에서 나옵니다. 아이디어는 원석과 같아요. 처음엔 가치 없어 보여도, 잘 닦고 다듬으면 보석이 됩니다."

강사의 이러한 역발상적 설명에 모두 웃었다. 하지만 정말로 내가 아니라 남에게 시킬 것으로 생각하자(발상을 전환하자) 머리가 뚫리기 시작했다. 실제로 내부 워크숍에서 아이디어를 도출해보았는데, 효과는 놀라웠다. 이 이야기를 듣고 워크샵을 한 그룹과 그렇지 않은 그룹 사이에는 질적으로도 양적으로도 확연한 차이가 났다.

최근에도 이와 유사한 내용을 책에서 읽은 적이 있다. 책 제목은 『회사를 망하게 하는 법』으로 다소 자극적이지만, 실제 내용은 CIA의 방해 공작에 관한 것이었다. 제2차 세계대전 당시 극비 문서로 만들어졌던 '손쉬운 방해 공작 매뉴얼'을 역으로 해석해 '조직 관리 매뉴얼'로 재조명한 책이었다.

"모든 일을 프로세스로 만들고, 예외는 절대 허용하지 마라." "과거의 결정을 계속 문제 삼고, 작은 일에도 근거를 요구하라." "회의체를 많이 만들어라." "회의록 문구와 단어에 대해 끝없이 승강이를 벌여라." "연설은 개인적인 경험을 섞어 장황하게 하라." "늘 실패 가능성을 반복해서 언급하고, 관련 없는 사안들도 자주 섞어 논의하라."

다소 소심해 보이는 내용이지만, 틀린 말은 하나도 없었다. 지나치게 노골적인 방해는 금방 눈에 띄지만, 은밀하고 사소한 교란은 티 나지 않게 조직을 무력화한다. 진짜로 회사를 망하게 하는 건 대단한 공작이 아니라 이런 사소한 일상의 틈에서 시작되는 법이다.

그리고 제목 자체도 시사점을 주었다. 통상 '회사가 성공하는 법'으로 제목을 짓지, '회사가 망하는 법'이라고 짓지는 않는다. 하지만 때로는 이렇게 역으로 말하는 것이 더 와 닿을 때가 있다. 거꾸로 말했을 때 더 강한 인상이 남는 것이다. 이는 사람의 뇌와 연관이 있다. 사람들은 '손실회피' 경향을 갖고 있어, 잘해서 얻는 것보다 못해서 잃는 것에 더 민감하다. 회사를 성공시키는 법도 좋지만, 망하는 법에 더욱 귀가 쫑긋해지는 이유다.

아이디어를 풍성히 뽑는 방법에 대해 알아보았으니, 다음으로 "아이디어를 검증하며 프로세스적으로 좁혀나가는 것"도 생각해보자.

오랫동안 신사업을 해오며 생긴 버릇이 하나 있다. 추진 중인 신사업의 실패를 떠올리며 미리 거꾸로 질문을 해보는 것이다. 여기에도 '역발상'의 지혜가 요긴하게 쓰인다.

"최선을 다했지만 결국 실패했다. 대체 무엇이 문제였을까?"

이렇게 가정하고 질문을 던지는 순간(역발상을 하는 순간), 무슨 수를 써서라도 이 사업을 망하게 한 이유가 무엇인지 찾아야 하는 사람처럼 사고하게 된다.

'품질 문제로 리콜했고, 핵심 부품이 단종됐고, 특허 소송에 휘말렸고, 인증을 못 맞췄고, 규제 대응이 느렸고, 과한 마케팅으로 손익이 무너졌고, 고객 응대 실패로 SNS에 악플이 넘쳐났고...'

이처럼 가상의 실패 시나리오는 오히려 내가 피해야 할 위험의 체크 리스트가 되어준다. 막연히 성공을 기대하는 것보다 실패를 가정하고 대비하는 것이 성공에 훨씬 더 가까이 다가가도록 도와주는 것이다.

 CHAPTER 1. WORK | 그렇게 일을 배웠고, 그렇게 일을 마쳤다.

역발상 사고법은 사업뿐 아니라 인생 전반에도 적용된다.

"사랑하는 사람이 당신을 떠났다. 무엇 때문이었을까?" "부모로서 아이와의 관계가 무너졌다. 무엇 때문이었을까?" "그토록 간절히 원했던 시험에 떨어졌다. 무엇 때문이었을까?"

간절히 이루고 싶은 일이 있다면 실패했다고 가정하고 미리 질문해보자. '도대체 왜 실패했을까?' 당장 무엇을 해야 하고 무엇을 하면 안 되는지 생각이 분명해질 것이다.

하지만 한 가지 분명히 해야 할 것이 있다. 왜 실패했는지 묻는 질문이 절대 포기의 이유가 되어서는 안 된다는 것이다. 미리 맞은 예방 주사에 앓아눕지 않는 것처럼, 온갖 실패의 이유를 미리 떠올렸다고 해서 시도 자체를 포기해서는 안 된다. 먼저 따져보고 대비하는 것으로 오히려 성공 확률을 높여야 한다. 손실 회피 본능에 무릎 꿇어서는 안 된다.

우리는 성공하기 위해 실패를 상상한다. 더 단단해지기 위해 거꾸로 질문한다. 역발상의 지혜란 실패를 상상함으로써 성공을 준비하는 태도다.

실패하지 않는다고 성공하는 것은 아니다

"우리의 문제는 너무 높은 목표를 세우고 실패하는 것이 아니라, 너무 낮은 목표를 세우고 달성하는 것이다." (아리스토텔레스)

미래 성장 동력을 만들기 위한 방법을 두 가지 방향으로 정리했지만, 이를 반복 가능한 시스템으로 만드는 미션은 쉽지 않았다. 해답을 찾기 위해 여기저기 뛰어다녔다. 일본 매킨지 사무실로 찾아가 혁신 전문가와 논의하기도 했고, 미국 미네소타의 3M 본사에 가서 프로세스를 배우기도 했다. 막바지에는 임원 20여 명과 함께 뉴욕 IBM 본사에 가서 며칠씩 워크숍을 하기도 했다.

8개월의 TFT를 마치며 CEO에게 최종 보고를 했다. 그 결과 CTO 부문에 신사업팀이 만들어졌고, 내가 팀장을 맡게 되었다. 팀 이름은 EBO(Emerging Business Opportunities), 마지막에 방문했던 IBM의 신사업 인큐베이션 프로그램에서 따온 것이었다. 세계적인 석학도 대기업에서는 쉽지 않다고 했던 '파괴적 혁신'을 통한 신사업 개척이 EBO 팀장인 내게 주어진 미션이었다.

하버드대학 클레이튼 크리스텐슨(Clayton Christensen) 교수는 자신의 저서 『혁신가의 딜레마』(Innovator's Dilemma)에서 다음과 같이 신사업의 어려움을 말했다.

"대기업은 기존 사업을 조금씩 개선하는 '존속형 혁신'은 잘하지만, 전혀 다른 접근이 필요한 '파괴적 혁신'에는 취약하다. 파괴적 혁신은 처음엔 단순하고 시장도 작으며, 이익도 적다. 그리고 고객들은 생소하게 느낀다. 그래서 큰 기업에서는 관심을 받지 못하거나, 시도를 하더라도 좋은 인력과 자원이 배정되지 않는다. 자연히 성공 확률은 떨어질 수밖에 없다."

나는 비슷한 길을 먼저 걸었던 선배들을 찾았는데, 그들도 크리스텐슨 교수와 비슷한 의견을 줬다.

"대기업에서 신사업 하는 것 아니다. 괜히 고생만 하고 인정도 못 받아."

CEO가 전담 조직까지 만들어서 밀어줬는데, 왜 모두가 한결같이 말리는 걸까? 묘한 도전 의식이 생겼다. 그 후로 다양한 신사업을 기획하고 추진했다. 헬스케어, 태양광, 수처리, 조명, 로봇, 웰니스까지. 만나야 할 사람도, 배워야 할 것도 끝이 없었다. 그렇게 몇 년을 쉼 없이 달렸다.

어떤 사업은 수백억 원을 들이고도 무산됐고, 어떤 건 2년 만에 어엿한 사업 조직으로 성장하기도 했다. 돌아보면 의미 있는 성취도 있었지만 아쉬운 순간이 훨씬 많았다. 어떤 때는 신사업을 하겠다고 뛰어다니는 내가 마치 거센 강물을 거슬러 헤엄치는 연어처럼 느껴질 때도 있었다.

그렇게 수많은 충돌과 시행착오 속에서 '대기업에서 신사업이 어려운 진짜 이유'를 조금씩 알게 되었다. 그것은 시스템의 문제도 아니고 마음의 문제였다.

대기업에는 이미 탄탄한 주력 사업이 있다. 신사업을 하지 않아도 조직은 굴러가고 당장 눈에 띄는 손해는 없다. 이런 상황에서 신사업은 실패할 가능성이 높고, 그 실패는 또렷이 드러난다. 게다가 개인이 받을 수 있는 인사적 불이익의 명분이 되기도 한다. 따라서 성공에 대한 열망보다는 실패에 대한 두려움이 더 크다. 결국 이러한 두려움이 혁신의 가장 큰 장벽이 된다.

하지만 성공은 목표에 도달하는 것이고, 넘어져도 다시 일어나 이뤄내야 하는 것이다. 실패 없는 성공은 탄생하기 힘들다. 아니 있을 수가 없다. 운 좋게 한 번 성공하더라도 그걸 유지하거나 확장하는 건 더 어렵다. 그래서 "빠르게 실패하고, 작게 실패하라(Fail fast, fail small)."라는 말이 있다. 더 일찍, 더 작게 실패를 쌓아 올려 성공의 확률을 높여 가는 것이다.

신사업에서 궁극적인 성공을 원한다면, 실패를 다루는 법부터 배워야 한다. 실패 없이 목표를 빠짐없이 달성했다면 오히려 창피한 것일지도 모른다. 애초부터 달성할만한 목표만 세우고, 진정 어렵고 중요한 문제는 도전조차 하지 않고 외면한 것일 수도 있다.

'실패의 리스크'를 따지기 전에 '성공의 의미'부터 물어야 한다. 그 성공이 나와 회사, 사회에 어떤 가치를 줄 수 있는지. 대답이 분명하다면 해볼만한 이유는 충분하다. 그런 다음, 성공에 필요한 것을 하나씩 따져나가면 된다. 기술, 사람, 자금, 규제 등 빠짐없이 나열하고 나면, 이것들을 준비하는 데 방해하는 모든 게 리스크가 된다. 하나라도 삐끗하면 실패할 수 있다. 리스크를 하나씩 꼼꼼히 점검하고 부딪혀 가며 해결해야 한다.

　그리고 그렇게 노력했음에도 실패했다면, 그건 아마도 예상했던 뻔한 리스크 때문이 아니라, 아무도 생각지도 못했던 돌발 변수 때문일 가능성이 크다. 누가 코로나 팬데믹을 예측할 수 있었겠나? 누가 미국 대통령이 갑자기 수십 퍼센트의 관세를 부과할 줄 알았겠는가? 가장 위협적인 타격은 이러한 모름에서 온다. 아무리 전략이 정교해도 이러한 ‘알 수 없는 모름(unknown unknown)’은 피할 수 없다. 치명적인 리스크는 예상하는 게 아니라, 맞닥뜨리며 돌파하는 것이다.

　기회를 따져보면 그럴듯하다. 한번 해볼 만하다. 그런데 반대로 리스크를 따져보니, 하면 안 되는 이유 역시 충분히 많고 타당하다. 기회도 찾아보고 리스크도 따져보니 둘 다 맞는 얘기다. 아직은 잘 모르겠으니 조금 더 검토해 보자고 한다. 결국 기회냐 리스크냐의 문제가 아니라, 하고 싶은가 아닌가의 문제다.

　실패하지 않는 것과 성공하는 것은 다르다. 실패하지 않아야 하는 건 두려움 때문이고, 성공하고 싶은 건 꿈 때문이다. 두려움보다 꿈에 집중해야 한다. 하고 싶은가, 그렇지 않은가? 결정은 이미 내려졌다. 마음속 깊은 곳을 냉정히 들여다보면 금세 알 수 있다.

캐즘을 넘어야 혁신이 된다

"때로는 큰 도약의 용기가 필요하다. 두 번의 작은 점프로는 캐즘을 건널 수 없다." (데이비드 로이드 조지)

신임 CEO는 혁신의 프로세스화와 함께 조직의 글로벌화에도 진심이었다. 회사가 한 단계 더 성장하기 위해서는 글로벌 기준에 부합하는 조직 구조와 프로세스를 갖추어야 한다고 했다.

그때부터 글로벌 기업 출신의 외국인 C-레벨 최고 책임자들이 줄줄이 회사에 들어왔다. 그리고 자연스럽게 사내의 모든 공식적 소통은 영어로 진행되었다. 매킨지의 파트너급 컨설턴트들도 회사에 상주하며, 여러 부서와 컨설팅 프로젝트를 진행했다. 회사는 일순간에 바뀌어 갔다.

그 무렵, 글로벌 제약회사 화이자(Pfizer) 출신의 최고 마케팅 책임자(CMO)도 회사에 왔다. 그는 '고객 인사이트'라는 말을 중시하며 상품 기획 단계부터 고객조차 인지하지 못하는 숨은 니즈를 발굴해야 한다고 했다. 그리고 이를 위해 전사 차원의 프로젝트가 기획되었다. '해피키친(Happy Kitchen)'이라고 이름 붙였다. 이 프로젝트는 가전 본부, 디자인센터, 그리고 CTO 부문의 전략 멤버들이 모여 아이디오(IDEO)와 함께 진행했다.

아이디오는 세계 최고의 디자인 컨설팅 펌으로, 구조화된 프로세스를 통해 혁신을 만들어 내는 것으로 유명했다. 프로젝트의 표면적인 목표는 미래의 주방 가전 콘셉트를 만드는 것이었지만, 진짜 목적은 그들의 혁신 방법론을 직접 경험하고 배워 사내에 전파하는 것이었다. 일반 프로젝트보다 두 배의 비용을 지불해야 했지만, 우리가 직접 프로세스에 참여할 수 있기에 그만한 가치가 있다고 보았다.

가까이에서 본 아이디오는 독특한 문화를 지니고 있었다. 사무실은 자유로움 그 자체였다. 자전거가 벽에 걸려 있고, 책상 위에 그늘막이 설치되어 있기도 했다. 또 한쪽에는 정체불명의 승합차도 있었는데, 회의 공간으로 쓰이고 있었다. 위계가 거의 없는 구조였고, 아이디어가 좋고 멤버들에게 신망받는 사람이 프로젝트 리더가 되는 문화였다. 하지만 자유로움 속에는 나름의 질서가 있었다. 프로젝트마다 심리학자, 디자이너, 엔지니어 등 다양한 전공자를 조합해 배치함으로써 서로 다른 관점의 충돌을 유도했다. 억지스러운 자유가 아니라, 오랜 시간 축적된 '질서 있는 자유'였다. 그들은 어느 누구도 특정 분야의 전문가가 아니었다. 대신 스스로를 '혁신 프로세스 전문가'라고 칭했다. 어떤 과제가 주어지든 프로세스에 맞춰 혁신을 디자인하는 게 그들의 일이었다.

그들이 진행했던 프로젝트 가운데 특히 인상 깊었던 것 중 하나는 쇼핑카트 사례였다. 이 프로젝트는 1999년, 미국 ABC 방송국이 아이디오에 의뢰해 진행되었던 것으로, 단 5일 만에 어떻게 쇼핑 카트를 기존과 다르게 혁신하는지 개발 과정 전체를 방송으로 만들어 보여주었다.

아이디오는 가장 먼저 슈퍼마켓에 나가 고객들을 관찰하며 쇼핑 도중 어떤 어려움을 겪는지를 세밀하게 살폈다. 카트에 아이를 태우는 데 불편함을 느끼는 부모, 좁은 통로에서 부딪히는 카트, 카트 도난을 막기 위해 설치한 복잡한 구조물 등 다양한 문제점이 나왔다. 그런 다음, 문제들에 대한 수많은 솔루션 아이디어를 발산하고, 이를 다시 압축하여 핵심 요소를 뽑아냈다. 이후엔, 이를 중심으로 빠르게 몇 개의 프로토타입을 만들고 개선하는 과정을 진행했다. 그리고 이를 반복했다.

아이디오 혁신 프로세스의 핵심은 '발산과 압축의 반복'이었다. 결국 5일만에 완성된 새로운 쇼핑카트는 기존 제품과 전혀 다른 모습이었고, 많은 이들로부터 호평을 얻었다.

이 사례를 통해 나는 쇼핑카트의 역사에 대해서도 배우게 되었는데, 매우 흥미로웠다. 쇼핑카트를 최초로 발명한 사람은 실반 골드먼(Sylvan Goldman)이라는 사업가였다. 그는 1930년, 오클라호마에서 '험티덤티(Humpty Dumpty)'라는 슈퍼마켓 체인을 운영하고 있었는데, 고객을 관찰하다가 물건을 더 많이 사지 않는 이유가 손이 부족해서라는 사실을 알게됐다. 사람들은 장바구니가 가득 차면, 더 살 게 남아있어도 쇼핑을 멈추었다. 그것을 보고 장바구니 두 개를 얹을 수 있는 이동형 카트를 고안했다. 산술적으로는 매출을 두 배 올릴 수 있는 아이디어였다. 디자인에도 공을 들였고, 카트를 접는 개념으로 특허까지 출원했다. 준비는 완벽해 보였다.

1937년, 드디어 자신의 슈퍼마켓에 쇼핑카트를 도입했다. 하지만 기대와 달리 고객 반응은 싸늘했다. 아무도 카트를 밀고 다니려 하지 않았다. 카트는 낯설었고 우스꽝스러운 물건으로 보였다. 상점 입구에서 나눠줘 보기도 하고, 신문 광고까지 내 봤지만 소용이 없었다.

몇 주간의 고민 끝에, 그는 다시 기발한 아이디어를 냈다. 이번엔 멋진 남녀 모델을 고용했다. 모델은 근사하게 차려입고 하루종일 슈퍼마켓을 돌며 쇼핑카트에 물건을 넣었다 뺐다를 반복했다. 한참을 그렇게 하자, 고객들은 서서히 카트를 따라 써보기 시작했다. 아무리 권해도 써보려 하지 않다가 '남들도 다 하는데.'라는 생각이 들자 비로소 안전하다고 느낀 것이었다. 그리고 실제로 사용해보니 너무 편했다.

그 이후 쇼핑카트는 쇼핑 문화를 완전히 바꿔 놓았다. 한 번에 쇼핑하는 시간과 양이 급격히 늘었고, 덩달아 대형마트가 성장하기 시작했다. 동네 가게에서 매일 조금씩 물건을 살 필요 없이, 대형마트에서 일주일치 먹거리를 한꺼번에 사면 됐기 때문이었다.

미국 사회학자 에버렛 로저스(Everett Rogers)는 책 『혁신의 확산』(원제는 『Diffusion of Innovations』이고, 국내 번역서 제목은 『개혁의 확산』이다)에서 사람들을 다섯 가지 유형으로 나누었다. 혁신을 주도하는 이노베이터(2.5%), 변화를 빠르게 수용하는 얼리어답터(13.5%), 그 뒤를 따르는 초기다수층(34%)과 후기다수층(34%), 그리고 마지막에 겨우 따라 움직이는 지각 수용자층(16%).

책에 따르면 16%에 해당하는 상위 두 부류의 사람들을 제외하고는 세상 사람들 누구도 낯선 혁신을 먼저 해보고(써보고) 싶어 하지 않는다. 많은 이들이 경험한 후 괜찮다고 말해주어야 비로소 안심하고 따라간다. 그래서 진짜 혁신이 되려면, 상위

16%뿐만 아니라 나머지 84%를 어떻게 따라오게 할지, 대중적 확산의 문턱을 넘는 전략이 필요하다. 신기하다는 호기심을 넘어, 이제 써봐도 괜찮겠다는 심리적 안전감, 나도 한번 써보고 싶다는 욕망을 심어주어야 한다.

지금 우리가 당연하다고 생각하는 것도 처음에는 낯설다는 이유로 외면받았던 순간이 있다. 우리가 만드는 혁신도 초기에는 그런 불편한 순간을 마주할 것이다. 그리고 이를 돌파하기 위해서는 험티덤티에서 온종일 쇼핑카트를 밀고 다니던 멋진 모델인 전파자가 필요하다. 우리의 혁신을 대중에게 전파할 누군가가 필요하다.

신기한 걸 만드는 게 혁신이 아니다. 보편적인 인간의 삶을 바꾸어야 혁신이다. 새로운 것에 열광하는 소수가 아니라, 변화를 싫어하는 대중을 만족시켜야 한다. 누군가 캐즘을 넘어 주어야 혁신은 완성된다. 혁신은 결과론이다.

이기는 방법

"정말 두려워해야 하는 경쟁자는, 당신을 전혀 괴롭히지 않으면서도 늘 자신의 사업을 더 경쟁력 있게 만드는 사람이다." (헨리 포드)

전략 컨설팅 펌인 매킨지와 프로젝트를 많이 하게 됐다. 전략 프레임워크 교육을 받고, 200쪽이 넘는 그들의 보고서 템플릿도 받아서 활용했다. 그 이후로는 매킨지뿐만이 아니라 BCG, 베인, 커니 등과도 협업하며 논리 프로세스와 숫자 중심의 사고방식을 체득했다.

전략가로서 내 철학의 뼈대는 컨설팅 펌들과의 경험 위에서 세워졌다고 해도 과언이 아니다. 그런데 이상하게도 한 가지 질문 앞에서는 늘 혼란스러웠다. 바로 '이기는 방법'에 관한 것이었다.

컨설팅 펌들은 하나같이 '경쟁사와 어떻게 차별화할지'가 중요하다고 말했다. '차별화된 우위'가 있어야 경쟁에서 이길 수 있다고 했다. 글로벌 컨설팅 펌인 '모니터 그룹'을 만들었던 하버드 대학의 마이클 포터(Michael Porter) 교수는 "차별화 전략이란 경쟁자가 제공하지 못하는 제품이나 서비스를 소비자에게 제공함으로써 오랫동안 따라올 수 없는 우위를 확보하는 것”이라고 했다. 분명히 맞는 말이다.

하지만 세계적인 혁신 기업들은 정 반대의 주장을 하기도 한다. 그들은 경쟁하지 않는 것이 최고의 전략이라고 말한다. 경쟁자를 의식하지 말고, 절대적인 고객 가치에 집중하라고 한다. 아마존의 제프 베조스는 “경쟁사들은 샤워할 때조차 경쟁을 생각하지만, 우리는 고객을 위해 무엇을 만들지를 고민한다”고 했다. 애플의 조니 아이브 역시 “왜 경쟁사들이 애플을 이길 수 없는가? 그들은 본질적으로 더 나은 것을 만드는 것이 아니라, 경쟁사보다 ‘조금 더 나아 보이는 것’을 만든다. 그건 완전히 잘못된 목표다.”라고 말했다. 이들 이야기 역시 충분히 공감이 가는 얘기다.

한쪽은 ‘차별적 우위’를 통해 경쟁사와 싸워 이기라고 하고, 또 한쪽은 ‘경쟁하지 말라’며 고객만 바라보고 새로운 길을 가라고 한다. 둘 다 맞는 말인데 방향은 정반대다. 그래서 더 혼란스러웠다.

오랜 고민과 시행착오 끝에 내가 내린 결론은 ‘순서’였다. 두 관점은 서로 모순되는 것이 아니라, 어떤 순서로 균형을 맞추는가의 문제였다. 시작은 늘 ‘고객’부터이고, ‘차별화’는 그다음이다. 그래야 차별화가 고객 관점에서 정말 의미가 있는지 없는지를 판단할 수 있다.

그럼, 제일 먼저 해야 할 일은 뭘까? ‘절대적 고객 가치의 임계점’을 찾는 것이다. 여기서 임계점(Threshold)이란 고객이 지갑을 열게 되는 결정적 순간을 말한다. 이 선을 넘지 못하면 아무리 차별화된 제품이라도 고객은 지갑을 열지 않는다. 변화가 귀찮고 돈 쓰는 게 아깝기 때문이다. 하지만 임계점을 넘어서게 되면, "어머, 이건 꼭 사야 해."로 인식이 전환된다. 임계점은 시장조사, 과거 사례 분석, 혹은 고객으로서의 자기 확신을 통해 찾아낼 수 있다.

임계점을 찾았다면, 다음으로 내가 만들 차별화가 임계점과 어떤 관계를 갖는지 판단해야 한다. 크게 세 가지 경우로 나눠 볼 수 있다. 첫 번째는 경쟁사도 나도 모두 임계점을 넘기지 못한 경우이고, 두 번째는 경쟁사와 내가 모두 임계점을 넘긴 경우이다. 그리고 마지막 세 번째는 경쟁사가 임계점에 못 미치는데 나의 차별화가 임계점을 넘기는 경우다.

첫 번째 경쟁사도 나도 모두 임계점을 넘기지 못한 경우부터 살펴보자. 한때 '전자 만보계' 제품은 글로벌 웰니스 붐에 힘입어 핏빗, 조본 같은 스타트업이 등장하며 틈새시장을 만들었다. 이후 소니, 삼성, LG, 나이키 등 대기업도 뛰어들었다. 하지만 어느 누구도 지속적인 사랑을 받지 못했다. 모두가 기능과 성능으로 차별화를 시도했지만, 만보계라는 제품 자체가 문제였다. 하루에 몇 걸음을 걸었는지, 얼마큼의 칼로리를 소모했는지 알려주는 것만으로는 절대적인 고객 가치를 충분히 담을 수 없었다.

이런 상황이라면, 출시를 하는 것이 맞을까? 이에 대한 답은 회사가 처한 상황에 따라 달라질 수 있다. 만약 작은 스타트업이라면 우선 시장에 던져봐야 한다. 임계점을 넘길 때까지 기술 개발만 하며 버틸 순 없다. 수업료를 내더라도 시장에서 배우는 편이 더 낫다. 반면, 이미 안정적으로 사업을 하고 있는 큰 회사라면 의사결정에 신중해야 한다. 어설픈 차별화는 기존 고

객들의 익숙함을 망가뜨리고 오히려 떠나가게 할 수 있기 때문
이다.

두 번째 경우는 경쟁사도 나도 모두 임계점을 넘어선 경우
다. '커브드 TV'를 떠올려보자. 삼성과 LG는 당시 TV 화면을 휘
어 신제품을 내놓았다. 기술은 탁월했지만, 고객 반응은 시큰둥
했다. 기존 TV가 충분히 크고, 선명하며, 얇고, 적당한 가격이라
는 임계점을 이미 넘어섰기 때문이었다. 양사는 '커브드' 기술
의 차별성을 알리기 위해 '압도적 몰입감'이라는 마케팅에 막
대한 비용을 퍼부었지만 고객은 설득되지 않았다. 고객 입장에
서 이 정도 차별화는 반올림하면 같아져 버리는 반올림 오차와
같았다. 결국 커브드 TV는 시장에서 사라졌다.

삼성과 LG가 그 사실을 몰랐을까? 두 회사 모두 잘 알고 있
었다. 하지만, 그렇게 해서라도 상대를 이겨야 했기 때문에 출
시할 수밖에 없었다. 치열한 경쟁 속에서 고객 가치는 슬그머니
사라지고 말았다.

마지막 세 번째는 경쟁사가 임계점에 못 미치는데 나의 차
별화가 임계점을 넘기는 경우다. 애플의 에어팟을 떠올려 보자.
그전까지는 모두가 유선 이어폰을 썼고, 줄이 꼬이고 끊어지는
불편함을 당연하다고 생각하고 감수했다. 고객들은 그 이상을
경험해본 적이 없기에 더 좋은 방법을 상상하지 못했다. 하지만
애플은 선제적으로 과감히 줄을 없앴다. 충전, 싱크, 착용감 모
든 요소가 고도의 기술로 완성도 있게 구현되었다. 결과적으로
에어팟을 써본 고객은 다시는 유선으로 돌아가지 못했다.

애플은 여기에서 한 술 더 떠, 하얀색 무선 이어폰을 패션
아이템으로 만들고, 욕망 제품으로 승격시켰다. 기술력, 디자인,

마케팅이 총체적으로 어우러져 고객 가치의 임계점을 완벽히 넘겨버렸다. 그러자 줄을 늘어뜨리고 유선 이어폰으로 음악을 듣는 모습이 볼품없어 보이기 시작했고, 이어폰 산업 자체가 점차 무선으로 변해갔다.

절대적인 고객 가치의 임계점을 먼저 찾고, 경쟁사가 아직 도달하지 못했을 때, 나만의 차별화로 이를 넘기면 고객들은 열광하고 새로운 시장이 열린다. 가장 폭발적인 차별화다. 이게 내가 생각하는 '이기는 방법'이다.

두 개의 질문을 집요하게 던져야 한다. 우리가 추구하는 고객 가치의 임계점은 무엇인가? 지금 우리의 차별화는 임계점을 넘어서고 있는가? 이 질문에 대한 자기 확신만이 비즈니스 전쟁에서 이기는 가장 확실한 방법이다.

반전의 법칙

"가장 불만족하는 고객이 가장 큰 배움의 원천이다." (빌 게이츠)

2009년, 우리 CTO 부문은 여의도 트윈타워에서 서초 캠퍼스로 이사했다. 삼성은 수원, 현대차는 남양에 주요 연구소가 있었기 때문에, LG가 강남에 연구소를 만드는 것이 유능한 연구원들을 채용하는데 유리했다. 새로 연구소가 들어선 곳은 원래 조용한 주택가였는데, 2천 명이 넘는 직장인이 매일 출근하기 시작하자 주변 상권이 살아나기 시작했다.

얼마 지나지 않아 회사 정문 앞으로 작은 카페 하나가 문을 열었다. 카페는 LG 직원들을 대상으로 오픈 마케팅을 펼쳤고, 회원가입만 하면 아메리카노를 무료로 제공했다. 점심시간이면 카페 앞으로 공짜 커피를 마시기 위한 줄이 30미터도 넘게 펼쳐졌다. 나도 줄을 서서 마셔봤는데, 커피 향도 좋고 맛도 나쁘지 않았다. 인근에 다른 카페도 있었지만, 이곳이 더 마음에 들었다. 공짜 커피 한 잔이 그렇게 고객의 마음을 움직였다.

2주간의 공짜 커피 마케팅이 끝났다. 그런데 공교롭게도 그 주말, 회사 각 층에 두 대씩 고급 커피 머신이 설치되었다. 아메리카노, 라떼, 마키아토, 카푸치노까지 모든 종류의 커피가 공짜였다. 동료들은 믹스 커피를 버리고 수시로 머신을 이용했다. 그리고 오후가 되면 커피를 너무 많이 마셔서 머리가 지끈거린다고 할 정도였다. 문득 회사 앞 카페 생각이 났다. 이대로라면 혹시 문을 닫게 되는 건 아닐까 걱정이 됐다.

그런데 이런 일은 우리 주변에서 수시로 발생한다. 까페가 아닌 곱창집들도 비슷한 일을 겪었다. 곱창이란 마니아층이 두터운 음식이지만 위기에 취약한 메뉴이기도 하다. 광우병, 구제역 파동 때 곱창 가격은 치솟았고, 그때마다 가게에서는 손님을 찾아보기가 힘들었다. 그 외에도 TV 고발 프로그램인 『먹거리 X파일』에서 곱창·대창 안의 곱이 자연곱이 아니라 온갖 불량 기름을 욱여넣어 파는 것이라며, 비위생적인 음식으로 몰아세우자 전국의 곱창 가게들이 직격탄을 맞기도 했다. 특히 '분변 곱창'이라는 자극적인 표현은 치명적이었다.

이런 상황에서 내가 카페나 곱창집 사장이라면 무엇을 할 수 있을까? 최선을 다해 준비했는데, 예상치 못한 환경 변화로 하루아침에 모든 것이 무용지물이 되어버렸을 때, 나는 어떻게 이 터널을 빠져나갈 수 있을까? 그런데 회사 앞 카페의 생존법을 보고, 무릎을 탁 칠 수밖에 없었다.

우려했던 대로 카페에는 한동안 손님이 뚝 끊겨버렸다. 하지만 몇 주가 지나자 상황이 반전되었다. 점심시간에는 가게 앞으로 다시 줄이 이어졌고, 오후 시간에도 사람들이 삼삼오오 카페를 찾았다. 비결은 '생과일주스'였다.

카페는 커피 대신 생과일주스를 전면에 내세웠다. 오렌지, 자몽, 청포도, 딸기 바나나, 토마토, 키위, 자두, 수박, 미숫가루,

팥빙수 주스 등 메뉴도 다양했다. 무엇보다도 아메리카노와 비슷한 가격대에 생과일주스를 제공하면서 '건강하고 합리적인 선택'이라는 인식을 심어줬다. 매일 회사에서 공짜로 커피를 마시던 직원들에게 생과일주스는 건강한 대안이 되었다. 오픈 마케팅 시 만들었던 멤버십 카드는 늘 카운터에 놓여있었고, 주스를 마시며 적립 도장을 찍는 것도 쏠쏠한 재미였다.

곱창 집은 어떻게 되었을까? 전국 대부분의 곱창집이 파리를 날릴 때, 왕십리의 한 가게로는 손님이 몰려들었다. 비결은 대창을 '뒤집지 않고' 그대로 내놓는 것이었다. 이유는 명확했다. 자연 곱이 겉으로 드러나자 고객들은 안심했다. 불량 기름이었다면 곱이 붙어있을 수 없을테니 말이다. 믿을 수 있는지 없는지 고민하던 고객들에게 이 가게는 '신뢰의 상징'이 되었다. 결국 이전보다 더 많은 손님이 찾아왔다.

이 두 사례는 '반전의 법칙'이 무엇인지 잘 보여준다. 핵심은 겉으로 드러난 표면적 니즈가 아니라 변하지 않는 궁극적 니즈에 집중하는 것이었다.

카페에 30미터씩 줄을 서며 고객들이 원했던 것은 아메리카노가 아니었다. 그들이 원한 것은 잠시 회사를 벗어나는 잠깐의 여유였다. 매일 회사에서 마시는 커피 대신, 카페에서 제공하는 합리적 가격의 생과일주스는 열심히 일한 후 잠시 누리는 달콤한 휴식에 어울리는 완벽한 궁합이었다. 만약 '공짜 커피' 혹은 '저렴한 커피' 같은 겉으로 드러난 니즈에만 집착했다면, '잠깐의 여유'라는 고객의 니즈는 놓쳤을지 모른다.

곱창도 마찬가지다. 여론의 영향으로 손님이 줄긴 했지만, 고객의 니즈가 사라진 건 아니었다. 사람들은 여전히 곱창을 먹

고 싶어했고, 불신의 상황을 타개할 믿음의 증표가 필요할 뿐
이었다. 대창을 뒤집어 신뢰를 회복하자, 억눌렸던 고객 니즈가
만족되며 지갑은 저절로 열렸다.

'변하는 니즈'와 '변하지 않는 니즈'를 구분해야 한다. 표면적 니즈
에만 집중하면 언젠가는 풍랑을 만나 표류하게 되지만, 궁극적 니
즈에 집중하면 위기 속에서도 반전을 만들어낼 수 있다. 당신 고객
의 변하지 않는 궁극적 니즈는 무엇인가?

근거라는 건 애초부터 없었다

"미래를 예측하는 가장 좋은 방법은 직접 만드는 것이다."
(앨런 케이)

LG전자는 기술 중심 회사라서 신사업도 기술 기반으로 찾았다. 우리 팀은 'LG 기술 전망'이라는 프로젝트를 신규로 기획했다. 5년 후 기술 경쟁의 화두(아젠다)를 미리 예측하고 선제적으로 준비하자는 취지였다. 우리는 매년 10개의 화두를 제안했다. 그중 일부는 전략 아이템으로 선정되어 R&D 과제로 이어졌다. 2010년에 집중한 주제 중 하나는 'TV의 미래'였다.

전 세계 TV 시장은 오랫동안 아날로그 TV가 주축이었고, 그 시대의 왕은 단연 소니였다. 하지만 디지털 TV가 나온 후 삼성과 LG가 빠르게 주도권을 잡았고, 이제는 LCD TV와 LED TV가 표준이 되었다.

우리는 그다음을 예측해야 했다. 오랜 논의 끝에 찾은 키워드는 '스마트TV'와 'OLED TV'였다. 스마트TV는 비교적 명확했다. 네트워크 기능과 다양한 센서가 접목되며 TV가 별도의 생태계를 갖게 될 것이라는 가설이었다. 이미 TV 전용 서비스의 움직임도 포착되었다. 전문 매체들도 그 방향으로 TV의 진화를 이야기했다. 순조롭게 이야기가 풀렸다. 그런데 문제는 OLED TV였다. 대형 OLED 기술이 5년 내 상용화될 거라는 데에는 객관적 근거가 부족했다. 우리는 확신을 더하기 위해 경기도 파주에 위치한 LG디스플레이까지 찾아가 전문가 인터뷰도 해보았다. 하지만 돌아온 답은 비슷했다.

"수율이 안 나온다."

"가격이 터무니없이 비싸다."

"대형 패널에 투자 계획이 없다."

모두 부정적인 의견 일색이었다. 아무리 뛰어다녀봐도 우리의 가설을 뒷받침할만한 근거는 찾을 수 없었다. 결국 OLED TV를 10대 화두 중 하나로 발표하긴 했지만, 전략 아이템으로서 R&D과제로 만들지는 못했다. OLED TV는 그렇게 잊혀져 갔다.

그렇게 시간은 흘렀고, 2015년 전자신문 기사를 보다가 깜짝 놀랐다(이때는 내가 신사업전략팀장에서 신기술투자팀장으로 보직이 변경되었을 때다). LG전자가 TV 사업의 경쟁 우위를 위해서 빼 든 칼이 'OLED TV'라는 기사였다. 삼성은 기존 LED TV의 연장선에 있던 QLED TV를 밀었지만, LG는 픽셀이 자체 발광하는 OLED TV를 미래로 보고 있다는 내용이었다. 업계의 선두 회사들이 서로 다른 기술을 미는 건 이례적이었다. 기분이 묘했다. 이미 한참 전 얘기지만, 어쨌든 기사로만 보면 5년 전 우리의 예측이 옳았던 셈이었다.

재미있었던 것은 5년 전 전문가들이 지적했던 이슈가 여전히 해결되지 않았다는 거였다. 수율은 여전히 양산하기 어려울 정도로 낮았고, 가격도 제품으로 만들기에는 턱없이 비쌌다. 그럼에도 경쟁에서 이기기 위해 이 기술을 밀어 보겠다고 결정한 것이었다. OLED 기술이 주는 독보적인 화질이 고객에게 차별적 가치를 줄 수 있다고 믿고, 나머지 문제는 어떻게든 해결해 나가겠다는 선언이었다. 선 결단을 통한 의지의 표명이었다.

이후 일어난 일은 더 놀라웠다. 전문 기관들이 대형 OLED에 대한 장밋빛 전망을 쏟아내기 시작했다. 앞으로 대형 OLED가 급성장할 것이고, 프리미엄 TV로서도 OLED가 대세가 될 수 있다고 했다. LG가 이미 대규모 투자를 시작했으니 조만간 상품이 현실화될 가능성이 높다고 했다.

5년 전 우리가 그렇게 찾아 헤매던 근거가 결국 우리의 "의지"로 만들어진 것이었다. 그렇게 OLED TV는 시장에서 최고급 TV로 포지셔닝 되어갔다.

근거가 있어서 믿었던 것이 아니다. 믿었기에 근거가 생겨났다. 혁신을 위해 미래를 내다보는 것은 중요하다. 하지만 그것의 진정한 의미는 점쟁이처럼 미래를 예측하고 맞추기 위함이 아니라 나의 의지치를 우선순위화해서 목표를 정하기 위함이다.

미래는 예측한다고 거저 오지 않는다. 직접 만들어야 한다. 예측이 중요한 게 아니라 선언이 중요하다. 객관적인 근거라는 건 애초부터 없었다. 근거는 믿음이 만든다.

   CHAPTER 1. WORK | 그렇게 일을 배웠고, 그렇게 일을 마쳤다.

운이 좋게도, 운이 찾아왔다

"시도하고 실패하라. 하지만 시도하는 데 실패하지는 마라."
(존 퀸시 애덤스)

LG전자에는 해외 MBA 지원 프로그램이 있다. 삼성에서 LG로 옮길 때부터 그 이야기를 들었는데 언젠가는 꼭 그 기회를 잡고 싶었다. 입사 5년 차 무렵 운이 좋게도 후보 추천을 받았고, 난 예전부터 가고 싶었던 MIT 슬론 경영대학원에 지원하기로 마음먹었다.

그런데 한 가지 문제가 있었다. 외국인 학생에게는 토플 점수를 추가로 요구했는데, 국내 시험 일정이 밀려 기한 내에 시험을 보기가 어려웠다. 토플 때문에 MIT를 포기할 수는 없었다. 나는 고민 끝에 학교에 이메일을 썼고, 몇 번의 핑퐁이 오갔다.

"내가 올해 슬론에 지원하려고 하는데 내가 아직 토플 점수가 없다. 한국은 시험 일정이 연기되는 바람에 기한 내에 제출이 불가능하고, 일본에 가서 보기엔 요즘 일이 너무 바쁘다. 혹시 토플을 면제받을 수 있는 방법이 없을까?"

"슬론에 관심 가져줘서 고맙지만 룰은 지켜야 한다. 외국인의 경우, 영어 수업 능력 확인이 중요해서 토플은 필수다. 기한을 연장해 준다면 언제까지 가능하나?”

“지금 신청하면 최소 6개월 정도 걸린다고 들었다. 그런데 토플이 영어 수업 능력 확인용이라면, 미국에서의 학사·석사 기록으로 어느 정도 증명됐다고 봐도 합리적이지 않을까?”

“그동안 토플 면제를 요청한 선례가 없었다. 임의 면제는 안 되지만, 네가 미국에서 공부했던 기록을 고려해 면제가 가능한지 내부 논의 후 연락해주겠다.”

“이해해줘서 고맙다. 가능했다면 당연히 제출했을 거다. 어쩔 수 없는 상황이니 도와 달라.”

약 일주일 후, 이번만 특별히 토플을 면제해 주겠다고 회신이 왔다. 가장 큰 걸림돌이었던 토플이 해결된 것이었다. 그리고 이를 만회하듯 나는 영어 에세이를 더욱 정성껏 써서 지원했다.

두 달쯤 지났을까? DHL 서류가 날라왔다. 긴 호흡을 내뱉고 조심스레 봉투를 열었다. 합격이었다. ‘드디어 MIT에 가는구나.’ 날아갈 듯 기뻤다.

서류를 들고 상무님 방으로 갔다. 감사하다고 가장 먼저 말씀드리고 싶었다.

“박 팀장. 안 그래도 부르려고 했는데... 여기 앉아 봐.”

“상무님, 이거 보세요. 저 슬론에 합격했습니다. 기회 주셔서 너무 감사해요.”

“아 참, 공교롭네. 나도 방금 연락을 받았는데, 지금 금융위기 터진 것 때문에 회사가 긴축 운영을 결정했고, MBA 프로그램은 올해 동결된다고 하네. 안타깝지만 일 좀 더 하다가 내년에 가자. 하필 합격증 받아왔는데, 이런 말 해서 미안하다.”

“… 회사 결정인데 어쩔 수 없지요.”

우울했다. 말이 내년이지 상황이 나아지지 않는다면 회사의 지원 제도 자체가 없어질지도 몰랐다. 퇴사하고 자비로 가볼까 생각도 해봤지만 비용이 만만치 않았다. 우울한 기분을 가라앉히고 냉정하게 다시 생각했다. 그리고 학교에 이메일을 썼다.

“합격통지서 잘 받았고, 기회를 줘서 고맙다. 그런데 금융위기 때문에 LG가 학비를 내년부터 지원해 주는 것으로 정책이 바뀌었다. 내년으로 내 입학 허가를 변경해 주면 좋겠다.”

그 전에는 학교의 회신이 며칠 걸렸었는데, 이번에는 이례적으로 바로 회신이 왔다.

“미안하지만 연기는 불가하다. 과거에도 비슷한 사례들이 있었는데, 행정적인 복잡도가 너무 커져서 입학 허가는 당해 연도만 유효한 것으로 원칙을 세웠다. 미안하다.”

절망적이었다. 내년에 지원해도 다시 합격한다는 보장이 없었다. 고민 끝에 난 학교에 다시 이메일을 썼다.

“학교의 원칙은 존중한다. 하지만 다시 한 번만 생각을 해 달라. 난 보스턴을 사랑하고, MBA는 꼭 슬론에서 하고 싶다. 올해도 슬론 한 군데만 지원했다. 필요하다면 내년에도 또 그렇게 할 것이다. 그럼 나는 똑같은 에세이를 다시 쓸 것이고, 너희도 똑같은 에세이를 다시 심사해야 할 텐데 얼마나 비합리적이냐? 그러니 이번 경우에는 입학 허가를 연기해 주는 게 복잡도를 낮추는 상황이라고 생각한다. 한 번만 다시 고려를 해봐 달라. 부탁한다.”

“로열티를 보여줘서 고맙다. 하지만 우리도 모든 걸 고려해서 원칙을 정한 거다. 너도 지금은 그렇게 말하지만, 일년 사이에 어떤 일이 생길지 장담할 수 없을 거다. 그러니 입학 허가를 연기해 줄 수 없다는 걸 이해해 달라. 혹시 일년 뒤에도 네가 마음이 바뀌지 않는다면 그때 다시 알려달라. 그럼 그때 우리가 무엇을 해줄 수 있는지 보겠다."

"이해했다. 올해 입학할 수 없어서 안타깝지만 서로를 이해하게 된 좋은 대화였다. 프로그램에 행운을 빈다. 내년에 지원할 때 반드시 다시 연락하겠다. 성의껏 대답해 줘서 고맙다."

한발 물러날 수밖에 없었다. 그래도 하고 싶은 말은 다 했으니 후련했다. 그리고는 7개월이 흘렀다. 찬바람이 불기 시작하던 10월 말 MIT에서 이메일이 왔다. 입학 최고 책임자가 한국에 가는데 잠깐 볼 수 있겠냐고 물었다. 난 당연히 만나러 가겠다고 했다.

당일 저녁, 약속 장소인 남산 하이야트 호텔로 갔다. 알려준 볼룸으로 찾아갔더니 정장을 차려입은 사람들이 모여 있었다. 알고 보니 그 자리는 슬론의 한국인 졸업생 모임이었다. 혼자 뻘쭘하게 옆에 서 있는데, 입학 최고 책임자가 다가왔다. 우린 반갑게 인사를 나눴다. 그는 참석자를 한 사람씩 소개해 주고 있었고, 내 차례가 되자 마찬가지로 나를 다른 사람에게 소개했다.

"이 친구는 LG전자의 Jimmy Park이고, 2011년 졸업생입니다."

2년 뒤 졸업생? 그 순간 알았다. 학교가 내 입학 허가를 연기해 주기로 했다는 것을. 그 앞에서는 내색할 수 없었지만 날아갈 것만 같았다. 그날 졸업생들 앞에서 그렇게 소개받았던 그 순간의 기분은 지금도 생생하다.

그렇게 우여곡절 끝에 난 MIT 슬론에 입학했다. 무엇하나도 예상대로 흘러간 건 없었다. 어떻게 해결해야 할지도 막막했다. 그저 최대한 진정성을 가지고 부탁하고, 설득하고, 요청하고. 그게 전부였고, 그걸 끝까지 했다. 그리고는 운이 좋게도, 운이 나를 찾아왔다.

누구나 운이 필요하다. 운을 얻기 위해 우리가 할 수 있는 건, 잘 보이는 곳에 서서 간절히 손을 흔드는 것뿐이다. 운이 우리를 발견해야 찾아올 수 있다. 운은 간절함 끝에 온다.

사람은 설득되지 않는다

"신뢰는 깨지기 쉬운 것. 얻기는 어렵고 잃기는 쉽다." (M.J. 알리지)

〈파워와 협상〉은 슬론에서 가장 재미있게 들었던 과목이다. 인기가 많아 신청을 서두르지 않으면 금세 마감이 되곤 했다. 단순한 흥정부터 설득, 협상 기술 그리고 사람의 심리까지 다양하게 배울 수 있었다. 수업 시간에는 학생들이 짝을 지어 역할극을 하기도 하고, 숙제로 한 주 동안 밖에서 따로 만나 협상을 진행하기도 했다. 거의 실전에 가까웠다.

예를 들어, 두 명이 중고차 가격을 흥정한다. 한 명은 판매자, 다른 한 명은 구매자 역할을 한다. 판매자는 비싸게 받을수록, 구매자는 싸게 살수록 높은 점수를 받는다. 나름 최선을 다해 설득해 보지만, 이익이 상충할 경우 합의 보기가 쉽지 않다. 그리고 만약 협상이 결렬될 경우, 양쪽 모두 최저점을 받게 된다. 함정이었다. 나 혼자 높은 점수를 받자고 끝까지 양보하지 않으면, 모두에게 최악이 되는 상황이라서 합의가 중요했다. 쉽지 않은 과제였다.

집을 임차하는 협상도 있었다. 한 명은 집주인, 다른 한 명은 세입자로 역할을 나누었다. 보증금을 줄이고 월세를 올릴지 반대로 할지, 공과금과 주차비를 월세에 포함할지 별도로 할지, 입주 시기를 즉시로 할지 몇 달 뒤로 할지, 모든 조건이 협상의 대상이었다. 각자에게는 상대가 모르는 우선순위가 주어졌다. 가령, 세입자는 당장 갈 곳이 없어서 즉시 입주할 수 있다면 월세 인상도 감수할 수 있다. 집주인은 목돈이 급해서 보증금을 더 받을 수 있다면 월세를 낮춰줄 수 있다. 하지만 서로의 사정을 모른 채, 유리한 조건을 얻기 위해서는 치열하게 두뇌 싸움을 벌여야 했다. 그러다 보니 양측의 이해가 일치하는 항목에서도 최악의 조건으로 거래가 끝나는 경우도 왕왕 있었다. 한 사람만 솔직했어도, 모두에게 이득이 되는 협상이 가능했을 텐데 말이다. 당사자들은 결과를 보고 허탈하게 웃을 수밖에 없었다.

이런 일은 일상에서도 흔히 일어난다. 경쟁에만 지나치게 집중하다 보면 협상의 본래 목적을 놓치는 일 말이다. 상대가 원하는 것을 주지 않기 위해 애쓰다가 내가 원하는 걸 포기하기도 한다. 또 내가 원하는 걸 얻지 못하고도 상대 또한 못 가졌으니 괜찮다고 생각하기도 한다. 얼마나 비이성적인 판단인가?

협상의 목적은 상대를 이기는 것이 아니다. 내가 원하는 것을 얻는 것이다. 그러기 위해 반드시 상대를 이길 필요는 없다. 경쟁에만 집중하는 협상에서는 최상의 결과가 나올 수 없다. 상대도 이기게 하면서 내가 원하는 것을 얻는 것이 가장 좋은 협상이다.

수년 뒤 LG에서 협상 교육을 다시 받았다. MBA에서 배웠던 걸 떠올릴 수 있는 좋은 기회였다. 교육의 핵심을 정리해 보면 다음과 같았다.

"설득(說得)이란 (내가) 말을 바꿔서 (상대로부터) 밥을 얻어먹는다는 뜻이다. 누군가를 설득하기 위해 먼저 바꿔야 하는 건 상대가 아닌 나 자신이다. 스스로 기꺼이 바뀌겠다는 마음가짐에서부터 설득은 시작된다."

"설득은 마지막 버스가 아니다. 누군가를 설득할 때 한 번의 만남에서 상대를 제압하려 해서는 안 된다. 상대의 마음을 다치게 하지 않으면 기회는 또 온다. 잘 헤어져야 한다."

"설득은 제로섬 게임이 아니다. 서로 어떻게 양보하는가에 따라 이익의 총합은 늘어날 수 있다. 협상에 나서기 전에 미리 전략적 관용의 선을 정해야 한다. 그 선 안에서 상대방이 원하는 걸 내어주고 내가 원하는 걸 얻어야 한다. 장기적으로 보면 100:0은 좋은 협상이 아니다. 원하는 것을 얻은 것 같지만 적 또한 만들기 때문이다. 양보하면 총합을 키울 수 있다. 60:60을 목표로 하는 것이 좋다. 내가 원하는 40을 포기하고 상대가 60이나 가져가는 게 불편할 수 있지만, 적이 아닌 친구를 만들었을 때 얻을 수 있는 반복적인 윈윈(Win-Win) 효과를 간과하면 안 된다."

"설득을 위해서는 경청도 중요하다. 말로 제압하고 싶은 욕심을 버리고 상대의 말을 먼저 들어야 한다. 그래야 상대의 진심을 알 수 있다. 상대가 말하는 표면적인 요구보다 요구 이면의 근본 원인이 드러날 때까지 참을성 있게 들어야 한다. 근본 원인을 알아야 무엇을 내어줄지 전략적 관용의 선을 정할 수 있다. 설득 상황에서는 상대에 대해 많이 알고 이해하는 사람이 절대적으로 유리하다. 먼저 듣고 나중에 말해야 한다. 먼저 말하고 싶은 욕심을 이겨내야 한다."

"설득 상황에서는 상호신뢰가 필수다. 한 번이라도 배신을 하면 가장 결정적 순간에 상대는 그걸 기억한다. 첫 단추부터 잘 채워야 한다. 믿을 수 있는 협상의 파트너가 되어야 한다. 신뢰가 깨진 상대방과 마음을 터놓고 협상하는 사람은 없다."

MBA에서 배운 걸 흩어지지 않게 다시 모을 좋은 기회였다.

수업 후 회사 식당에서 협상 강사님과 같이 식사를 하는데, 그가 의외의 말을 했다.

"20년 동안 설득만 한 우물을 파다 보니 한 가지 깨달은 게 있는데요. 사람은 설득되는 존재가 아니라는 것입니다. 자기 이익에 도움이 되는 만큼만 선심 쓰듯 양보하는 것뿐이지요."

'아, 그렇구나.'

사람은 설득되는 존재가 아니라고 생각하니, 지금까지 설득에 대해 배웠던 모든 것이 퍼즐이 맞춰지듯 명징해졌다. 곱씹을수록 공감이 가는 말이었다. 경청과 신뢰를 기반으로 무엇을 내어줄지 파악하는 것이 설득의 시작이었다.

논리로 몰아세워도 상대는 인정하지 않는다. 머리로는 이해가 되더라도 마음은 움직이지 않는다. 상대가 원하는 것을 얻는 가장 좋은 방법은 원하는 것을 내어주는 것이다. 먼저 양보하지 않으면 아무것도 얻을 수 없다.

넷플릭스는 실험하고 포기했다

"만약 당신이 항상 그런 식으로 해왔다면, 아마도 그건 틀린 방법일 것이다." (찰스 케터링)

MBA 공부를 하면서 '케이스 스터디'라는 명목으로 수많은 기업 사례를 접할 수 있었다. 그 중, 가장 기억에 남는 건 단연 넷플릭스 케이스였다. 세계 최고의 OTT 회사가 우연에 가깝게 시작되었다는 것도 인상 깊지만, 그 과정에서 생존을 위해 그들이 내렸던 과감한 의사결정이 놀라웠다.

창업자인 마크 랜돌프(Marc Randolph)는 몽상가였다. 그는 아침마다 카풀로 투자자 리드 헤이스팅스(Reed Hastings)와 함께 출근을 했다. 그리고는 차 안에서 매일 엉뚱한 사업 아이디어를 쏟아냈다. 맞춤형 샴푸부터 맞춤형 야구방망이까지. 여러 '맞춤형' 아이디어에 빠져 헤매고 있었는데, 이를 보다 못한 헤이스팅스가 조언을 건넸다.

"한 고객이 반복적으로 사는 게 무엇일지 그걸 고민해 봐."

그 말에 랜돌프는 비디오 대여를 떠올렸다.

넷플릭스 탄생 신화로 널리 알려진 《아폴로 13》 연체료 일화는 마케팅용으로 사후에 만들어진 이야기일 뿐이다. DVD 우편 대여 모델은 랜돌프가 아침마다 떠올리던 수만 가지 아이디어 중 하나였다. 양이 질을 만든 것이나 다름 없었다.

넷플릭스의 비즈니스 모델은 단순했다. 인터넷으로 주문받고 DVD를 우편으로 보내는 방식, 블록버스터의 온라인 버전이었다. 처음엔 어떤 봉투를 써야 DVD가 파손 없이 도착할지 몰라 수많은 테스트를 하기도 했다. 사업 초기, 예상과 달리 DVD 대여는 거의 없었고, 일부 판매 수요가 있어서 겨우 버틸 수 있는 정도였다. 이때 가능성을 본 아마존은 발 빠르게 인수를 제안해 왔다. 하지만 랜돌프는 이를 거절했다. 그리고는 머지않은 미래에 유통 대기업과의 출혈 경쟁이 있을 것임을 직감했다. 고민 끝에 그는 DVD 판매 사업을 버리는 초강수를 두었다. 대신 대여사업에만 집중했다. 고객의 마음에 '온라인 DVD 대여 서비스'로 단순하게 각인되길 바랐다.

그렇지만 오래지 않아 그들은 자신의 사업 모델이 잘못된 것임을 알게 됐다. 사람들이 영화를 빌려 본다는 건 충동적인 결정이었다. 퇴근길에 블록버스터에 들러 그날의 기분에 따라 영화를 고르고 당장 시청했다. 하지만 넷플릭스를 이용하게 되면, DVD를 주문하고도 며칠을 기다려야 했다. 누구도 영화를 그렇게 미리 빌려놓고 보지 않았다. 우편 배송 사업 모델의 치명적 한계였다. 작은 스타트업이 고객의 행동 패턴을 바꾸는 건 역부족이었다. 생존을 위해선 뭐든 해야 했다.

첫 번째 전략적 전환은 비즈니스 모델 변경이었다. 개별 대여에서 무제한 구독으로 바꿨다. 'All You Can Eat' 모델이 된 것이었다. DVD 3개만 동시 소장이 가능하다는 것 외에는 대여 수, 기간, 횟수 등 모든 제한을 없앴다. 그러자 연체료가 사라졌다. 고객은 원하는 영화를 미리 빌려 둘 수 있었고, 빌린 DVD는 거실장 위에 한 달이고 두 달이고 올려두었다. 덕분에 '주문 후 오래 걸린다'는 최대 약점은 '항시 소장할 수 있다'는 최대 장점이 되었다.

그렇게 해서 구독료가 회사로 들어오자, 돈이 돌기 시작했다. 손익만 따졌다면 불가능한 결정이었지만, 고객 관점에서 의사결정을 하자 뜻밖의 방향으로 문제가 풀리기 시작한 것이었다. 하지만 숙제는 여전히 남았다. 고객들은 신작 영화만 찾았고, 신작은 DVD가 비쌌다. 그리고 DVD 갯수도 부족했다. 그러다보니 많은 사람들에게 여러 번 대여해 주기가 어려웠다. 역시 이 구조로도 오래 버티긴 힘들었다.

두 번째 전략적 전환으로 '추천 시스템'을 도입했다. 알고리즘으로 맞춤형 영화를 추천하고, 고객에게는 잘 알려지지 않은 숨은 명작을 소개하는 것이었다. 원래 시작은 이랬다. 과거 이력 기준으로 영화를 추천해야 했지만, 비슷한 것 중 재고가 남아 있는 영화 중심으로 추천을 했다. 고객은 '어차피 3개'라는 생각에 평소에는 고르지 않았을 영화도 가끔은 끼워 넣듯 빌려 갔다. 그렇게 빌려 본 영화 중 일부는 감탄을 자아냈다. 그러자 추천작들이 좋다는 입소문이 나기 시작했다. 넷플릭스는 의도치 않게 숨은 명작을 소개하는 서비스가 되었다. 그 결과 신작이 아닌 영화의 대여 비중이 30%까지 올라갔다. '롱테일(Long Tail)' 개념이 등장하기도 전에 넷플릭스는 이미 롱테일 사업을 하고 있었다.

여기에 큐(Queue)라는 개념도 도입했다. 보고 싶은 영화를 큐에 미리 입력해 두면, DVD 반납 후 큐에 있는 다음 영화가 자동 발송되는 시스템이었다. 반납 후 무엇을 빌려 볼지 고민할 필요가 사라지자, 고객들은 틈만 나면 큐에 보고 싶은 영화를 입력하기 시작했다. 자신에게 분명한 이득이 된다고 생각하자 자발적으로 움직였다. 공짜라고 생각했지만 사실은 본인의 시간과 정보를 기꺼이 지불한 것이었다. 넷플릭스는 이 데이터를 바탕으로 고객의 취향에 맞춰 더욱 정확한 영화를 추천했다. 고객은 점점 더 깊이 락인(lock-in) 됐고, 다른 서비스로 갈아타는 전환 비용(Switching Cost)도 커졌다. 기술이 아니라 비즈니스 구조로 락인을 만든 셈이었다.

몇 가지 고객 서비스의 획기적인 개선에도 여전히 운영상의 문제는 남았다. 긴 배송 시간은 온라인 DVD 대여 모델의 태생적인 한계였다. 고객이 전국으로 늘어날수록 배송 격차는 커졌다. 산호세는 익일 배송이 가능했지만, 플로리다는 일주일이 걸렸다. 성장을 위해서는 대규모 인프라 투자가 필요한 시점이었다. 하지만 투자 전 검증이 필요했다.

치열한 논의 끝에, 산호세에서 북쪽으로 2시간 이상 떨어진 새크라멘토(캘리포니아 북부의 도시)에서 실험을 하기로 했다. 직원들은 매일 그 지역의 주문을 확인하고, DVD를 챙겨 왕복 다섯 시간 넘는 거리를 운전으로 오가며 직접 발송과 회수를 반복했다. 로컬 배송 센터의 빠른 배송 역할을 발로 뛰며 수행해 낸 것이었다.

배송이 빨라지자 근처 고객들의 만족도가 폭발했고 신규 가입이 급증했다. 몇 달간의 실험 끝에 효과가 데이터로 확인되자, 더 이상 머뭇거릴 이유가 없었다. 바로 지역별 로컬 센터를 구축하기 시작했고, 6년 만에 미국 전역 44개로 확대했다. 트럭 배송

루트도 최적화했다. 운영 고도화로 서비스 품질이 올라가자 넷플릭스는 단숨에 최고의 영화 대여 서비스 회사로 올라섰다.

이제 좀 서비스가 안정되었나 싶었는데, 다시 온라인 스트리밍이라는 쓰나미가 몰려왔다. 그대로 버티자는 목소리도 있었다. 케이블 사업자와 손잡고 최소한으로 대응하는 우회로도 있었고, 그렇게 명분도 실리도 지킬 수 있었다. 하지만 넷플릭스는 정면승부를 택했다. 내부에 스트리밍 사업부를 신설하고, 우편 DVD 대여 사업부와 내부 경쟁을 감수했다.

처음에는 두 서비스가 엉키며 고객 불만이 커지기도 했다. 하지만 넷플릭스는 신속하게 사과하고 유연하게 조정했다. 생존을 위한 몸부림이었다. 그러다 2013년, 직접 제작한 드라마 《하우스 오브 카드》가 공전의 히트를 치면서 오리지널 콘텐츠라는 새로운 게임의 법칙이 탄생했다. 이후 《기묘한 이야기》, 《오징어 게임》 같은 글로벌 메가 히트작이 나왔다. 대규모 예산과 독창적 소재의 만남은 강력한 화제성을 불러왔다. 가입자는 폭발적으로 증가했다. 여기에 뜻하지 않게 코로나도 한몫했다. 더 이상 경쟁사는 없는 것 같았다.

하지만 가입자가 급증하자 또 다른 도전이 생겼다. 수만 명 글로벌 동시접속자에게 끊김 없는 서비스가 제공되어야 했다. 넷플릭스는 전 세계를 4개 권역으로 나누고, 트래픽을 정교하게 분산시킬 수 있는 인프라를 구축했다. 그리고 예기치 못한 상황을 고려하며 끊임없이 시뮬레이션하고 보완했다. 창업 이후 계속 '실험해왔던 문화' 덕분에 가능했다. 그렇게 넷플릭스는 기술과 운영 모든 측면에서 온 세계가 사랑하는 서비스를 만들어냈다.

넷플릭스의 성장 과정을 지켜보며 나는 두 가지를 떠올렸다.

첫 번째는 실험의 힘이다. 모든 아이디어가 처음부터 좋았던 것은 아니었다. 하지만 신속한 실험은 완벽한 설계보다 나았다. 최적의 봉투를 실험했고, 비즈니스 모델을 실험했으며, 로컬 배송 센터까지 몸으로 뛰어가며 실험을 했다.

좋은 아이디어는 실험을 통해서만 검증되고 완성된다. 빠르게 해보고, 배우고, 고치는 것이 중요하다. 더 나은 아이디어를 찾고 더 좋은 실험 환경에 시간을 쏟기보다, 지금 있는 아이디어를 당장 검증해보는 실험에 시간을 투자하는 게 낫다.

두 번째는 포기의 힘이다. 그들은 늘 미래를 향해 과거를 버렸다. DVD 판매를 포기했고, 개별 대여 모델도 포기했다. 동료도, 전통도, 창업 당시 사업 모델도 과감히 내려놓았다. 이는 넷플릭스의 미션을 '온라인 DVD 대여'와 같은 수단이 아니라 '좋은 콘텐츠를 제공하는 것'이라는 본질에 두었기 때문에 가능했다.

심지어 회사가 커지면서 창업자인 마크 랜돌프는 CEO 자리도 내려놓았다. 자신이 만들고 키워온 회사를 포기한다는 것은 자식을 잃는 슬픔과도 같다. 그럼에도 회사를 살리기 위해 그는 스스로 물러났다. 그의 용기 있는 포기가 있었기에 넷플릭스는 세계 최고의 서비스로 한 단계 더 도약할 수 있었다.

빠르게 실험하고 미련 없이 포기하는 것. 넷플릭스는 그 순서를 지켰고, 세상은 그 결과를 목도하고 있다.

실험 없는 혁신은 없고, 포기 없는 진보는 없다. 아이디어는 반드시 실험하되, 아니다 싶으면 과감히 포기하라. 성공 방정식은 이미 나와 있다.

One to Million

"혁신은 이미 존재하는 두 가지를 새로운 방식으로 결합하는 것이다." (톰 프레스톤)

넷플릭스 외에도 오래도록 강하게 인상이 남았던 케이스로 그루폰(Groupon)도 있다. 그루폰은 28세였던 앤드류 메이슨(Andrew Mason)이 2008년 시카고에서 만든 소셜커머스 회사로 설립 16개월 만에 최단기로 유니콘에 등극했다.

사업 모델은 단순했다. 로컬 상점의 한 상품에 한해 50% 할인 쿠폰을 매일 회원들에게 보내주는 서비스. 말하자면 디지털 공동 구매였다. 그루폰이 모객을 대신해주는 조건으로 로컬 스토어로부터 대표 상품의 50% 할인 쿠폰을 받았다. 그런 다음 이를 판매하는 것이었다. 철저하게 로컬 사업이라서, 한 지역에 참여 스토어를 60개 이상 모아야 그 지역 서비스 오픈이 가능했다.

서비스가 오픈 되면, 그 지역 회원 입장에서는 언젠가 한 번은 갈 법한 동네 가게의 반값 쿠폰을 사는 것인 만큼 득템의 기회로 여겼다. 게다가 하루에 한 개씩만 날라 오기에 쿠폰을 매일 확인하는 것도 수고스럽지 않았다. 로컬 상점주 입장에서도 효과가 분명했다. 광고비를 들여도 효과를 알 수 없었던 기존 마케팅과는 달리, 쿠폰을 쓰기 위해 방문하는 신규 고객을 바로 확인할 수 있고, 선결제된 쿠폰 덕분에 현금 흐름도 좋아졌다. 쿠폰을 들고 가게에 온 고객들이 다른 상품도 함께 구매하는 경우가 많아서, 미끼 상품의 역할도 톡톡히 했다.

이러한 비즈니스모델도 좋았지만, 그루폰이 급성장한 진짜 이유는 운영 방식에 있었다. 템플릿에 상점 정보와 사진만 입력하면 새로운 지역에 오픈할 서비스 페이지가 바로 만들어지도록 플랫폼을 구축했다. 여러 도시에 아르바이트생을 동시에 고용해 매일 근처 상점을 직접 방문해 영업하도록 했다. 행사 참여에 동의한 가게로부터 정보와 사진을 제공받아 이를 플랫폼에 넣기만 하면 서비스 페이지가 바로 만들어졌다. 쉬웠다. 그리고 아르바이트생들에게는 철저히 성과 기반으로 인센티브를 주었다. 그러자 영업 성과는 눈에 띄게 증가했다. 단순한 운영 구조와 효과적인 인력 활용으로 사업 확장은 가속화됐다. 그 결과, 시카고에서 시작된 서비스는 불과 2년 만에 전 세계 250여 도시로 퍼져 나갔다.

새로운 기술도, 파괴적 혁신도 없었다. 아이디어는 단순했고, 실행은 정교했다. 기술을 개발하며 수년간 준비만 하던 다른 스타트업과 달리, 기존 모델을 정교하게 다듬고 실행함으로써 단숨에 사업화했고, 글로벌 서비스로도 똑같이 확장해 나갔다. 강력한 사업 모델이었다.

MBA 이후 그루폰을 잊고 있다가 최근 참여하고 있는 독서 모임에서 다시 떠올리게 되었다. 그날은 참석 인원이 적어 책 이외의 이야기가 자연스럽게 오갔다. 나는 클럽장이었던 박지

웅 대표에게 처음 창업을 하게 된 계기가 무엇이었는지 물었다. 그는 잠시 생각을 정리한 뒤, 조용히 입을 열었다. (박지웅 대표는 엑셀레이터 기업 패스트트랙아시아의 대표다.)

"패스트트랙아시아는 컴퍼니 빌더로 시작한 회사입니다. 처음부터 명확했어요. '3개월 안에 매출 1억을 만들 수 있는 사업만 하자.' 그 기준에 맞추다 보니, 정답은 이미 나와 있더라고요. 다른 나라에서 검증된 모델을 국내에서 실행하는 것, 그게 가장 확실했죠. 패스트파이브가 대표적인 사례였습니다. 위워크(WeWork)가 모델을 검증했기에, 우리는 철저하게 따라 하기만 하면 됐어요. 룸 사이즈, 가구 배치, 복도 폭까지 철저히 베꼈습니다. 경험에서 나왔을 그들의 선택을 존중했고, 그대로 실행했어요. 어설픈 차별화는 오히려 해가 된다고 생각했죠. 그렇게 2년쯤 지나 위워크가 한국에 들어왔을 때는 다행히 우리도 충분한 경험을 쌓은 뒤였습니다. 그제야 우린 차별화를 시작했고, 진짜 경쟁은 그때부터였습니다."

신선했다. 이전에 내가 접해왔던 스타트업 세계는 전통적으로 제로투원(Zero to One)을 최고의 가치로 여겨왔다. 세상에 없었던 무언가를 최초로 만들어 내고, 그것으로 세상을 앞으로 굴리는 것을 꿈꿨다. 길이 보이지 않아도 발을 앞으로 내딛어야 하고, 불가능해 보여도 버텨야 했다. 그렇게 한 번뿐인 창조의 순간을 만들어 내야 했다. 그래서 제로투원은 늘 빛났다.

하지만 박 대표는 달랐다. 애초에 단기 사업화를 목표로 삼았다. 제로투원은 자신보다 더 잘할 사람이 있다고 봤다. 대신 자신이 잘할 수 있는 일에 집중하기로 했다. 바로 원투밀리언(One to Million). 이미 검증된 모델을 더 정교하게 실행하고, 더 많은 사람에게 더 빠르게 확산시키는 일이었다. 누군가는 반드시 해야 할 일이었고, 그는 그 역할을 택했다. 남이 먼저 만든 사업이라는 꼬리표를 감수하면서도, 자신만의 방식으로 시장을 움직였다. 모든 사업에는 무한대에 수렴하는 어려움이 따른다. 남이 만든 것을 남다르게 키워내는 일도 결코 쉬운 일이 아니다. 어떤 면에선 오히려 더 어렵다.

LG에서도 다양한 혁신 사례를 분석하며, 비슷한 결론을 낸 적이 있다. 정작 세상을 바꾼 건 '제로투원'보다 '원투밀리언'에 능한 회사들이라는 결론 말이다.

컴퓨터 마우스는 SRI연구소에서 처음 만들었지만, 애플이 맥킨토시 컴퓨터에 번들로 제공하면서 대중화됐다. 휴대폰은 모토로라가 개발했지만, 노키아가 합리적 가격과 디자인으로 온 인류의 손에 쥐여주는데 성공했다. 애플도 한때 제로투원에 집착한 적이 있다. PDA 뉴튼, TV 컴퓨터, 교육용 노트북 eMate300 같은 제품들이 그랬다. 하지만 모두 실패했다. 이후 애플은 전략을 바꿨다. 세계 최초를 쫓기보다 이미 있는 것들을 잘 조합하여 고객에게 정말 의미 있는 혁신을 제공하기로 말이다. 그 정점이 바로 아이폰이었다. 스티브 잡스의 전설적인 아이폰 소개 프레젠테이션을 떠올려 보자.

"아이팟, 폰, 인터넷. 아이팟, 폰, 인터넷... 이해하셨나요? 이건 세 개의 제품이 아닙니다."

잡스는 단 한 문장으로 시장을 이해시켰다.

누구도 애플을 카피캣이라 욕하지 않는다. 제로투원은 아니지만, 원투밀리언을 너무 완벽하게 해내서 전 인류의 삶을 바꾸어 놓았기 때문이다.

그루폰도, 애플도, 박대표도 세상에 없던 걸 만들어 내지는 않았다. 세상 어딘가에 존재하는 것들을 찾아, 그것을 원하는 고객에게 더 쉽게 전달했을 뿐이다. 고객은 무언가를 처음 만든 사람보다 실제 내 삶에 가져다주고 적용하게 해준 사람에게 기꺼이 돈을 지불한다. 혁신은 최초여야 한다고 우리는 종종 착각하지만, 고객 입장에서 제로투원인지 원투밀리언인지는 중요하지 않다. 고객의 일상을 바꿔냈다면 그게 바로 혁신이다.

출발지가 어디였든, 목적지는 결국 고객의 사랑이다. 세상에 없는 걸 만들어 사랑받을 수 있다면 그걸 하면 되고, 세상에 있는 걸 조합해서 사랑받을 수 있다면 마찬가지로 그걸 하면 된다. 혁신인지 아닌지는 고객이 정한다.

비로소 잭 웰치가 되었다

"당신이 만약 행복하고 싶다면 그렇게 하라." (레오 톨스토이)

MBA를 하면서 좋았던 점 중 하나는 세계적인 리더들의 강연을 직접 들을 수 있다는 것이었다. 어느 날 게시판에서 '잭 웰치(Jack Welch) 세미나' 공지를 보았다. 책으로만 접했던 전설의 CEO를 직접 볼 수 있다는 사실에 가슴이 두근거렸다. (잭 웰치는 1981년부터 2001년까지 제너럴 일렉트릭(GE)의 CEO을 역임했다. 여러 인수 합병을 통해 시가총액을 140억 달러에서 3,700억 달러로 급격히 성장시킨 인물이다. 하지만 구성원의 상위 20%는 미래 리더로 적극 육성하고 하위 10%는 상시 정리 해고하는 인사 정책으로 논란을 낳기도 했다.)

당일 나는 한 시간이나 일찍 강당에 가서 맨 앞자리에 자리를 잡았다. 시간이 되자 그가 들어왔다. 검은 양복에 노란 넥타이를 맨 그는 키가 작고 등이 굽은, 다소 초라한 인상의 노인이었다. 하지만 강연이 시작되자 달라졌다. 강렬한 눈빛과 거침없는 에너지로 분위기를 압도했다. 순간 '아, 이 사람이 진짜 잭 웰치였지'라는 생각이 들었다.

강연 후 나는 용기 내어 미리 준비했던 질문을 던졌다.

"당신의 강연을 직접 들을 수 있어서 영광입니다. 하지만 매년 하위 10%를 해고하는 당신의 인사 원칙(Vitality Curve)에 대해 비판하는 사람도 많았을 것 같은데요. 그분들에게 어떤 말을 해주시겠어요?"

그는 옅은 미소를 지으며 기다렸다는 듯이 대답을 시작했다.

"나는 회사만이 아니라 사람을 생각합니다. 그들의 인생을 존중합니다. 하위 10%에 속한다고 해서 그들이 바보는 아닙니다. 다만 지금의 일이 그들의 역량과 맞지 않는 것뿐입니다. 그런 상황에서는 누구도 행복해질 수 없습니다. 그들이 지금보다 더 행복해질 기회를 찾도록 돕는 것이 진정한 배려라고 생각합니다. 당장은 리더로서 미안한 마음이 들 수도 있고, 당사자도 억울한 마음이 들 수 있습니다. 하지만 그런 사사로운 감정 때문에 남은 인생을 불행 속에 내버려두는 건 바보 같은 짓입니다. 새로운 기회를 줘야 합니다. 다시 행복해질 수 있는 기회를 회사가 빼앗으면 안 됩니다."

대답은 단순했지만, 그의 진심 어린 눈빛과 확신에 찬 목소리에 가슴이 뜨거워졌다. 결국 '진정성'이었다. 그것이야말로 모든 리더가 갖추어야 할 리더십의 기본이었다. 그가 왜 세계 최고의 CEO로 불렸는지 알 수 있었다.

MBA를 마치고 LG로 복귀해 신사업전략팀장을 맡았다. 새로운 기회를 찾는 일이었다. 팀의 멤버 중에는 나보다 9살 많은 부장님 한 명이 있었다. 나이 차이는 있었지만 스스럼없이 잘 어울렸고, 팀 분위기도 좋았다. 가끔 함께 맥주도 마시고, 연말에는 부부동반 모임도 가졌다. 화기애애했다.

그런데 언젠가부터 그의 얼굴이 어두워지는 게 느껴졌다.

자꾸 겉도는 느낌이었고, 틈만 나면 연구소로 출장을 간다며 자리를 비웠다. 그때 문득 잭 웰치의 말이 떠올랐다. '혹시 내가 이 분의 더 나은 선택지를 막고 있는 건 아닐까?' 한참을 고민한 끝에 직접 연구소로 찾아갔다. 그에게 물었다.

"유 부장님, 요즘 무슨 일 있으세요? 언젠가부터 왠지 예전처럼 행복해 보이지 않아요."

"그래?"

"부장님, 혹시, 다른 일 해보고 싶은 생각은 없으세요?"

처음에는 웃으며 없다고 말했지만, 잠시 생각에 잠기는 듯했다. 그로부터 몇 달 후, 그는 회사를 그만두었다.

"20년 넘게 회사 다니며 참 재밌게 일했는데, 언젠가부터 회사에서 꿈이 사라지니까 별로 즐겁지 않더라. 집사람은 지금도 내가 세상을 너무 모른다고, 철없다고 그래. 막상 회사를 떠난다 생각하니 조금 불안하기도 하지만, 그러면서도 난 좀 설레기도 하고 그러네."

그가 들려준 말이었다.

누군가를 진심으로 위한다면 그의 행복을 가로막아서는 안 된다고 했던 잭 웰치의 말이 떠올랐다. 힘들게 말을 꺼낸 내게, 그는 먼저 말해줘서 고맙다며, 혼자서는 결정하지 못했을 거라고 했다.

그가 떠나던 날, 나는 회사 앞 쇼핑몰에 가서 형수님께 드릴 고급 목도리를 샀고, 죄송한 마음에 손 편지도 써서 함께 건넸다. 앞으로도 종종 연락하겠다는 내 말에 그는 웃으며 말했다.

"고마워 박 팀장. 너무 애쓰지 마. 연락하려 해도 잘 안 되다가, 우연히 어딘가에서 또 마주치기도 하고, 사는 게 그런 거지

뭐. 우리 또 보자고..."

눈물이 그렁그렁한 내게 인생을 다 깨우친 것 같은 말을 남기고 그는 떠났다. 그 후로 연락이 한두 번 닿았을 뿐 인연이 길게 이어지지는 못했다. 그가 어디선가 행복한 얼굴을 하고 있기를, 회사가 주지 못했던 인생의 참 행복을 다시 만났기를 진심으로 바란다.

회사에서 행복하지 않다면 인생도 행복하지 않은 것이다. 그때는 다시 새로운 기회를 찾아야 한다. 억울하다고, 미안하다고, 불행을 견디며 인생을 다 써버릴 수는 없는 노릇이다.

맥락이 전부다

"어리석은 자는 자신의 이유로 나를 설득하고, 현명한 자는 나의 이유로 나를 설득한다." (로버트T. 올리버)

인도에는 타타(Tata)라는 국민기업이 있다. 자동차, 비행기, 호텔, 건설, 패션, 식음료 등 인도인의 삶 거의 모든 영역에 닿아 있는 기업이다.

타타가 2009년 '나노(Nano)'라는 초저가 자동차를 내놓으며 전 세계의 이목을 끌었다. 가격은 약 200만 원. 벤츠 S클래스와 비교하면 무려 100배나 저렴한 가격이었다. 세계는 열광했고, 언론은 '진정한 혁신'이라며 앞다투어 보도했다.

하지만 가까이서 본 나노는 200만 원짜리 차다웠다. 640cc짜리 2기통 엔진에, 스테레오 라디오는 없었고, 오토 윈도우도 없었다. 오토락은 물론이고, 에어컨도 없었다. 심지어 와이퍼조차 하나뿐이었다. 극단의 비용 절감을 통해 탄생한 자동차였다. 기대는 곧 실망으로 바뀌었고, "그럼 그렇지."라는 반응이 돌아왔다. 싸다고 무조건 혁신이 되는 건 아니었다. 고객의 니즈를 충족하지 못하면 100배가 아니라 1,000배 싸도 소용없었다. '싼 게 비지떡'이었다.

　　2011년, MBA를 마치며 '인터내셔널 트립' 프로그램 일정으로 말레이시아와 베트남을 방문했다. 기업 탐방과 현지 문화 체험이 어우러진 일정이었다.

　　베트남에서 며칠 동안 버스를 타고 이동하는데, 창 밖으로 수없이 많은 스쿠터가 보였다. 출퇴근 시간에는 도로 전체가 스쿠터로 뒤덮일 정도였다. 누군가에겐 일상이지만, 내겐 난생처음 보는 신기한 광경이었다. 더 놀라운 건 스쿠터를 혼자 타지 않고 연인과, 친구와, 심지어는 가족 단위로 함께 탄다는 거였다. 아기를 포대기에 싸서 어깨에 매단 채, 혹은 노부모를 뒷좌석에 태운 채 달리는 모습은 너무 위태로워 보였다. 아찔한 건 사고의 위험뿐만이 아니었다. 비, 먼지, 매연, 맞바람에도 그대로 노출되어 있었다.

　　스쿠터의 종류도 다양했다. 가끔 이탈리아의 고급 스쿠터 베스파(Vespa)를 타고 다니는 부자 청년도 있었지만, 대부분은 낡고 오래된 일본 혼다(Honda) 스쿠터를 탔다. 그들에게 혼다 스쿠터는 마치 낡은 신발처럼 없어서는 안 될 필수품이었다. 그런데 여기서 흥미로운 이야기를 들었다. 혼다 스쿠터의 가격이 200만 원이라는 것. 타타의 나노와 가격이 같았다. 그 말을 듣고 나자, 나노가 달리 보이기 시작했다.

　　나노를 타면, 비도 맞지 않고, 매연도 피할 수 있으며, 맞바람에 떨 필요도 없다. 노부모나 아기가 떨어질 위험도 없다. 400만 원짜리 베스파에 맞추는 건 의미가 없지만, 200만 원짜리 혼다에 맞추면 의미가 생긴다.

　　나노는 벤츠의 그림자 아래에 있으면 초라해 보이지만 혼다 스쿠터 옆에 세우면 빛이 났다. 같은 제품이라도 어디서 출발하느냐에 달라졌다. 이게 바로 맥락의 힘이었다.

우리가 무언가를 판단할 때는 심리적 비교군이 필요하다. 마트에서 9,900원 가격표가 붙어 있는 물건은 망설이게 되지만, 원래 13,900원인데 세일해서 11,900원이라 쓰여 있으면 훨씬 더 수월하게 손이 간다. 비교 기준이 제공되기 때문이다. 판단은 절댓값이 아니라 비교 값에서 나온다. 그래서 무엇을 '먼저' 보여주느냐가 중요하다.

고객의 마음을 움직이는 데는 순서와 리듬이 필요하다. 복잡한 가치를 한꺼번에 쏟아내면 고객은 압도당한다. 복잡하다고 느끼는 순간, 판단을 보류하거나 포기하기도 한다. 판매자는 원하는 모든 것을 빠짐없이 제공했다고 흡족해할 수도 있지만, 고객이 감당할 준비가 되어 있지 않다면 아무런 소용이 없다. 정보를 판단하는 시간은 짧고 직관은 깊지 않다. 이럴 땐 고객 마음의 진도에 맞춰야 한다.

이를 잘 보여 주는 사례가 애플이다. 아이패드가 만약 아이폰 이전에 나왔더라면 이처럼 성공할 수 있었을까? 아이폰은 처음부터 '한 손에 쥘 수 있는 사이즈'를 고집했다. 당시에는 그만하면 충분했다. 하지만 아이폰으로 사진도 찍고, 문서도 보고, 게임도 한다. 그러면서 사람들은 더 큰 화면의 필요를 느끼게 되었다. 이에 애플은 아이패드라는 새로운 카테고리를 출시하여 또 하나를 더 사게 만들었다. 이제는 아이패드로 공부도, 일도 가능하다. 만약 아이패드가 먼저였다면, 고객들은 그 가치를 바로 알아보지 못했을지도 모른다. 하지만 아이폰에 충분히 매료된 상태에서 대화면을 원했기에, 아이패드는 완벽한 대안이 되었다.

애플은 멀리 앞서 가지 않았다. 반 발짝만 앞서 갔다. 그리고는 매번 익숙함 속에 새로운 것을 심었다. 진정한 혁신은 요란하지 않게, 눈에 띄지 않게 고요하게 스며든다.

사람의 마음은 합리적이지 않다. 이성적이지도 않다. 출발점에 따라 판단 기준은 달라진다. 진짜 고수는 판단의 무대를 설계한다. 고객이 무엇을 먼저 접하고, 어떤 흐름으로 받아들일지 미리 계산한다. 중요한 것은 고객이 스스로 선택했다고 느끼는 것이다. 그 감정이 곧 신뢰가 된다. 제품을 잘 만드는 것도 중요하지만, 어떤 순서로, 어떤 속도로 보여줄지가 더 중요하다. 고객이 따라올 수 있는 비교 기준과 맥락을 설계해주면 고객은 스스로 선택의 이유를 만든다.

벤츠에서 출발하면 나노는 여전히 싼 티 나는 비지떡일지 몰라도, 혼다 스쿠터에서 출발하면 눈물 나게 고마운 혁신이 된다.

하지만 아쉽게도 나노는 2018년 단종됐다. '세계에서 가장 저렴한 차'라는 이미지가 소비자들에게 품질과 안전성에 대한 부정적인 인식을 준 결과였다. 잘못된 맥락 설정의 말로였다.

혁신에 절대 가치라는 건 없다. 맥락 속에서 고객에게 전달되는 가치만이 존재한다. 맥락을 만들지 못하면 혁신은 없다. 맥락이 전부다.

애플이 TV를 만든다면

"벤치마킹은 남을 그대로 베끼는 것이 아니다. 최선의 방법을 이해하고, 그것을 나의 맥락에 맞게 적용하는 일이다."(글렌 던랩)

2011년 상반기, 미국을 중심으로 전자 업계에 루머가 돌았다. 아이폰으로 모바일 시장의 판도를 뒤집었던 애플이 신사업으로 조만간 혁신적인 TV를 출시하여 시장 판도를 뒤흔들 수도 있다는 소문이었다. MBA 친구들은 루머 기사를 내게 이메일로 보내며, 애플이 정말 TV를 만들면 LG가 큰 타격을 받는 것 아닌지를 물었다.

당시 LG전자는 "휴대폰, 가전, TV" 세 가지 사업으로 회사를 영위하고 있었다. 휴대폰은 스마트폰 시장에 늦게 뛰어드는 바람에 경쟁력이 턱없이 부족했고, 가전은 전통적인 명가답게 선전 중이었으나, 하이얼·하이센스 등 중국 기업의 가격 공세로 몇 년 못 갈지도 모른다는 위기의식이 팽배한 상황이었다. 그나마 TV가 유일하게 글로벌 시장에서 견실하게 성장하며 버티고 있었다. LG는 그야말로 위태위태한 '솥발의 형국'(셋으로 나뉘어 서로 대립하며 균형을 이루는 상황을 뜻하는 말로 삼국지에서 유래되었다)에 놓여 있었다. 이 중 하나만 무너져도 회사의 명운이 위태할지도 모를 일이었다. 그런 상황에서 애플이 혁신적인 TV로 게임의 룰을 바꾼다면? 생각만 해도 아찔했다.

걱정되는 마음에 난 주변 동료에게 물었다.

"애플이 TV를 만들면 우린 어떻게 될 것 같아?"

아무도 질문을 이해하지 못했다. 미국의 친구들은 LG를 걱정하고 있었지만, 정작 회사는 이상하리만치 평온했다. 특히 TV 본부에서는 누구도 애플을 이야기하지 않았다. 애플은 휴대폰 본부의 경쟁사일 뿐이었다.

난 MBA에서 배웠던 걸 동원해 내 걱정을 구조화시켜 보기로 했다. 매일 자료를 찾고 혼자 끄적끄적 문서를 만들었다. 위에서 시키지도 않은 일에 몰두하는 내게 사람들은 말했다.

"너 아직 MBA 물이 안 빠졌구나."

"그런가 봐요. 이건 그냥 제 펫 프로젝트라고 생각해 주세요."

처음에는 내 생각을 구조화하여 소통해볼 생각이었다. 그런데 논리를 세우고 보니 내용이 복잡했다. 그때, MBA 수업 중 들었던 한 스타트업의 피칭이 생각났다. 각 페이지가 사진 한 장, 글자 몇 줄이 전부였다. 데이터로 소구하고 논리로 설득하기보다는 흐름으로 사람의 마음을 몰고 다닌 피칭이었다. 신기한 경험이었다. 나도 그 방식을 실험해보고 싶었다. 스스로 발제한 '펫 프로젝트'인 만큼 좋은 기회였다. 실패해도 괜찮았다.

먼저 애플 입장에서의 스토리라인을 만들었다. 내가 스티브 잡스라고 자기 최면을 걸고, 그의 마음속에 들어가서 대신 의사결정을 내려보려고 했다. 먼저, 가설을 뒷받침할 증거 자료를 찾기 시작했다. 그런데 조사하다 보니 혼자 힘으로는 벅찼다. 시간이 너무 오래 걸렸다. 하지만 펫 프로젝트라서 팀의 리소스를 많이 쓸 수는 없었다.

고민 끝에 멤버 한 명을 골라 합류시켰다. 소차장이었다. 소차장은 서울대 물리학 박사 출신의 수재였다. 영혼이 순수하고, 열정이 넘치며, 머리도 말랑말랑해 이런 류의 프로젝트를 함께 진행하기에는 최적의 멤버였다. 100을 맡기면 본인 아이디어를 더해 120을 가져오는 친구였다. 한번은 애플의 특허 분석을 부탁했는데, 특허 센터에 의뢰하여 기대 이상의 분석을 받아왔다. 결정적인 도움이 되었다.

그렇게 우리의 자료는 점점 살이 붙고 논리가 더해졌다. 작업을 시작한 지 석 달 후 보고서가 완성되었다. 거의 200장에 육박했다. 옆으로 샐 틈을 주지 않으며, 듣고 있다 보면 자연스레 동의하게 되는 느낌을 주었다. 만족스러웠다. 오랫동안 전략 보고서를 만들어 왔던 내게도 신기한 경험이었다.

일단 내부 멤버들을 모아서 공유회를 했다. 쉬지 않고 발표를 해야 겨우 한 시간 내에 끝낼 수 있었다. 발표가 끝나자 다들 어안이 벙벙한 표정이었다. 대부분 반응이 비슷했다.

'내가 지금 뭘 본거지? 회사에서 이런 발표를 보게 될 줄이야.' '애플이 정말 저렇게 나오면 어쩌지? 우리 정말 큰 일인데.'

상무님은 TV 본부에도 공유해주라고 했다. TV 연구소에 연락해 공유회를 가졌는데, 발표가 끝나자 연구소장은 연구소 멤버들을 한참동안 꾸짖었다.

"이런 걸 우리가 먼저 해야 한다고, 내가 여러 번 말했잖아. 우리 액션은 왜 이렇게 느린 거야?"

연구소 팀장들이 괜히 나 때문에 질책받는 것 같아 미안했다. 우연히 그 자리에 있던 지주사 멤버 하나가 지주사에도 공유해달라고 부탁했다. 얼마 뒤 지주사에 가서도 공유회를 가졌다.

그 이후로도 입소문을 타고, 여기저기 한 스무 군데는 불려 다니며 발표를 했던 것 같다. 심지어 이 내용으로 외부 UX 컨퍼런스에서 강의를 하기도 했다. 하지만 아이러니하게도 사내에서 가장 중요한 한 분에게는 공유하지 못했다. 바로 TV 사업을 총괄하는 본부장님이었다.

내 발표를 들은 TV 본부의 실장 하나가 직접 본부장님 일정까지 잡아 주면서 부탁을 해서 특별히 준비했는데, 보고 한 시간 전에 갑자기 전화 한 통을 받았다. 본부장님을 곁에서 보좌하던 또 다른 임원이었다.

"본부장님 일정에 애플 벤치마킹 보고가 들어와 있던데, 이거 왜 보고하는 거지요?"

"CTO 부문에서 분석한 건데, TV 본부장님께서 꼭 들으셔야 할 내용이라고 특별 요청을 주셔서 일정을 잡았습니다."

"내가 자료를 미리 봤는데, 본부장님이 얼마나 바쁘신 분인데 이렇게 긴 내용을 다 들어요? 내가 본부장님 일정에서 조용히 빼놨으니 그리 아세요. 괜히 헛걸음하지 마시고..."

말문이 막혔다. 하지만 내가 할 수 있는 건 아무것도 없었다.

불행인지 다행인지 애플의 iTV는 세상에 나오지 않았다. 하지만 괜찮았다. 나는 이 프로젝트를 통해 아주 중요한 교훈 하나를 얻을 수 있었다. '전략'과 '벤치마킹'의 차이였다.

우리는 보고서에서 LG를 한 번도 언급하지 않았다. 철저히 애플만을 벤치마킹했을 뿐이었다. 애플의 역사를 돌아보고, 그들의 사업 포트폴리오와 특허 변화를 분석했다. 그리고 그들이 처한 업계의 경쟁 상황을 보고, 판도를 바꾸기 위해 어떤 시도를 할 것 같은지 가능성을 상상하여 말했을 뿐이었다. 하지만 발표를 들은 회사 사람들은 애플이 아닌 LG를 떠올렸다. 애플이 만약 세상을 정말 그렇게 바꾼다면, 우리 사업에는 어떤 타격이 있을지 직감할 수 있었다. 그리고 미래를 미리 엿보게 된 사람들은 시장에서 도태되지 않기 위해 LG가 무엇을 해야 하는지를 자연스럽게 고민하게 되었다.

전략을 세운다고 생각하면, 한 마디 한 마디에 근거가 필요하고 작은 것 하나도 증명해야 한다. 더 많은 경우의 수를 충실히 담아야 하고, 모든 돌발 상황을 미리 대비해야 한다. 그러다 보면 내용은 점점 더 무거워지고 호흡은 난해해진다. 그리고 결론은 조심스러워진다. 작은 실수도 용납되지 않기 때문이다.

반면 경쟁사를 벤치마킹 한다고 생각하면 자유도가 생긴다. 상상의 나래를 펴고 가설을 세울 수 있다. 디테일보다는 큰 방향성과 흐름이 더 중요하다. "정말 그게 맞아?"보다는 "그들이 정말 그렇게 하면 어쩔 건데?"가 더 중요한 질문이 된다.

애플은 TV를 만들지 않았다. 전기차를 만들겠다고 타이탄 프로젝트를 시작했다가 그마저도 보류했다. 그들이 TV를 만들든 전기차를 만들든 정확히 맞출 수는 없다. 다만 '벤치마킹'이라는 이름으로 상상하며 우리의 '전략'을 고민해볼 수는 있다.

'전략'과 '벤치마킹'은 동전의 양면과 같다. 경쟁사 관점에서 하면

'벤치마킹'이 되고, 우리 입장에서 하면 '전략'이 된다. 그들이 만들든 안 만들든 그건 중요하지 않다. 필요하다면 우리가 먼저 만들면 그만이기 때문이다.

UX, 고객 마음의 정중앙을 쏴라

"사용자 인터페이스는 농담과 비슷하다. 굳이 설명해야 한다면, 그다지 좋은 게 아니다."(마틴 르블랑)

애플을 벤치마킹하다 보니 고객들이 왜 그렇게 열광하는지 어렴풋이 알 수 있었다. 그것은 단지 기술만으로는 설명되지 않았다. 그렇다고 디자인, 마케팅, 브랜드, 에코시스템이라는 말로 설명하기에도 뭔가 부족했다. '총체적 고객 경험'이라는 말보다 더 좋은 표현을 찾지 못했다. 결국 "UX(User eXperience)"였다.

UX, 사용자 경험. 어떤 제품이나 서비스를 사용하는 과정에서 고객이 마주하는 모든 접점의 느낌을 아우르는 말이다. 단순히 디자인이나 편리함을 넘어, 처음 접했을 때의 인상, 사용 중의 감정, 다시 쓰고 싶은 마음까지도 포함된다. 모든 제품은 기술의 언어로 설계되지만, 감정의 언어로 소비된다.

언젠가부터 UX가 제품의 경쟁력을 좌우하는 중요한 가치가 되었다. 애플은 그걸 정확히 이해하고 있었다. 나는 신사업을 추진했던 경험과 애플의 발자취를 따라가며 느낀 깨우침을 더해 나만의 UX 철학을 세울 수 있었다.

지구상에는 UX를 최고 수준으로 구현해 낸 회사들이 있다.

구글 사이트에 들어가면 한가운데 덩그러니 떠있는 검색창. 광고도, 메뉴도, 어떤 방해 요소도 없다. 고객이 구글을 찾는 목적, '검색'에만 집중하게 한다. 과감한 여백의 미학은 UX에 대한 이해와 철학이 없이는 불가능하다.

넷플릭스는 조금 다르다. 그들의 화면 역시 허전하게 느껴질 정도로 단순하다. 세계적인 기술 기업이 왜 이렇게 기능이 없는지 의문이 들 정도다. 그러나 이 또한 철저한 의도다. 지나친 기능의 추가는 공급자의 욕심일 뿐, 고객에게는 복잡도만 안겨줄 뿐이다. 사람들은 자신의 시작 화면이 다른 사람과 다르다는 것을 모른다. 은밀하게 분석된 데이터로 나에게 최적화된 콘텐츠가 제안된다. 철저하게 의도된 넷플릭스의 정책이다. 마치 블라인더를 단 경주마처럼 내게 맞는 콘텐츠에만 오롯이 집중할 수 있도록 했다.

다시 애플로 돌아가 보자. 애플은 UX 철학을 제품 전반에 일관되게 구현했다. 그들의 UX는 제품의 개념에서부터 시작된다. 고객이 미처 필요하다고 생각하지도 못했던 제품을 써보게 하고 편하다고 느끼게 하는 것. 애써 배울 필요도 없고, 써보면 그 편리함을 즉시 알게 되는 것. 그래서 자신이 애플 사용자라는 것을 자랑스러워지게 하는 것. 그것이 애플의 UX다.

아이팟(iPod)를 써보기 전까지는 CD 100장을 휴대하며 듣는다는 걸 생각하지 못했다. 아이폰(iPhone)이 나오기 전에는 버스 정류장에서 줄을 선 채로 맛집을 예약하거나 친구에게 생일 선물을 보낼 수 있을 거라고 기대하지 않았다. 에어팟(AirPods)을 써보기 전까지는 귀와 음악 플레이어를 이어폰 줄로 연결하는 것이 당연하다고 생각했다. 이처럼 애플의 제품은 우리가 그동안 얼마나 많은 불편을 감수하며 살아왔는지를 깨닫게 해주었다.

모든 것은 사용자의 감정에서 판가름난다. 자연스럽고 편하다고 느끼고, 나아가 뿌듯하게 생각되는 것. 그게 바로 좋은 UX다. 그리고 여기에는 세 가지 원칙이 있다. 인간의 본성에 충실할 것, 사용 목적에 부합할 것, 고객의 자부심을 자극할 것. 하나씩 살펴보자.

첫째, UX는 인간 본성에 충실해야 한다. 인간의 본성은 크게 두 축으로 이루어져 있다. '에너지'와 '재미'. 우리는 에너지를 덜 들이면 편하다고 느끼고, 에너지가 들더라도 재미가 있으면 기꺼이 감수한다.

사용자 인터페이스(UI)는 UX의 시작이었다. TV 리모컨을 생각해보자. 1950년대부터 지금까지 리모컨의 본질은 똑같다. 채널이나 볼륨을 조절하기 위해 TV 앞까지 왔다 갔다 하는 수고를 덜어주는 것이다. 철저히 에너지를 덜 쓰기 위한 장치이다. 반면, 위(Wii) 게임기의 리모컨은 정반대다. 몸을 격하게 움직여야 하고 에너지도 많이 써야 한다. 그런데도 사람들이 열광하는 이유는 그렇게 하는 게임이 더 재미있기 때문이다.

기술이 오히려 UX를 망치는 경우도 있다. 음성 인식이나 모션 인식 UI, 한때는 신기했지만 곧 사라진 것들이다. 신기술이 나와 손을 흔드는 것만으로 채널을 바꿀 수 있게 되었을 때 제조사들은 이렇게 말했다. "이제는 TV 앞에서 리모컨을 쥐고 계실 필요가 없습니다. 맨손을 흔들기만 하면 됩니다." 그럴듯했다. 그런데 기술이 거꾸로 발전했다고 상상해보자. 동작인식 기술은 오래전부터 써왔고, 리모컨이 최신 기술로 개발되었다고 말이다. 그러면 제조사들은 거꾸로 이렇게 말했을 것이다. "이제는 TV 앞에서 손을 흔드실 필요가 없습니다. 리모컨으로 손가락만 까닥까닥하시면 됩니다.” 훨씬 더 그럴듯하게 들리지 않는가? 이유는 그렇게 하는 것이 인간의 본성에 더 충실하기 때문이다. 즉 아무리 기술이 진보해도 인간의 본성을 거스를 수는 없다. 좋은 UX의 기준은 언제나 사용자다.

두 번째로 UX는 목적에 부합해야 한다. 아이팟의 터치 휠은 수천 곡의 음악을 골라 듣는 데 최적화된 인터페이스다. 아이폰의 아이콘 기반 터치 인터페이스는 복잡한 계단식 메뉴보다 훨씬 직관적이다. 화면을 확대할 때 두 손가락을 벌리는 ‘핀치 제스처’는 너무 자연스러워서, 그것에 익숙해진 아이들은 모니터에도, TV 화면에도 무의식적으로 손가락을 대고 벌려 보곤 한다. 한번 써보면 다른 생각을 할 수가 없다.

쿠팡은 빠른 배송을 위해 배송지와 결제 정보를 수집했다. 물건을 사기 위해 쿠팡을 찾은 고객들에게 버튼 하나로 구매가 완료되는 놀라운 경험을 선사했다. 그러자 고객은 소중한 개인 정보를 기꺼이 내어주었다. (다만 쿠팡은 고객 정보 관리라는 숙제를 안게 된다.) 이렇듯 좋은 UX는 한 번 경험하고 나면, 다시는 예전으로 돌아갈 수 없다. 그리고 이런 사용자 경험은 새로운 표준이 된다.

세 번째로 UX는 고객의 자부심에 부합해야 한다. 모든 경험의 궁극에는 브랜드가 있다. 세상에서 텀블러를 가장 많이 판매한 회사는 스타벅스다. 손에 들린 텀블러 하나에도 브랜드 철학이 투영된다. 애플 맥북(MacBook)의 사과 로고는 단순한 장식이 아니다. 카페에서 맥북을 열고 로고를 드러내는 순간, 사용자는 자신이 특별하다고 느낀다. 고급차는 승차감보다 하차감이 중요하다고 했다. 본네트 위의 엠블럼이 많은 것을 말한다. 이처럼 UX는 사용자의 자존감을 높이고 자부심을 자극하여 다시 그 브랜드를 선택하게 한다.

연세대의 UX 전문가 조광수 교수는 이렇게 말했다.

"한때는 시장 점유율(Market Share)이 중요했고, 스마트폰 시대에는 시간 점유율(Time Share)이 중요했습니다. 하지만, 이제는 마음 점유율(Mind Share)의 시대입니다."

마음 점유율. 고객의 마음속에 자리를 잡는 것이 어느 때보다 중요해졌다. 내가 얼마나 심도 있게 고민했는지, 정교하게 설계했는지는 중요하지 않다. 고객은 복잡한 설명을 기다려주지 않는다. 익숙한 경험을 기준 삼아 순간적으로 판단할 뿐이다.

고객의 익숙함에서 벗어나지 마라. 고객의 기대치를 배신하지 마라. 기술보다 감각에, 설명보다 직관에 집중하라. 본능에 충실하라. 그들을 자랑스럽게 만들어라. 그래야 그들 가슴에 10점 만점을 쏠 수 있다.

강한 것은 아름답다

"리더십은 사람들을 지휘하는 것이 아니라 겸손한 마음으로 그들을 섬기는 것이다." (사이먼 시넥)

LG는 좋은 회사다. 오랜 라이벌인 삼성과 앞서거니 뒤서거니 하면서 지금까지 왔지만, LG에 대한 사람들 인식은 나쁘지 않다. 그리고 그렇게 말하는 사람들 가슴에는 '인화'(人和, 사람을 아끼고 서로 화합한다는 뜻)가 있다. 임직원과 고객을 배려하고, 사회(공동체)로도 착한 일을 많이 하는 기업이라는 믿음이다.

그런데 언젠가부터 '인화'가 부정적으로 느껴지기 시작했다. 삼성이 급격히 치고 올라가면서 휴대폰도 TV도 세계 1위를 차지하자, LG의 내부 분위기가 바뀌기 시작했다.

신임 CEO(LG전자)는 너무 착하기만 해서는 치열한 경쟁에서 이길 수 없다고 판단하는 것 같았다. 격한 경쟁 상황에서는 '인화'가 너무 물렁물렁하고 나약한 표현처럼 들린다는 것이었다. 그래서 내부적으로는 착해 빠진 인재 말고 '독한 인재'가 되어야 한다는 분위기가 만들어졌다. 그러자 조직 전체가 새롭게 물들기 시작했다.

"독한 인재."

처음 들었을 땐 참 어려웠다. '독한'이라는 단어 하나가 사람의 마음을 흔들어 놓았다. 왠지 회사에서는 착하고 선하게 보이면 안 될 것 같았다. '나쁜 남자' 같은 리더가 되어야만 할 것 같았다.

'나쁜 것'과 '잘하는 것'은 엄연히 다르지만, 잘하는 게 겉으로 드러나는 건 시간이 걸리니, 당장은 나쁘게라도 보여야 할 것 같았다. 회사는 독한 인재를 말하며 '실력 있고, 강단 있게'를 기대했을지 모른다. 하지만 직원들에게는 '예의 차리지 말고'와 '수단과 방법을 가지리 말고'처럼 들렸다. 그리고 그렇게 행동하는 사람은 금방 눈에 띄었다.

회사 분위기가 그렇게 잡히자, 먼저 조직의 리더들이 바뀌기 시작했다. 존경받는 '덕장' 보다는 싸움닭 같은 '용장'이 등용되었다. 내부적으로 조금 욕을 먹고 외부에서는 구설수에 오르더라도, 위에서는 이를 깡다구 있게 잘했다고 인정하는 분위기였다. 그러자 그런 리더를 따르며, 기분을 살피는 중간 관리자가 나타났다. 거대한 조직이지만 조직 문화가 바뀌는 건 한순간이었다.

다행히 그런 기조는 몇 년 가지 않았다. 특별한 계기는 없었다. 회사의 오랜 문화는 그리 쉽게 바뀌지 않을 뿐이었다. 회사는 원래 철학대로 고객을 가장 우선시하고, 임직원들을 존중하며, 사회적으로도 착한 기업으로 다시 방향을 틀었다. 삼성처럼 가파르게 성장하지는 못해도, 사업 포트폴리오를 잘 구축하여 시간이 갈수록 저력을 보여주는 자기 모습을 되찾아 갔다.

요즘 전 세계의 리더들을 보면 그때의 '독한 인재'가 떠오른다. 회사들도 그렇고, 나라도 그렇다. 사람들을 존중하고 배려하며 설득하기보다는 힘으로 깔아뭉개고 내 뜻을 관철시키는 사람이 마치 훌륭한 리더인 것처럼 인정받는다. '어떻게 저런 말과 행동을 하면서도 밤에 잠을 잘 잘까?'싶을 정도다.

하지만 길게 보면 오래가지 못할 거라는 걸 안다. 리더를 만드는 힘은 멤버들에게서 나오고, 멤버들은 금세 알아차린다. 세심한 것까지 고려해서 좋은 방향으로 밀어붙이고 있는 것인지, 아니면 아집에 빠져 자기주장만 하고 있는 것인지. 짧게는 여러 번, 길게도 한 번은 속일 수 있지만, 영원히 속일 수는 없다.

"성공은 잔인함을 필요로 하지 않는다. 잔인해진다고 해서 더 성공하는 것은 아니다. 성공한 사람이 되고 싶다고 해서 괴물이 될 필요는 없으며, 성공이 사람을 괴물로 만드는 것도 아니다." (존 아메이치, 『거인의 약속』 중에서)

난 어려서도 만화를 거의 보지 않았지만, 지금도 기억에 남는 만화가 하나 있다. 이현세의 『공포의 외인구단』이다. "난 네가 좋아하는 일이라면 뭐든지 할 수 있어."라는 대사로 유명하지만, 사실 내가 가장 좋아하는 대사는 따로 있다.

"강한 것은 아름답다."

강한 것이 아름다운 이유는 약자를 배려할 수 있기 때문이다. 실력이 부족한 사람을 성장시킬 수 있고, 사정이 딱한 사람도 도와줄 수 있으며, 가진 것 없는 사람에게도 따뜻한 눈빛으로 용기를 줄 수 있다. 그래서 난 어렸을 때부터 이 말이 참 좋았다.

약한 사람이 고개를 숙이면 '비굴'이라고 부르지만, 강한 사람이 고개를 숙이면 '겸손'이라 부른다. 겸손한 강자가 되어 사람들을 어루만지는 리더가 되고 싶다. '독한 인재'가 아닌 '강하고 겸손한 인재'가 되고 싶다.

경험이 주는 선물

"사람들은 타인의 말을 듣고서는 배우지 못한다. 스스로 발견해야 한다." (파울로 코엘료)

신사업전략팀장으로 있으면서 새로운 사업 기회를 찾다 보니 다양한 분야의 전문가가 필요했다.

어느 날, 가전 본부에서 우리 팀으로 자리를 옮기고 싶다는 직원이 찾아왔다. 경력직으로 LG에 입사한 인재였는데, 면담을 해보니 에너지 분야를 맡기면 좋을 것 같았다. 이력도 좋았고 자신감도 느껴졌다. 얼마 후 그는 우리 팀에 합류했다. 든든했다. 실제로 그는 매사에 열심이었다. 그러나 그가 열심히 할수록 마음 한구석이 무거웠다. 문제는 진급이었다.

진급이란 건 사람마다 중요도가 다르다. 성취욕구가 유독 강한 사람에겐 좋은 고과와 진급이 자존심이자 동력이다. 그가 그랬다. 회사를 다니면서도 주말에는 성균관대 MBA를 다니며 끊임없이 자신을 단련했다. 하지만 고과가 문제였다. 우리 부서에 오기 전 2년 동안 연속 C를 받았다. 이유를 물었더니, 첫해에는 팀 내에 진급 대상자가 많아서 불이익을 받았고, 다음 해에는 조직장과 마찰이 있었다고 했다. 그의 말을 믿었지만, LG

의 승진 시스템은 냉정했다. 최근 3년간의 고과가 승진을 좌우하기에, 아무리 올해 고과를 잘 받아도 그의 차장 승진은 불가능했다. 중간에 회사를 옮기며 이미 동료들보다 2년이나 늦었는데, 2년 동안 C를 받았으니, 앞으로 다시 2년을 더 기다려야 하는 상황이었다. 이런 속도로는 그가 원하는 만큼 LG에서 성장하기란 거의 불가능해 보였다. 고민 끝에 난 그를 불렀다.

"박 과장, 열심히 하는 건 내가 잘 아는데 솔직히 올해 진급이 어렵다. 시스템상 이전 고과들이 걸림돌이야. 이미 늦었는데, 여기서 2년 더 늦춰지면, LG에선 원하는 만큼 성장이 쉽지 않을 것 같아. 그래서 말인데, 혹시 LG에서 일하는 거 말고 다른 일 해보고 싶은 건 없어?"

그는 살짝 놀란 표정을 지으며 말을 아꼈다. 하지만, 그 일이 있은 후 일주일쯤 지나 그가 나를 찾아왔다.

"팀장님, 지난번에 해주신 말씀을 곰곰이 생각해 봤는데, 사실 하나 있습니다. 반찬 사업을 하고 싶어요. 제가 MBA를 할 때 동기와 함께 기획했던 아이템인데, 처음엔 그냥 아이디어였지만 구체화하다 보니 정말 해보고 싶어졌어요."

"그래? 커리어를 바꿔서 인생을 걸만큼 진지한 거야?"

"네. 한참 고민해 봤는데, 그럴 만한 것 같아요. 정부 지원 사업 대상이라서 관련 교육만 이수하면 자금 지원도 받을 수 있어요."

"좋아. 내가 뭘 도와줄 수 있는지 볼게."

나는 바로 인사팀으로 가서 상황을 설명했다. 사업 준비를 위해 교육받는 동안 근태에 대한 배려를 요청했고, 과거 고과 기록을 근거로 권고사직 형태를 부탁했다. 다행히 인사팀에서도 긍정적으로 검토해 줬고, 그는 일 년치 연봉을 미리 받으며 퇴사를 하게 됐다. 그 돈은 그의 초기 사업 자금으로 제격이었다. 몇 달 후, 퇴사일이 다가왔다.

"박 과장, 퇴사하는 거지만 축하해도 되는 거지? 그동안 고생했다. 조바심에 내가 하나만 이야기할 게. 나가거든 꼭 살아남아야 한다. 철학도, 사업 모델도, 조직 문화도 다 좋지만 무조건 살아남아야 해. 스타트업 생존의 핵심은 피보팅(Pivoting)이야. 아니다 싶으면 계속 바꿔가면서 어떻게든 살아남아. 알았지?"

그는 고맙다는 말과 함께 회사를 떠났다.

그로부터 1년 후, 사업이 자리를 잡았다며, 그가 찾아왔다. 반가웠다. 환한 얼굴과 단단한 눈빛, 그는 이제 완전히 '박 사장'이 되어 있었다.

"이젠 박 사장이 나보다 훨씬 더 어른이다. 지금까지 오는 동안 얼마나 많은 일들을 헤쳐왔겠어? 나 같은 사람은 상상도 못 할 거야."

"아닙니다. 모두 팀장님 덕분입니다. 충분히 준비하고 나왔다고 생각했는데, 전혀 아니었어요. 어려움에 닥칠 때마다 무조건 살아남으라던 팀장님 말씀이 떠올랐습니다."

그리고 그는 눈을 반짝이며 한 마디를 더 보탰다.

"그런데 팀장님. 스타트업이 생존하는데 핵심이 뭔지 아세요? 피보팅이에요. 막상 해보니 계획대로 되는 게 하나도 없더라고요. 매번 욕심을 버리고 방향을 바꿔야 했는데, 그게 정말 중요했어요. 뼈저리게 느꼈습니다."

"아, 그렇구나." 그의 말에 미소 지을 수밖에 없었다. 그는 꼭 살아남으라는 말만 기억하고, 피보팅을 잘해야 한다는 내 말은 잊어버린 것 같았다. 그렇게 말뿐인 조언이 몸으로 다져진 조언이 되어 부메랑처럼 돌아왔다.

내가 그날 전해준 건 그저 '말'이었고, 그가 내게 다시 전해준 건 '깨우침'이었다. 두꺼운 경영학책이나 근사한 사업계획에서는 절대 얻을 수 없고, 몸으로 부딪치며 나락까지 떨어져 본 사람만이 얻을 수 있는 '피 묻은 훈장'이었다.

전쟁을 직접 겪어 본 사람의 목소리에는 힘이 실려있다. 멀리서 바라보고 상상만 했던 사람은 절대 흉내 낼 수 없는 말의 무게다. 그것이 바로 경험만이 줄 수 있는 선물이다.

소통은 듣고 싶은 말을 해주는 것

"공감은 훌륭한 소통의 시작점이다." (오프라 윈프리)

팀에서 고민했던 신사업 중에는 펫 케어 관련 아이템이 있었다. 1인 가구, 비혼 증가로 인해 펫 경제가 성장 중이라는 데이터를 보고 가능성이 높다고 판단했다. 고객 조사에서 강아지를 목욕시키는 게 힘들다는 의견이 많아 자동 목욕기를 기획했고, 분리불안증을 겪는 펫이 많다는 것에 착안해 펫 케어 로봇 시제품도 만들었다. 직접 고객의 집에 설치해 테스트하고 긍정적인 반응을 얻기도 했다. 하지만 아무리 가능성을 설명해도 사장님(CTO)의 반응은 냉담했다.

어쩔 수 없었다. 중단 여부를 고민하던 차에 사장님 호출이 있었다. 다시 생각해 보니 왠지 시장성이 있을 것 같다고 했다. 말이 완전히 바뀐 것이었다. 나중에 알고 보니, 사장님네 반려견이 며칠 전 세상을 떠났다고 했다. 가족들이 식음을 전폐하며 슬퍼하는 걸 보고, '이 정도로 마음을 쓴다면 지갑도 기꺼이 열겠구나.'하는 생각이 들었다고 했다. 아무리 데이터를 보여주며 설명해도 안 되던 것이, 직접 경험하자 설득이 된 것이었다.

다시 한번 느꼈다. 사람의 마음은 논리가 아니라 입장으로 움직인다는 것을. 이를 계기로 사람의 마음을 움직이는 소통에 대해 깊이 고민해보게 되었다.

소통은 목적에 따라 크게 '정보 전달'과 '공감 유도' 이렇게 두 가지로 나뉜다.

'정보 전달'은 새로운 사실을 알리는 소통이다. 핵심은 '사실과 의견을 섞지 않는 것'과 '사실로 진실을 왜곡하지 않는 것'이다. 간혹 자기 생각을 사실처럼 포장하거나 거짓을 교묘히 섞어서 말하는 사람이 있는데, 당장은 박식해 보일 수 있으나 결국은 신뢰를 잃는다. 의견은 분명히 의견이라고 밝혀야 한다. 또한 통계를 부분적으로 엮어 왜곡된 결론을 내는 경우도 흔하다. 몇 가지 유사한 사실들을 묶어 결론을 의도적으로 부풀리기도 한다.

내가 투자 팀장으로 있을 때, 헬스케어 스타트업에 투자한 사실만으로 'LG 헬스케어 신사업 본격 진출'이라고 기사가 난 적이 있다. 마음이 불편했다. 투자한 건 사실이지만, 헬스케어 신사업에 본격 진출하는 건 아니었다. 과거의 사실 몇 개를 임의로 엮어서 실체 없는 진실로 둔갑시킨 경우였다.

'공감 유도'는 상대의 마음을 움직여 동의와 변화를 이끄는 소통이다. 여기에서 핵심은 '메시지의 명확함'과 '상대에 대한 깊은 이해'다. 상대를 이해시키려면 말하고자 하는 내용을 완벽히 장악하고 있어야 한다. 내가 확신이 없다면, 듣는 사람은 직감적으로 안다. 금세 귀를 닫고 마음을 닫는다.

지식을 자랑해서도 안 된다. 아는 것을 모두 쏟아내고 싶은 유혹을 이겨내야 한다. 핵심 메시지에 최단 거리로 직진해야 한다. 반복은 강조가 아니라 중언부언이며, 가장 중요한 하나를 한 번만 말하면 된다.

이것저것 말할 내용을 숙지하느라 상대를 놓치는 경우가 많은데, 그러면 모든 걸 잃는다. 상대가 무엇을 좋아하고 싫어하는지, 과거에 어떤 경험이 있고 평소에는 어떤 철학을 가졌는지, 상대방을 이해해야 한다. 성격이 급한 상사 앞에서 장황하게 보고하며, 설득되기를 기대해서는 안 된다.

보고받는 순간의 감정이 의사결정에도 영향을 미친다. 프로야구에 진심인 CEO가 있었는데, 그가 응원하는 야구팀이 진 다음 날에는 보고를 다른 날로 미루는 임원이 있었다. 처음에는 이상했는데, 나중에 보니 그게 현명한 대처였다. 하루이틀 보고를 미룬다고 해서 뭐가 달라지겠는가? 허락을 얻는 것이 중요하다.

보고는 기대치를 거스르면 안 된다. 의사결정을 받는 데는 의외성이 최악이다. 자주 보여주고 내용을 미리 흘려야 한다. 완벽한 보고서가 나올 때까지 기다리지 말고, 수시로 들고 가서 피드백을 받고 조율해야 한다. 그러면 의사결정권자는 내용이 너무 익숙해져서 최종 보고 시점에는 그것이 마치 자신의 의견인 것처럼 느끼게 된다.

"군주에게 조언을 할 때는, 그가 잠시 잊어버린 무언가를 상기시켜 주는 것처럼 행동해야지 그가 보지 못하는 빛을 보여주는 것처럼 행동해서는 안 된다." (발타사르 그라시안, 『세상을 보는 지혜』 중에서)

언젠가부터 말하기 전에 늘 상대방의 성향과 입장을 헤아려 보게 된다. 내 입에서 떠난 말도 중요하지만, 상대방의 귀에 도달하는 말이 더 중요하다. 내 의도가 중요한 만큼 그의 해석도 존중받아야 한다. 상대가 듣기 싫어하는 이야기를 해서 내가 얻을 수 있는 건 없다.

좋은 소통은 하고 싶은 말을 조리 있게 하는 게 아니다. 상대방이 듣고 싶은 이야기를, 상대방이 듣고 싶은 방식으로 해주는 것이다. 내가 하고 싶은 말은 그 위에 살짝 얹기만 하면 된다.

최초로 뭔가를 한다는 것

"이처럼 빠르게 변화하는 세상에서 실패가 보장된 유일한 전략은 위험을 감수하지 않는 것이다." (마크 저커버그)

힘을 쏟은 신사업으로 펫케어 외에 헬스케어도 있었다. 헬스케어는 당시 그룹 차원에서 정한 4대 미래성장동력 중 하나이기도 했다.

우리는 헬스케어 사업 개발을 위해 글로벌 리딩 기업 및 병원과 협업 기회를 모색했다. 2014년 2월, 나는 팀원들과 함께 거센 눈보라를 뚫고 보스턴의 MGH(매사추세츠 종합병원)를 찾았다. MGH의 명성은 익히 들어왔지만, 실제로 가본 건 처음이었다. 의사들과의 미팅 후, 그들은 보여주고 싶은 곳이 있다며 우리를 옆 건물로 데리고 갔다.

오래된 건물을 한참 오르자 작은 방이 하나 나왔다. 세계 최초로 마취 수술이 시행된 장소라고 했다. 벽에는 그날을 보여주는 빛바랜 흑백 사진이 걸려 있었다.

'에테르 돔(Ether Dome)' 그 방을 그렇게 불렀다. 1848년, 윌리엄 모튼(William Morton)이라는 치과의사가 에테르 가스를 이용해 처음으로 마취에 성공한 방이었다. 하지만 알고 보면, 그가 마취의 진짜 원조는 아니다. 정확히는 선배 치과 의사 호레이스 웰스(Horace Wells)가 먼저다.

웰스는 파티에 갔다가 웃음가스를 마신 후 크게 다치고도 통증이 느껴지지 않는 신기한 경험을 했다. 그리고 이를 수술에 활용해 보려고 했다. 하지만 검증되지 않은 것에 목숨을 걸려는 사람은 없었다. 그러자 직접 위험을 감수하기로 했다. 스스로 아산화질소를 마신 후 어금니 발치 수술을 받았고, 통증 없이 수술할 수 있다는 것을 몸소 입증했다. 자신감을 얻은 웰스는 더 많은 의사를 모아놓고 공개 시연을 했다. 하지만 결과는 실패였다. 환자의 한 차례 신음에 분위기는 얼어붙었고, 다른 의사들은 고개를 저었다. 조롱과 비웃음을 견디지 못한 그는 얼마 후 스스로 세상을 떠났다. 그 일이 있은 2년 뒤, 후배 의사 모튼이 에테르로 마취 수술에 성공을 거두었고, 세상의 모든 스포트라이트를 가져갔다. 마취는 이러한 진통 속에 태어났다.

지금은 수술할 때 누구나 당연하게 마취를 한다. 하지만 마취라는 게 알고 보면 그리 간단한 일은 아니다. 의식과 감각을 인위적으로 멈추는 일이기에 자칫 잘못하면 사망에 이를 수도 있다. 그러니 처음 마취를 시도했던 이들은 죽음을 무릅쓴 도전을 한 셈이다.

목숨을 걸고 무언가를 증명하는 일이 과거에만 있었을까? 지금 한참 뜨겁게 개발 중인 자율주행 기술도 비슷한 결이다. 오래전 내가 만났던 한 스타트업은 카메라 기반 자율주행 솔루션을 개발하는 회사였다. 그런데 당시 한국은 관련해서 규제도 법도 없는 상황이었다. 그들은 어쩔 수 없이 당장의 사업 기회 발굴을 위해 중국을 찾았고, 현지 미팅에서 이런 말을 들었다고 했다.

"정해준 가격에 납품만 하세요. 나머지는 우리가 알아서 합니다. 이런 종류의 혁신에는 원래 희생이 따르는 법입니다. 몇명 죽을 수도 있죠."

당시 한국에서는 자율주행을 둘러싼 윤리 문제가 한창 화두였지만, 중국은 회사와 국가가 이를 감수하겠다는 태도로 밀어붙이고 있었다. 그 얘기를 듣는데 무섭다는 생각이 들었다. '앞으로 자율주행은 중국이 치고 나가겠구나.' 싶었다.

현재 자율주행의 선두는 미국의 테슬라다. 수많은 불확실성 속에서도 가장 먼저 자율주행 기술을 시장에 선보였다. 사람들은 테슬라니까 믿고 써보기 시작했다. 종종 테슬라 오토파일럿을 둘러싼 사망사고 뉴스가 들려오기도 한다. 하지만 그들은 굴하지 않고 계속 더 나은, 더 완벽한 솔루션을 위해 노력중이다. 언젠가 자율주행이 당연해진 세상이 온다면, 그 공의 절반은 테슬라에게 돌려도 좋다. 기술을 먼저 만들었기 때문이 아니라, 먼저 써보게 만들었기 때문이다.

자율주행을 곱씹다 보니, 처음에는 운전 자체가 얼마나 위험한 일이었을까 싶은 생각이 든다. 말이나 마차를 타고 이동하던 시절, 괴물같이 생긴 고철에 올라타 속도를 내는 것은 타는 사람이나 걷는 사람 모두에게 공포였을 것이다. 그러다 이용자가 늘고, 법규가 만들어지면서 자동차는 일상적인 것으로 정착되었다. 여기에는 빨간 불에는 멈추고, 운전할 때는 졸지 말아야 하고, 술을 마시면 절대 운전대를 잡지 않는다는 약속, 모두가 이를 지킬 거라는 믿음이 있었기에 가능했다.

현재 우리는 그러한 완전 신뢰 기반에서 시속 100km로 도로를 질주한다. 그럼에도 매년 교통사고로 많은 사람이 죽는다. 대부분의 사고 원인은 약속을 지키지 않는 사람 때문이다. 그런 점에서 보면, 자율주행 기술은 단순히 기업의 미래 먹거리 차원이 아니라, 운전이라는 프로세스에서 교통사고의 주범인 인간을 완벽히 제거함으로써 매년 135만 명의 생명을 살리려는 인류애적 실험이라고도 볼 수 있다.

자율주행이 누구나 신뢰하는 보편적인 기술로 자리 잡으려면 초기의 혼란과 희생은 당연하다. 그 시간을 버텨 내야 기술에 대한 믿음이 싹튼다. '혁신'을 위한 기술은 '기능'이 아니라 '신뢰'임을 기억해야 한다.

최초로 뭔가를 한다는 건 위대한 일이다. 지금은 당연한 모든 것의 시작에는 무모한 용기가 있었다. 누군가는 먼저 핸들을 놓아야 했고, 누군가는 먼저 수술대에 누워야 했다. 오늘 우리가 마주하는 세상은 그들의 용기 위에 세워졌다.

커서 뭐 되고 싶어요?

"아이들에게 커서 무엇이 되고 싶은지 묻지 말고, 어떤 문제를 해결하고 싶은지 물어라."(제이미 캐섭)

2014년 말, 나는 신기술투자팀장으로 자리를 옮겼다. 그동안은 내부적으로 직접 신사업을 발굴했다면, 앞으로는 스타트업 투자를 통해 간접적으로 신규 사업을 발굴하는 업무였다.

새해 업무 계획을 세운 후, 한 기술지주회사와 협업 논의를 위해 팀원 한 명과 함께 대전 출장을 갔다. 미팅 후 돌아오는 길에 대전역에서 KTX를 기다리며 동행한 김 과장에게 물었다.

"김 과장은 커서 뭐가 되고 싶어요?"

"저 이미 다 커버려서..."

"사람은 늘 자라고 있는 건데 뭐."

"아... 사실 정말 하고 싶은 게 하나 있긴 있어요. 저는 늘 전문 투자자가 되고 싶었어요."

"그래요? 그럼 지금도 이미 그 업무를 하고 있는 거 아닌가요?"

"그렇긴 한데, 노력해서 전문성을 더 길러야죠."

"자기가 뭐가 되고 싶은지 모르는 사람이 대부분인데, 김 과장은 생각이 분명해서 좋네요. 그 꿈 절대 포기하지 마세요."

그 질문을 시작으로 많은 이야기를 나눴다. 대학교 입학 한 달 후 부모님 몰래 자퇴를 했다는 얘기는 놀라웠다. 그리고 다시 대학을 가고, 거기서 창업하고 3년간 스타트업도 운영했다고 했다. 지금은 수많은 사람들이 쓰고 있는 노트북 키스킨을 김 과장이 처음 만들었는지는 몰랐다. 팀원들이 김 과장의 내공을 인정하는 데는 다 이유가 있었다. 한마디로 존경스러운 팀원이었다. 그런 친구와 함께 일한다는 것은 큰 행운이었다.

"커서 뭐가 되고 싶어요?"

나는 우리 아이들에게는 이 질문을 던지지 않는다. 오히려 "커서 뭐가 될 생각을 하지 말고, 지금 하고 싶은 걸 해."라고 말한다. 하지만 친구나 팀원들에게는 이 질문을 자주 던진다. 나와 내 또래 친구들은 대부분 좋은 성적·대학·직장만을 바라보며 열심히 달려온 터라, 커서 무엇이 되고 싶은지 도무지 생각해 볼 겨를이 없었기 때문이다.

"숲에 나무가 많아서 바쁘다 보니 도끼날을 갈 시간이 없다."

"마루가 넓어 바쁘다 보니 걸레를 빨 시간이 없다."

"시험 준비에 바쁘다 보니 어떤 사람이 되고 싶은지 고민할 시간이 없다."

옆에서 지켜보면 참 바보 같다고 말하겠지만 대부분 그렇게 살아왔다. 아이러니하게도 성실한 사람일수록 더 그랬다. 그래서 더 자주 물었다. 더 늦기 전에 도끼날을 갈고, 걸레를 빨고, 어떤 사람이 되고 싶은지 고민을 해보라고.

출장 후 한 달쯤 지났을까, 김 과장이 면담을 신청했다.

"팀장님, 저 회사 그만두려고 합니다."

"네? 갑자기 왜..."

"지난번 대전에서 제가 전문 투자자가 되고 싶다고 말씀드렸던 것 기억하세요? 이번에 좋은 기회가 생겼는데 지금 아니면 안 될 것 같아서요. 국내 투자 업계에는 여성 투자자가 많지 않아요. 보통은 도제 시스템으로 돌아가는데, 야근도 많고 일도 힘들고 해서, 선배들이 여성 심사역을 키우려 하지 않거든요. 그런데 마침 기회를 주신다는 분이 계셔서 이번 기회는 꼭 잡아야 할 것 같아요. 팀장님과 함께 더 오래 일 해보고 싶었는데, 아쉽네요. 죄송합니다."

"아니에요. 너무 잘 됐네요. 거기 가서서도 저랑 함께 일해요. 그러면 되죠."

정말 보내기 싫었다. 신임 투자팀장으로 뭔가를 해보려 하는데 팀의 에이스를 잃는 격이었다. 하지만 대전에서의 대화 때문에 차마 붙잡을 수 없었다. 꿈을 절대 포기하지 말라고 응원해 놓고 내가 발목을 잡을 수는 없었다.

김 과장의 마음을 헤아려 봤다. 새로운 뭔가를 시작하려고 할 때는 엄청난 심사숙고가 필요하다. 하지만 그렇게 어렵게 시작한 것을 멈추려 할 때는 그보다 몇 배나 더 큰 고민을 해야 한다. 남몰래 뒤척이는 밤이 여러 날이지 않았을까? 어쩌면 진정한 용기는 미지의 시작을 위해 익숙함을 멈추는 것일지도 모른다. 어렵게 용기 낸 그 친구의 앞길을 축복해 주고 싶었다. 작은 도움이라도 주고 싶었다.

그녀는 그렇게 LG를 떠나 국내 최고의 투자회사로 자리를 옮겼다. 특유의 적극성으로 늘 먼저 스타트업 대표님들을 찾아

다니며 발품을 팔았다. 다행히 그분들의 마음을 살 수 있었고, 무신사, 에이블리, 발란, 제이시스메디칼 등 이름만 들어도 알 만한 최고 스타트업들의 초기 투자자가 되었다. 지금은 유망 투자회사의 공동창업자가 되어 국내의 대표적인 여성 투자자로 자리매김 했으니, 커서 되고 싶다던 그 꿈을 보란 듯이 이룬 것이나 다름 없다.

그날 이후에도 난 가끔 그녀에게 연락했다. 투자 관련해서 뭔가 이슈가 생길 때마다 소통을 했고, 마치 함께 일하는 것처럼 도움도 받았다. 든든했다. 덕분에 난 LG에서도, 현대에서도 최고의 투자자와 함께 일할 수 있었다. 그날 난 회사에서 에이스 팀원 하나를 잃었지만, 인생에서 존경스러운 멘토 한 명을 얻었다.

우리는 종종 휩쓸려 산다. 바쁘면 안도하고 여유로우면 불안해한다. 하지만 그럴수록 멈춰야 한다. 서둘러 움직이기 전에, 어디를 향할지, 무엇이 되고 싶은지 물어야 한다. 방향 없는 바쁨은 삶을 소모할 뿐이지만, 옳은 방향으로의 바쁨은 삶을 단단하게 한다.

혁신은 세 번 필요하다

"광고 없이 사업을 하는 것은 어둠 속에서 여자에게 윙크하는 것과 같다. 당신 자신은 무엇을 하는지 알지만, 다른 사람은 아무도 모른다." (스튜어트 H. 브리트)

매일 스타트업들을 만나는 것이 일상이 되었다. 대기업에 속해있긴 했지만, 늘 불확실한 신사업을 맡아왔기에 그들과 묘한 동질감 같은 걸 갖고 있었다.

그들을 만날 때면, 대기업에서는 보기 힘든 반짝이는 눈과 날 것의 에너지가 좋았다. 하지만 반대로 안타까운 장면도 많았다. 아무리 선한 의도와 불타는 열정으로 탁월한 솔루션을 만들어도 시장에서 통하지 않을 때가 있었다. 특히 세상에 없던 제품이나 서비스일수록 더욱 그랬다. 분명 혁신이라 믿었는데, 고객의 삶을 바꾸는 일은 쉽지 않았다.

'혁신(革新)'이라는 말에서 '혁'은 한자어 어원으로 낡은 가죽을 벗긴다는 뜻을 갖고 있다. 하지만 가죽만 벗긴다고 혁신이 완성되지는 않는다. 벗겨 낸 자리에 새 살이 돋아야 한다.

새 살이 돋으려면 세 번의 혁신을 필요로 한다. 솔루션을 만들어 낼 때 한 번, 그 솔루션의 존재를 알릴 때 한 번, 그리고 고객에게 써보게 할 때 한 번. 이 세 단계를 모두 거쳐야 진정한 혁신이 완성된다.

첫 번째 혁신은 '만드는 영역'이다. 이 단계는 고객의 문제를 발견하는 데서 시작한다. 핵심은 '발견'이다. 문제를 억지로 '발명'해서 고객에게 가르치려 해서는 안 된다. 직관적으로 공감할 수 있는 현실의 문제를 찾아야 한다. 문제는 가급적 큰 것이 좋다. 내가 푸는 문제의 크기가 내가 만들어내는 가치의 크기이다.

문제를 정확히 포착했다면, 이를 해결할 아이디어를 찾아야 한다. 기존의 상식을 의심하고, 당연시하던 가정을 뒤집어야 한다. 처음부터 그럴듯한 아이디어는 이미 세상 어딘가에 존재할 확률이 높다. 처음에는 말이 안 되는 아이디어가 원석일 수도 있다. 이를 다듬으면 반짝이는 보석이 된다.

문제를 발견하고 아이디어를 구했으면, 이제 구현해야 한다. 새로운 기술을 개발하거나, 기존 기술을 새롭게 조합해도 된다. 반드시 반짝이는 신기술일 필요는 없다. 많은 기업이 이 부분에 인력 투입을 늘린다. 그러고는 실패한다. 그래서 이 단계만 성공해도 '이미 우린 해냈다'고 느끼기 쉽다. 하지만 시작일 뿐이다.

두 번째 혁신은 '알리는 영역'이다. 아무리 좋은 솔루션도 세상에 알려지지 않으면 아무 소용이 없다. 많은 스타트업이 '좋은 제품이면 고객이 알아서 찾아온다.'고 믿지만, 현실은 다르다. 세상에 그런 제품이 있다는 사실 조차 모르는 경우가 태반이다. 세상은 바쁘고, 사람들은 무심하다. 뛰어난 솔루션일수록 더 적극적으로 알려야 한다.

1984년, 스티브 잡스는 '매킨토시'를 알리기 위해 슈퍼볼 광고를 만들었다. 조지 오웰의 소설 『1984』를 모티브로 삼아, 당시 시장의 절대 강자였던 빅 브라더 IBM에 맞서는 혁신 전사의 이미지를 심었다. 그 한 편의 광고가 '애플'이라는 브랜드를 각인시켰다.

1999년, 페이팔은 자신들의 온라인 송금 기술을 알리기 위해 퍼포먼스를 벌였다. 기자들을 모아놓고 투자자들이 팜파일럿으로 투자금을 송금했다. 반응은 폭발적이었다. 돈이 이동하는 것을 직접 목격한 보도진들은 너도나도 페이팔을 세상에 퍼 날랐다. 그날의 연출 하나로 페이팔은 세상의 주목을 받기 시작했다.

세 번째 혁신은 '써보게 하는 영역'이다. 솔루션을 세상에 알렸다 하더라도, 고객이 실제로 써보지 않으면 혁신은 완성되지 않는다. 아는 것과 써보는 것은 다르다. 사람들은 알게 되었다고 해서 바로 행동하지 않는다. 게다가 알게 되는 것에는 유효 기간이 있다. 사람들이 잊기 전에 어떻게든 고객이 체험하게 만들어야 한다. 새로 런칭하는 서비스가 첫 한 달을 무료로 운영하는 건 우연이 아니다. 신차 시승 행사나 신제품 시식 코너가 운영되는 데는 다 이유가 있다. 한 번이라도 써 봐야 좋은지 나쁜지 알 수 있는 것 아닌가?

인터넷이 막 보급되기 시작하던 시절, 미국에는 AOL(America Online)이라는 서비스가 있었다. 인터넷 접속을 위해 반드시 필요한 서비스였다. 인터넷 사용 경험을 주기 위해 AOL은 설치디스크를 만들어 수도 없이 뿌렸다. 컴퓨터 잡지 뒷면에는 어김없이 AOL 디스크가 붙어있었다. 낭비처럼 보였지만, 이 전략 하나로 단숨에 시장을 장악했다.

클라우드 회사인 드롭박스(Dropbox)는 출시 초기 추천인과 피추천인 모두에게 500MB의 저장공간을 주는 리퍼럴(Referral) 시스템을 도입했다. 사용자들은 자발적으로 친구들에게 공유했고, 입소문만으로 수백만 이용자를 모을 수 있었다. 돈 낼 회원을 돈 주고 산다는 비난도 있었지만, 서비스를 써보도록 하는 데 있어서 실질적인 보상만큼 효과적인 것은 없었다.

카카오톡은 처음부터 주소록을 활용해 친구를 자동 추가하도록 했다. 사용자는 자신도 모르게 친구들과 연결되었고, 대화를 시작했다. 그렇게 '써보게' 만들었고, 그때부터 입소문이 나기 시작했다.

혁신 단계마다 얼마만큼의 리소스를 투입해야 할지는 기업마다 다르다. 대기업은 첫 번째 혁신을 끊임없이 만들어 내는 것에만 집중해도 된다. 브랜드와 팬덤, 미디어 노출이 시스템화되어 있어서 알리고 써보게 하는 구조가 이미 작동하고 있기 때문이다. 반면 스타트업은 세 번의 혁신 모두에 사활을 걸어야 한다. 특히 두 번째와 세 번째는 첫 번째 혁신만큼이나 공을 들여야 한다.

만드는 것에 실패하나, 알리거나 써보게 하는데 실패하나, 결과는 똑같다.

알리는 것과 써보게 하는 것, 이 둘에 실패하면, 아무리 훌륭한 제품을 만들어도 혁신이 아니다. 그저 발명일 뿐이다. 끝까지 해야 한다. 마법은 없다.

인연의 끈을 놓지 않고

"친구를 얻는 유일한 방법은 내가 먼저 친구가 되는 것이다." (랄프 왈도 에머슨)

우리팀의 투자 포트폴리오 중에는 메모리 효율화 기술을 개발하는 미국의 A 기업이 있었다. 해당 기술을 LG 가전 제품에 적용하려고 이미 수십억 원을 투자한 상황이었지만, 개발은 일정대로 진행되지 않았다. 추가 투자도 필요했다. 다행히 새로운 미국 투자자가 나타나 다음 투자 시리즈를 이끌기로 했다.

우리가 기존 지분의 우선주 지위를 유지하려면 지분율에 비례하는 최소한의(1.3억) 금액(Pro-rata)만 추가로 투자하면 되는 상황이었다. 위험보다는 혜택이 크다고 판단했지만, 문제는 CFO였다. 그가 반대를 했다.

팀원 로버트와 함께 CFO를 설득할 보고서를 준비했다. 그는 워털루 공대를 졸업한 캐나다 시민권자로 영어와 한국어가 모두 능통한 친구였다. 로버트는 매일 사무실에 혼자 남아 복잡한 미국 투자 법률 문서들을 보며 밤늦게까지 자료를 정리했고, 나와 논의하며 보고서를 만들어갔다.

보고서는 수정에 수정을 거듭하며 다듬어지고 있었고, 결국

 CHAPTER 1. WORK | 그렇게 일을 배웠고, 그렇게 일을 마쳤다.

우리는 네 번째 보고 만에 CFO 승인을 받을 수 있었다.

큰 금액이라고 할 수 없는 작은 투자였지만 회사를 위해 옳은 결정을 한다는 믿음으로 함께 그 과정을 이겨냈다. 그리고 우리 사이에는 전우애 같은 끈끈한 우정이 생겼다. 로버트에게 고마웠다. 언어 능력도 출중했지만, 책임감 있는 태도도 훌륭했다. 덕분에 최고의 인재를 발견한 기분이었다.

그렇게 시간이 흘렀다. 나는 타 부서로 이동을 했고, 바뀐 업무에 집중하고 있었다. 그러던 어느날 로버트가 퇴사를 고민 중이라는 이야기를 우연히 전해 들었다. 훌륭한 인재를 놓치는 것이 안타까웠다.

나는 로버트에게 전화를 걸어 자초지종 얘기를 들어보았다. 외부에서 제안을 받았다고 했다. 그런데 들어보니, 내가 생각해도 조건이 너무 좋았다. 연봉만 수천만 원 이상의 차이가 났다. 나는 잠깐만 기다려 달라고 하고 인사팀에 전화를 했다.

"로버트가 스카우트 제안을 받고 퇴사를 고민 중이라는데, 잡을 방법을 찾아주세요. 영어와 한국어가 자유로우면서 높은 기술적 이해도에 책임감까지, 이렇게 훌륭한 친구는 흔치 않아요. 제발 부탁합니다."

인사팀은 전례가 없던 부탁에 난감해했다. 하지만 내가 반복해서 부탁하니, 내부 논의를 통해 방법을 찾아보겠다고 했다. 며칠 후 전화가 왔다.

"일단 천만 원 보너스를 제안했습니다. 안 되면 이천만 원으로 올려서 다시 제안해볼게요. 이런 일은 전례가 없던 거라 저희로서도 나름 파격적인 제안입니다. 이해해 주세요."

"조금 더 파격적인 제안 없을까요? 놓치기 아까운 인재라 그래요. 귀찮게 해드려서 죄송합니다.”

그 후 인사팀과 몇 번의 연락이 더 오갔지만 간극을 좁히기에는 역부족이었다. 그런데 다행히도 그사이 실리콘밸리 지사에서 로버트에게 함께 일하자는 제안을 했고, 그것으로 그의 마음을 되돌릴 수 있었다.

“로버트, 잘 됐다. 실리콘밸리에서 가족과 함께 지내보는 것도 좋은 기회야. 그렇게 계속 회사에 있다 보면 언젠가 다시 함께 일할 날도 오겠지. 그때까지 잘 버티고 있어. 알겠지?”

“팀장님, 신경 써 주셔서 감사해요. 덕분에 LG에 남게 되었네요. 미국 오시면 꼭 연락주세요.”

그렇게 로버트는 실리콘밸리 지사로 이동했고, 한참을 그렇게 다시 일했다. 이후 내가 현대글로비스로 자리를 옮긴 이후에도 우리는 계속 연락을 했고, 우연인지 필연인지 로버트도 현대의 오픈이노베이션 조직인 크래들 실리콘밸리 지사로 다시금 자리를 옮겼다.

그리고 다시 몇 년 후, 현대 크래들 출장자 자격으로 로버트가 글로비스를 방문했고, 우리는 아주 오랜만에 다시 마주했다.

“상무님, 예전에 우리가 LG에서 투자했던 A 기업 기억하세요? 얼마 전 코보(Qorvo)에 매각되면서 드디어 엑시트(Exit)를 했다고 하네요. 우리가 밤까지 남아 보고서를 작성했던 덕분에 투자 원금의 네 배로 수익이 났대요. 이제야 결실을 맺었네요.”

“정말? 잘 됐네. 로버트가 LG에 남아 있었으면 인센티브도 챙겼을 텐데 아쉽다.”

LG에서의 인연은 현대로 이어졌고, 우리는 이제 서로의 회사를 넘어 인생의 친구로 남았다.

만남은 우연히 이루어진다. 그 우연이 어떤 계기를 통해 계속 연결되기도 하고, 시간의 흐름 속에 묻혀 사라지기도 한다. 자연의 섭리를 거스를 수는 없지만 좋은 이들과의 인연의 끈은 놓지 않으려 한다. 마음속에 살아 있다면 언젠간 다시 만난다. 오랜만에 마주해도 환하게 웃을 수 있다. 그런 게 좋은 인연이다.

영업의 달인

"사람들은 당신이 한 말과 당신이 한 행동은 잊겠지만, 당신이 그들에게 어떤 느낌이 들게 했는지는 결코 잊지 않는다."
(마야 앤글루)

신기술투자팀에서 '톤플러스'라는 넥밴드 헤드셋 사업을 하는 IPD(Innovative Personal Device)사업 조직으로 옮기게 되었다. 이 례적인 수시 발령이었다. 한창 투자 업무에 몰입하고 있던 터라 왜 자꾸 나에게만 이런 일이 벌어지는 건지 답답했다. 하지만 조직의 결정 앞에 내가 할 수 있는 건 없었다. 어차피 사업가가 되고 싶었으니 오히려 좋은 기회라고 마음을 다잡았다.

새로운 부서에서는 영업만 20년 넘게 해온 문 부장님, 최 부장님, 두 고참과 함께 했다. 난 두 분을 각각 '영업의 신', '영업의 달인'이라고 불렀다. 그들과 함께 다니며 정말 많은 것들을 배웠다.

영업의 신인 문 부장님은 늘 말했다.

"LG 명함이면 전 세계의 어떤 고객이든 한 번은 만나줘. 대신 두 번째부터는 우리 하기 나름이지. 그때부터 진짜 영업 시작이야."

"LG 명함 들고 톤플러스도 못 팔면 그게 영업이냐? 어떻게든 우리가 해내야지."

"우리 영업은 다 대표이사야. 중소기업들은 큰 건 계약하면 대표이사가 나와서 사인하잖아. 우리는 직접 협상도 하고 사인도 하고 하니까, 고객한테는 우리가 회사고 대표이사인 거야. 우리가 다 책임지는 거야."

그의 한 마디 한 마디가 소중했다.

신사업개발팀장으로서 신제품인 톤플러스 스튜디오를 어떻게 팔지 고민하다가, 당시 케이블TV 강자였던 티브로드와 사은품 모델을 논의하기로 했다. 영업의 달인 최 부장님과 함께 티브로드 구매팀장을 만나러 갔다. 약속시간보다 조금 일찍 도착했는데, 그쪽 구매팀장에게서 전화가 왔다. 갑자기 급한 회의가 생겨 오늘은 만나기 힘들다고, 미안하다고 했다. 이미 도착했는데 그 소리를 들으니 맥이 빠졌다. 그런데 최 부장님은 아무렇지도 않다는 듯 자연스럽게 대답했다.

"마침 제 오후 일정이 비었네요. 덕분에 저도 좀 쉬고 있을 테니 천천히 나오세요."

밑에서 세 시간 가까이 기다렸다가 결국 그날 구매팀장을 만났다. 이야기는 채 30분도 안 걸렸다. '영업이 정말 쉽지 않구나. 꼭 이렇게까지 해야 하나?' 싶어서 괜히 내가 미안했다.

"다시 약속을 잡으시지, 오늘 너무 오래 기다렸네요. 아무튼 수고 많으셨어요, 부장님."

"아닙니다, 팀장님. 이렇게 한 번 제가 기다려주면 그들에게 마음의 빚 같은 게 생겨서, 다음에는 꼭 한 번 도와주려고 해요. 그래서 우리 같은 사람한테는 이렇게 오래 기다릴 수 있는 게 아주 좋은 기회예요. 이건 꼭 제가 잡아 올게요. 느낌 좋아요."

영업은 제품을 파는 것이 아니라 고객의 마음을 사는 것이었다. 존경심이 들었다.

몇 달 후, 영업의 달인이 이동할 부서를 찾아야 했다. CEO가 새로 부임한 후 우리 조직이 없어지게 된 것이었다.

나는 팀원들의 이동 부서를 챙기기 시작했다. 비교적 빠르게 이동할 부서가 결정된 주니어들과는 달리 최 부장님은 고참이라 이동이 쉽지 않았다. 점점 초조해졌다. 팀장으로서 뭐라도 도움을 주고 싶었다. 부장님의 영업 역량을 잘 발휘할 수 있는 곳이 어디일지 고민을 거듭했다.

결국 난 B2B 본부 본부장님(사장)에게 이메일을 쓰기로 했다. 개인적인 인연도 없는 다른 사업부의 팀장이 사장에게 콜드 이메일을 보낸다는 게 무모했지만, 달리 내가 할 수 있는 게 없었다.

"불쑥 메일을 드려 죄송합니다, 사장님. 저는 오늘 최고의 영업맨을 본부에 추천해 드리려고 합니다."

간절한 심정으로 메일을 드렸는데 놀랍게도 사장님이 바로 답장을 주었다. 좋은 기회를 줘서 고맙다며 본인이 꼭 직접 인터뷰를 해보고 싶다고 했다. 부하의 말에 귀 기울일줄 아는 좋은 리더였다. 다행이었다.

사장님과의 인터뷰 전날, 나는 최 부장님과 맥주를 한잔하며 말했다.

"부장님. 내일 잘하실 거예요. 전 이 영업 세계에서 부장님처럼 좋은 상품을 본 적이 없습니다. 이런 최고의 상품 하나 못 팔면 그게 영업입니까? 내일은 부장님이 부장님을 파시는 겁니다. 지금까지 하시던 대로 꼭 잡아오세요. 저 왠지 느낌 좋아요."

다음 날 인터뷰는 한 시간을 훌쩍 넘겼다. 궁금해하던 참에, 인터뷰 잘 끝냈다고 문자가 왔다. 그제야 마음이 놓였다. 결국 최 부장님은 그쪽 본부로 이동했고, 한참 동안 다시 영업의 최전선을 누볐다.

오랜만에 최부장님을 만났다. 그는 가슴에서 뭔가를 꺼냈다. 오랫동안 들고 다녔는지, 접힌 부분이 닳아버린 A4 용지였다.

"이거 예전에 팀장님이 써 주셨던 추천서 이메일이에요. 프린트해서 제가 지금도 자랑처럼 들고 다닙니다. 아내에게도 보여주었더니 감사하다고, 식사 한번 꼭 대접하고 싶다고 했어요."

"아니에요, 부장님. 그렇게 말씀해 주시니, 제가 더 감사해요."

가슴이 뭉클해졌다.

참 아련한 기억이다. 왜 영업을 사업의 꽃이라 하는지 알 것 같았다. 고객과의 미팅 후 마시는 맥주가 얼마나 시원한지, 매몰차게 거절당해도 어떻게 넘어서야 하는지도 배웠다. 돈 주고도 못 사는 최고의 시간, 성장의 경험이었다.

그 후 난 영업팀의 젊은 매니저들을 보면 입버릇처럼 말한다.

"영업 현장에서는 여러분이 회사의 대표이사입니다. 고객 입장에서 판단하고 책임감 있게 행동하세요. 고객을 감동시키면 그게 회사에도 최선입니다. 그거면 충분합니다."

영업은 단지 회사의 필요 역량이 아니라, 모든 이에게 필요한 삶의 스킬이다. 물건을 팔지 말고 상대의 마음을 사라. 먼저 사람의 마음을 얻으면 팔지 못할 것이 없다.

절대 성장해서는 안 된다

"항상 범하는 가장 큰 실수는 시작부터 큰 시장을 쫓는 것이
다."(피터 틸)

톤플러스는 목에 걸고 핸즈프리 통화를 하게 해주는 블루
투스 넥밴드였다. 휴대폰 액세서리로 시작했지만, 6년 만에 연
간 4천억 원이 넘는 매출을 기록할 만큼 급성장한 제품이었다.
당시 LG 제품은 영업이익률이 그다지 높지 않았는데, 톤플러스
는 위탁 생산을 활용했기에 영업이익률이 최고 17%까지 나왔
다. 어떤 부서에서도 만든 적 없는 숫자였다.

톤플러스의 시작은 이랬다. 스마트폰 액세서리 조직에서 신
사업을 고민하던 중 한 협력사가 넥밴드 아이디어를 들고 왔다.
협력사와 함께 제품을 만들기는 했는데, 세상에 없던 카테고리
라서 어떻게 팔아야 할지 몰랐다. 당연히 마케팅에 대한 꿈도
꾸지 못했다.

처음에는 스마트폰 영업 담당자를 따라다니는게 전부였다.
통신사 미팅을 할 때 끄트머리에 앉아 있다가, 끝날 즈음, 일어
서려는 통신사 직원을 붙잡고 "잠깐만요. 이런 것도 있는데 한
번 봐주세요."하는 수준으로 영업을 했다.

"

첫해 판매 실적은 몇백 대 수준. 이 정도면 사업을 접는 게 맞았다. 그런데 그냥 버텼다. 본부가 스마트폰에 온통 신경을 곤두세우고 있어서, 이 모호한 신규 제품에 대해 접자 말자 신경 쓸 여력이 없었다. 그런데 '아버지의 무관심이 자식 성공의 비결'이라고 했던가? 3년 차 때부터 갑자기 물량이 터지기 시작했다. 핸즈프리로 입소문을 탄 것이었다. 택배 배달, 트럭 운전 일을 하는 분들 사이에서 절대적인 인기를 끌기 시작했다. 두 손으로 자유롭게 일하면서도 통화를 할 수 있어서 최고라고 했다. 철저하게 '편의'를 주는 액세서리 제품이었다.

사업이 커지자 신기능을 추가하며 모델을 다변화하기 시작했다. 디자인을 날렵하게 개선하고, 방수 기능을 넣어 스포츠용으로도 만들었다. 이어셋을 주렁주렁 달고 다니지 않도록 줄 자동 감기 기능도 추가했다. 처음엔 모노로 통화만 했던 것을 스테레오로 바꿔서 음악 감상용으로도 소구했다. 나중에는 하만(Harman)과의 제휴를 통해 프리미엄 모델도 만들었다. 모델 수는 급격히 늘어났고, 어느새 '고음질'을 주는 퍼스널 오디오 제품으로 격상되었다. 사업부의 입지도 따라 올라갔다.

그런데 문제는 그다음부터였다. 처음에는 '액세서리' 니치 마켓 정도였는데, '퍼스널 오디오'라는 주력 마켓으로 제품이 넘어가자 경쟁 구도가 급격히 바뀌기 시작했다. 처음에는 눈길도 주지 않았던 소니, 제이비엘(JBL), 보스(Bose) 같은 전통적 오디오 강자들이 비슷한 컨셉의 제품을 만들며 경쟁에 뛰어들었다. 심지어 가격대까지 낮추며 들어왔다. 브랜드나 음질로 싸워야 한다면 우리에게는 승산이 없는 게임이었다. 독점은 끝나가고 있었다. 다시 생존 경쟁이었다.

MBA 시절에 배웠던 이야기가 떠올랐다. 슬론에는 던컨 시메스터(Duncan Simester)라는 유명한 마케팅 교수가 있었는데, 그가 들려준 '니치마켓(틈새시장)'에 관한 이야기였다.

그의 아내는 학교 근처에서 델리를 하고 있었다. 밀집된 주택가가 아니라 손님이 그리 많지는 않았다. 하지만 주변에 다른 가게가 없으니 매출은 꾸준했다. 전형적인 니치마켓이었다. 그런데 델리 옆에 높은 주상복합 아파트가 들어선다는 소식이 들려왔다. 던컨 교수의 아내는 나중에 입주가 시작되면 완전 대박이 날 거라며 좋아했다. 하지만 던컨 교수는 한숨을 쉬며 조심스레 말했다.

"여보, 어쩌면 그게 좋은 징조가 아닐 수도 있어."

니치마켓은 좋은 마켓이다. 독점할 수 있기 때문이다. 하지만 딱 한 가지 조건이 필요한데, 절대 성장해서는 안 된다는 거다. 시장이 성장하는 순간 강력한 경쟁자들이 들어와 시장을 잠식하고, 그 결과 더 이상 독점할 수 없고, 출혈 경쟁에 내몰리게 된다.

이 이야기는 새로운 경쟁을 해야 하는 우리 상황에서 다시금 니치마켓 전략을 고민하는 단초를 마련해 주었다.

우리는 스피커를 장착한 톤플러스 스튜디오를 만들어 반격을 시도했다. 이 제품을 '퍼스널 스피커'로 소구하면 새로운 니치마켓을 만들 수 있을 것이라 생각했다.

새로운 카테고리 제품이기에 먼저 알려야 했다. 난생처음 억대 비용을 쓰며 시리즈 광고 3편을 제작하고 여러 온라인 매체에 노출했다. 하지만 이건 알린다고 해결되는 제품이 아니었다. 목에 둘렀을 때 양쪽 귀밑에서 스테레오 사운드가 치고 올라오는 경험을 해봐야 했다. 직접 써보기 전에는 알 수 없는 경험이었다.

목에 직접 씌우고 싶었다. 그래서 고객들이 직접 체험할 수 있는 곳이라면 어디든 달려갔다. 엔비디아 '지포스데이'에 가서 게이머들 목에 씌워 주기도 하고, 부산의 VR 전시회, 강원도 삼척의 자전거 대회까지 열심히 쫓아다녔다. 연예기획사에 가서 SNS 홍보를 부탁하기도 하고, LG트윈스를 찾아가 야구팬들을 위한 굿즈로 제안하기도 했다.

한번은 여의도 CGV 입구에서 체험 행사를 했다. 지나가는 사람들에게 공손히 인사를 하고는 그들 목에 제품을 바로 씌워주었다. 체험객 대부분은 귀밑에서 올라오는 소리를 듣고는 "우와! 이거 뭐예요?" 깜짝 놀라며 관심을 보였다. 톤플러스 스튜디오는 그런 제품이었다.

그렇게 8개월을 신나게 뛰었지만, 모든 노력은 하루아침에 수포로 돌아갔다. 이유는 조직개편이었다. 대기업에서는 종종 있는 일이었다.

톤플러스 스튜디오는 이제 내 가슴속에 아련한 추억으로만 남아있다. 그때로 다시 돌아간다 해도 무엇을 어떻게 다르게 할지 모르겠다. 그만큼 모든 걸 다 쏟았다. 다만 그때를 떠올리면 니치마켓은 절대 성장해서는 안 된다던 던컨 교수의 가르침이 여전히 머릿속을 맴돈다.

참고로, 던컨 교수의 아내가 하는 델리 가게는 어떻게 되었을까? 예상대로 고층 아파트가 들어서면서 큰 델리 가게가 따라 생겼고, 가게 매출은 눈에 띄게 줄었다. 그들은 고민 끝에 주변 학교를 대상으로 하는 케이터링 전문 가게로 델리의 포지셔

닝을 바꾸었다. 말하자면 B2C 니치마켓을 B2B 니치마켓으로 바꾼 거였다. 역시 '마케팅의 대가'다웠다.

니치마켓은 좋은 시장이다. 독점할 수 있기 때문이다. 하지만 절대 성장해서는 안 된다. 성장하는 순간 강력한 경쟁자가 게임에 뛰어들며 치열한 생존 경쟁이 시작된다. 중요한 건 머무르지 않고 끊임없이 이동하는 것이다.

널리 퍼뜨려야 혁신이다

"창의적이고 독창적인 생각을 해내는 것만으로는 소용없다. 당신이 만든 것을 팔아낼 수 있어야 한다." (데이비드 오길비)

톤플러스 팀(정확하게는 IPD 사업개발팀)이 해체된 후 나는 NBC(New Business Center)라는 새로운 조직으로 자리를 옮겼다. NBC는 엔지니어와 디자인, 사업개발 멤버들이 한데 모여 신사업을 하는 곳이었다. 단순히 기획만 하는 것이 아니라, 실제로 신제품을 만들고 사업화까지 추진하는 미션을 가진 조직이었다.

나는 시니어케어, 차세대 미디어, 모바일 악세서리 라이센싱 사업을 동시에 리딩하게 되었다. 이곳은 조직 전체가 매트릭스로 운영되어 리더의 역할이 매우 중요했다. 멤버들은 수시로 이동했고, 리더십을 보이지 못하면 팀원을 구하기도 어려웠다. (매트릭스 조직이란 팀장-팀원의 전통적 조직 구조가 아니라 프로젝트 리더가 기획, 개발, 디자인 등 각 기능팀에서 프로젝트 참여 멤버를 모집해서 진행하고, 프로젝트가 끝나면 멤버들은 원래 부서로 돌아가는 조직 구조를 말한다.)

한 번은 메드트레이드(MedTrade)라는 헬스케어 전시회 참석을 위해 애틀란타로 출장을 갔다. 우리가 시니어케어 프로젝트

　CHAPTER 1. WORK | 그렇게 일을 배웠고, 그렇게 일을 마쳤다.

에서 추진하던 낙상과 수면, 그리고 헬스케어 전반의 트렌드를 점검하기 위한 목적이었다. 애틀란타는 처음 방문하는 거였는데 신기하게도 전시장 근처에 관광지들이 모두 모여 있었다. 1996년 애틀란타 올림픽을 기념하는 올림픽 파크가 있었고, 조지아 수족관도 있었으며, 대학 미식축구 명예의 전당 전시관도 있었다. 바로 옆에는 CNN 본사가 있어서, 스튜디오에서 실제로 뉴스가 어떻게 만들어지는지도 볼 수 있었다. 신기했다.

하지만 그중 나를 가장 가슴 뛰게 만들었던 건 코카콜라 전시관이었다. 130년의 코카콜라의 역사가 한눈에 보였다. 코카콜라는 1886년 애틀란타의 약제사 존 펨버튼(John Pemberton)이 자신의 약국 구석에서 코카(Coca) 나뭇잎과 콜라(Cola) 열매를 조합하여 만들었다. 처음에는 자신의 통증을 치료하기 위해 진통제로 만들었는데 이후 대중화를 위해 음료수 타입으로 바꿔서 만들기 시작했다. 코카콜라라는 이름도 처음 납품했던 약국의 종업원이 편의상 붙인 거였다.

그때만 해도 그는 자신이 얼마나 대단한 발명을 했는지 알지 못했다. 하루 평균 6잔 판매. 첫 해 총수입은 $50 수준. 하지만 동업자였던 아사 캔들러(Asa Candler)가 코카콜라 사업권을 $300에 산 후 이를 사업으로 키우며 모든 게 바뀌기 시작했다. 그는 상표권을 특허청에 등록하고, 시음 쿠폰 발행 등 마케팅을 시작했다.

그리고 진짜 전환점은 1894년 죠셉 비에든한(Joseph Wiedenmann)의 제안이었다. 그는 자신이 코카콜라 원액을 사다가 직접 병에 넣는 보틀링 작업을 한 후 미시시피 지역에서 독점 판매를 해보겠다는 제안을 했다. 아사 캔들러가 이 제안을 수락하면서 그 유명한 코카콜라의 '보틀링 시스템' 비즈니스 모델이 시작되었다. (코카콜라 본사는 제조 비법과 시럽만 제공하고, 이를 각 지역의 보틀러들이 생산하고 판매한다. 본사는 로열티를 받으며 마케팅에만 집중하는 사업 구조다.) 혁신적 사업 모델 덕분에 코카콜라는 세계 최고의 음료가 되어, 지금은 전 세계 200여 개국에서 하루 20억 잔씩 팔리고 있다.

전시관을 구석구석 둘러보는데, 격동의 그 시절로 들어간 것 같은 기분이 들었다. 온몸으로 감동이 전해져 왔다.

출장에서 돌아오는 비행기에서 영화를 한 편 보았는데, 공교롭게도 맥도널드 창업자들의 이야기였다. 제목은 《파운더》. 지금은 전 세계적으로 대표적인 패스트푸드 체인이 된 맥도널드. 시작은 캘리포니아 샌버너디노에 있던 리처드 맥도널드 형제의 햄버거 가게였다.

주문 후 20분씩 걸리던 기존의 방식을 개선하기 위해 두 형제는 최초로 컨베이어벨트형 햄버거 공급 시스템을 고안해 냈다. 메뉴 종류와 서빙하는 수고를 줄이고, 주문 즉시 받을 수 있는 싸고 맛있는 햄버거를 만드는 것에만 집중했다. 사람들은 열광했지만, 여전히 햄버거가 잘 팔리는 동네 가게일 뿐 지금의 맥도널드와는 거리가 멀었다.

하지만 어느 날, 그 앞을 지나던 믹서기 세일즈맨 레이 크록은 맥도널드를 경험한 후 가능성을 보았다. 그는 노란 아치를 미국 전역에 퍼뜨리자며 프랜차이즈 사업을 제안했고, 고민 끝에 맥도널드 형제가 계약서에 서명하면서 모든 게 바뀌었다.

그는 인테리어나 서비스 매뉴얼을 만들어 품질의 일관성을 지켰다. 그리고 별도의 부동산 지주 회사를 설립하고, 본사가 토지와 건물을 소유하고 가맹점주에게 리스하는 모델을 추진함으로써 본사의 수익을 극대화하는 구조를 만들었다. 이 또한 혁신적인 사업 모델이었다.

그렇게 맥도널드는 세계에서 가장 사랑받는 햄버거 체인이 되었다. 레이 크록의 기회를 보는 눈과 과감한 도전이 없었다면 맥도널드는 캘리포니아의 작은 동네 가게에 머물렀을지 모른다. 영화가 끝난 후에도 난 한동안 감동에서 빠져나올 수 없었다.

그 출장은 특별했다. 박물관에서 보았던 코카콜라의 역사와 비행기에서 본 맥도널드의 영화가 오버랩되면서 많은 생각이 들었다. 코카콜라도, 맥도널드도 어설펐던 처음이 있었다. 새로운 걸 만들어 놓고도 잠깐의 성장에 안주하던 시절이 있었다.

그리고 다시 한번 깨달았다. 새롭게 무엇을 만드는 것도 중요하지만 어떻게 퍼뜨리는지가 더 중요하다는 것을. 코카콜라와 맥도날드는 존 펨버튼과 맥도날드 형제가 발명했지만, 결국 아사 캔들러와 레이 크록이 혁신해냈다.

대단한 것을 만들었다고 저절로 혁신이 되지는 않는다. 누군가는 비전을 가지고 담대하게 리스크를 감내해야 한다. 대중들에게 퍼뜨릴 수 있는 비즈니스 모델을 만들어야 한다. 혁신은 사업이다. 널리 퍼뜨려야 혁신이 된다.

기회는 늘 옆에 있다

"기회의 창이 보인다면 커튼을 치지 마라." (톰 피터스)

혁신에 대한 얘기를 좀 더 해보자.

때는 2009년, MIT 미디어랩 이시이 교수의 소개로 한 분을 만났다. 이시이 교수의 미디어랩 제자 중 한 명인데 졸업 후에도 가깝게 지낸다고 했다. 그는 본인을 작은 IT 회사의 부사장이라 소개하며 무료 메시지 앱을 개발 중이라고 했다. 베타버전을 보내줘서 팀원들과 PC에 깔고 사용해보았다. 나름 신선했다. 하지만 기존 메신저와 크게 다르지 않아 보였고, 사업적으로 어떤 차별성이 있는지 와 닿지 않았다. 도무지 긍정적인 말이 떠오르지 않았다. 결국 약속했던 피드백도 전하지 못한 채 나는 MBA 유학길에 올랐고, 미국에서는 까맣게 잊고 지냈다. 그로부터 1년 뒤 한국에 돌아온 나는 깜짝 놀랐다. 온 국민이 그 앱을 쓰고 있었다. 불과 1년 만이었다. 그 서비스는 '카카오'였다.

2012년에는 MIT 슬론에서 함께 공부했던 밀란에게서 연락이 왔다. 남편 헨리가 초기부터 참여한 스타트업이 온도조절기를 개발해 곧 출시 예정이라고 했다. 헨리는 MIT 공대 출신으

  CHAPTER 1. WORK | 그렇게 일을 배웠고, 그렇게 일을 마쳤다.

로 'AI의 아버지'라 불리는 마빈 민스키(Marvin Minsky) 교수의 아들이기도 했다. 제품은 디자인부터 근사했다. 미국 건물에서 보던 기존의 온도조절기와는 확연히 달랐다. 사용자 패턴을 학습해 자동으로 온도를 조절해주는 기능도 인상적이었다. 잘 될 것 같다고 진심으로 축하를 전했다. 그게 끝이었다. 이 제품이 1년 반 뒤에 3.4조 원에 구글에 인수될 줄은 상상도 못했다. 뉴스를 보고서도 한동안 그 금액이 이해조차 되지 않았다. 그 제품의 이름은 '네스트(Nest)'였다.

2013년에는 MIT에서 알게 된 베트남 출신의 친구 크리스티에게서 연락이 왔다. 남편 소니와 만든 전자만보계로 LG와 협력을 논의 중이라고 했다. 제품은 작고 예뻤으며, 충전도 편했다. 나는 서울에 온 크리스티를 만나 조언을 아끼지 않았다. 가능성을 보았는지 다음날 비행기로 소니도 바로 한국에 들어왔다. 두 사람과 저녁을 함께하며 LG와의 협력 모델에 대해 깊이 의견을 나누었다. 우리도 열심히 뛰어다녔다. 그렇게 양사간의 협력 계약이 성사되는 듯했지만, 마지막 순간에 애플이 개입하며 협상은 깨졌다. 애플이 애플스토어 입점 조건으로 독점을 요구한 것이었다. 두 사람은 내게 미안해했지만, 나는 LG 폰에 번들링 하는 것보다 애플스토어에 입점하는 게 더 큰 성장의 기회가 될 거라고 말했다. 그랬던 그 회사가 겨우 2년 뒤 글로벌 시계 그룹 파슬(Fossil)에 3천억 원 넘는 금액에 인수되었다. 회사의 이름은 '미스핏(Misfit)'이었다.

2014년에는 페이스북으로만 알고 지내던 한 분이 나를 만나러 양재까지 찾아왔다. 그는 현재 다음에 근무 중인데, 곧 카카오와 합병이 될 예정이라 퇴사를 고민 중이라 했다. 그리고 그 이후에는 독서클럽을 만들 계획인데, 성인들이 만나 지적으로 소통할 수 있는 공간을 꿈꾼다고 했다. 참신한 아이디어였다. 잘 되면 좋겠다고 진심으로 응원해주었다. 잠깐의 대화를 통해서도 그분의 진정성과 매력이 느껴져서 정말 새로운 문화를 만들 수 있을지도 모르겠다고 생각했다. 하지만 그렇게 말하면서도 난 사람을 모아 책 읽고 토론하는 게 어떻게 사업이 될 수 있다는 건지 이해조차 못 하고 있었다. 10년이 지난 지금, 그렇게 탄생한 회사가 국내 최고의 독서클럽이 되어 글로벌 진출까지 꿈꾸게 되었다. 그 친구는 '트레바리'의 윤수영 대표였다.

2015년, 한 스타트업 대표가 LG전자 서초캠퍼스에 와서 세미나를 했다. 한창 유행이었던 '핀테크'에 대해 트렌드를 파악하고 혹시 모를 협업 기회를 모색하기 위함이었다. 그는 서울대 치대를 나왔는데 의사를 포기하고 사업을 하고 있다고 했다. 송금을 편하게 하겠다며 정부와 금융기관을 직접 뛰어다니며 규제를 풀어달라고 요청하는 중이었다. 송금은 수십 가지 은행 업무 중 하나일 뿐인데 그거 하나를 편하게 만드는 것이 어떻게 독립된 사업이 된다는 건지 이해가 되지 않았다. 하지만 그의 열정은 남달랐고 눈빛은 믿음직스러웠다. 이게 안 되더라도 뭐라도 만들어낼 것 같았다.

투자 팀장이었던 난 세미나 후 그에게 투자하고 싶다고 말했다. 그는 웃으며 이미 기업가치가 너무 높아 힘들 거라고 했다. 현재 기업 가치를 물었더니 무려 수백억 원. 아직 또렷한 사업모델도 없는데 터무니없는 숫자였다. 난 웃으며 "다음 기회에"라고 말했다. 하지만 다음 기회 같은 건 없었다. 그 회사가 6년 만에 유니콘이 되고, 불과 10년 만에 대한민국 금융을 이렇게 뒤흔들어 놓을 줄은 꿈에도 몰랐다. 그 사람은 '토스'를 만든 이승건 대표였다.

만약 내가 그때, 송금을 혁신하는 게 어떻게 사업이 되는지 물었다면, 그가 지금의 토스를 말할 수 있었을까? 아마도 그러진 못했을 거다. 지금의 토스는 그때 어디에도 없었다. 그저 하나를 풀면 그다음이 보이고, 그렇게 한 발씩 내디디며 없던 길을 만들어 갔을 뿐이다.

감사하게도 나는 늘 '혁신'의 언저리를 맴돌았다. 다양한 신사업에 몸담았고, 최신 트렌드에 깨어 있었으며, 열정적인 스타트업과도 함께했다. 하지만 그러면서도 떡 잎을 알아보지 못하는 우도 많이 범했다.

뒤를 돌아보면 선명하지만 앞을 내다보면 불투명하다. 그게 당연한 줄 알면서도, 우리는 시작도 하기 전에 자꾸 예측하고 판단하려 한다. 실패를 줄이기 위한 그 습관이 실은 우리가 기회를 놓치는 진짜 이유다.

구체적인 문제를 풀다 보면 럭비공처럼 어디로 튈지 모른다. 그때 살아남기 위해 발버둥 치다가 생각지도 못했던 가치를 발견하는 일, 그게 바로 혁신이다.

머리로는 안다고 생각했지만, 가슴으로는 이해하지 못하고 있었다. 기회는 늘 옆에 있다. 그걸 알아차릴 눈이 없었을 뿐. 과감히 배팅할 용기가 없었을 뿐.

하극상이 뉴 노멀

"지능은 변화에 적응하는 능력이다." (스티븐 호킹)

언젠가부터 해외 출장을 다니면 세상의 변화가 직접 느껴졌다. 렌터카 서비스를 이용하면서도 그랬다.

예전에는 허츠(Hertz)에서 차를 빌릴 때, 프런트에 줄을 서고 직원과 함께 주차장으로 나가 차량을 확인한 뒤에야 키를 받았다. 하지만 어느 순간부터 바뀌기 시작했다. 프런트에 갈 필요 없이, 주차장으로 바로 가 원하는 차량을 골라 타고 나가면 그만이었다. 반납할 때도 지정된 장소에 세워두고 그냥 떠나면 되었다. 현장에서 차량을 확인하거나 정산하는 수고도 사라졌다. 서비스의 전 과정에서 사람과 마주칠 일이 없어졌다. 말을 섞지 않아도 되는 편리함에 점점 익숙해졌다.

2018년, 실리콘밸리에 있는 오픈이노베이션 조직을 통해 근처 헬스케어 스타트업을 소개받기 위해 출장을 갔다. 출장을 마치고 샌프란시스코 공항에서 렌터카를 반납하던 날, 나는 실수로 '반납장'이 아닌 '서비스센터'로 들어간 적이 있다. 순간 놀라운 장면을 목격했다. 축구장보다 넓은 공간에서 수많은 사람이 분주히 움직이고 있었다. 차를 옮기고, 정비하고, 세차하고, 청소하는 사람들. 서비스 전면에서 사라졌던 사람들이 모두 그곳, 백스테이지에 모여 있었다. 마치 인류가 로봇에게 지배 당한 2057년 배경의 SF영화 속으로 들어간 것만 같은 풍경이었 다.

출장 중에는 업체와 미팅을 마친 후 애플비즈(Applebee's)라는 식당에 갔다. 테이블마다 태블릿이 놓여 있었는데, 그것으로 메 뉴를 골라 주문하고 팁까지 한꺼번에 결제할 수 있었다. 영수증 이 필요하다고 하자, 그제야 직원이 나와 프린트해주었다. 사람 은 존재했지만, 존재감은 점점 흐릿해졌다.

몇 년이 지난 지금, 한국도 똑같이 변했다. 키오스크나 태블 릿으로 주문하는 식당이 늘었고, 음식도 로봇이 서빙해준다. 고 객들은 접시를 직접 내리는 수고를 마다하지 않고 오히려 신기 해하며 즐거워한다. 사람들은 생각보다 빠르게 적응했다.

2019년 시애틀의 아마존 본사에 방문했을 때, 1층에 있는 아마존고(Amazon Go) 매장에도 여러 번 들렀다. 무인 편의점인 데, 입장 할 때 한 번만 인증하고 나면 원하는 물건을 들고 그냥 나가기만 하면 됐다. 수많은 카메라가 누가 어떤 상품을 가져갔 는지를 추적하고, 사전 등록된 카드로 자동 결제를 했다. 점심 시간에는 특히 유용했다. 미국에선 델리든 푸드 트럭이든 길게 늘어선 줄이 기본이지만, 현장 지불 개념이 사라지자 긴 줄도 함께 사라졌다.

아마존고 담당자와 이야기를 나눌 기회가 있었다. 나는 어 떤 데이터를 수집하고 있는지 물었다. 그는 '거의 모든 데이터' 라고 답했다. 누가 어느 입구로 들어왔는지, 어떤 동선으로 움 직였는지, 어떤 물건을 들었다가 내려놓았는지, 심지어는 함께 들어온 개의 품종까지도 기록한다고 했다. 그렇게 수집된 데이터는 데이터 레이크라 부르는 중앙 서버에 저장된다고 했다. 어디에 쓸지는 몰라도, 언젠가 누군가가 유용하게 활용할 수 있도록 미리 태깅해 저장한다고 했다. 앞 단에는 사람이 보이지 않았지만, 센서 뒤에서는 수많은 사람이 데이터를 정리하고 있는 셈이었다. 무인 편의점은 사실 무인이 아니었다.

시간은 흘러, 이제 일의 개념이 바뀌고 있다. 예전에 일은 사람이 하는 것이었다. 풍부한 경험과 도구를 잘 다루는 능력이 곧 실력이었다. 하지만, 이제 일은 시스템이 한다. 사람은 시스템이 잘하도록 지시하고 뒤에서 지원하는 역할만 한다. 보조자 역할로 주객이 전도되었다.

서비스의 구조도 바뀌고 있다. 예전에는 사람이 서비스를 제공하고 기술은 보조였지만, 이제는 기술이 앞에서 리드하고 사람이 뒤에서 지원하는 하극상이 당연한 것이 되었다. 기술은 점점 더 싸지고, 사람은 점점 더 귀해진다. 머지않은 미래에는 뒤에서 지원하는 사람조차 기술로 대체될지도 모른다. 그때가 오면 사람이 직접 대면하는 서비스는 VVIP만을 위한 초호화 서비스로 격상될지도 모른다.

챗GPT로 대표되는 생성형 AI는 이러한 흐름을 더욱 가속화하고 있다. 카이스트(KAIST)의 김대식 교수는 챗GPT를 두고 '지식노동의 혁명'이라고 표현했다. 예전엔 사람이 하던 지식노동을 이제는 AI가 직접 수행한다. 글을 쓰고, 번역하며, 이미지를 만들고, 코드도 짠다. 사람은 결과물을 정리하거나 선택만 하면 된다. AI는 지치지도 않고, 잠도 자지 않는다. 놀라울 정도로 빠르게 만들며, 믿을 수 없을 만큼 많이 만든다. 그렇다고 임

　　CHAPTER 1. WORK | 그렇게 일을 배웠고, 그렇게 일을 마쳤다.

금을 올려줄 필요도 없다. 그러니 AI와 경쟁하려 해서는 안 된다. AI에게 잘 시키고, 잘 고르는 전문가가 되어야 한다.

CES 2025에서 엔비디아의 젠슨 황은 이러한 개념을 '피지컬 AI(Physical AI)'로 확장했다. 생성형 AI로 촉발된 변화가 디지털 영역에 머무르지 않고, 실제 삶의 현장까지 퍼질 것이라는 예고였다. 거리에서, 공장에서, 물류창고에서 사람이 사라지고, 그 자리를 로봇이 메우는 날이 머지않았다. 처음에는 반복적이거나 힘든 일 정도만을 대신하겠지만, 머지않아 인간이 하지 못하던 일까지 능숙히 해낼 것이다.

옛날에는 글을 모르는 사람이 편지를 받으면, 읽어줄 사람을 기다려야 했다. 앞으로는 AI를 다뤄줄 사람을 기다리게 될 것이다. 방법을 모르면 사는 게 불편해지는 시간이 온다.

기술의 궁극적 가치는 '편리함'이다. 편리함을 온전히 누리려면 공부하고, 시도하고, 실패하는 불편함의 시간을 견뎌야 한다. 하극상이 뉴 노멀인 시대, 기꺼이 불편을 감수하는 사람만이 시대의 희생양이 되지 않을 수 있다.

당신의 치즈는 무엇인가?

"자신을 아는 것이 모든 지혜의 시작이다." (아리스토텔레스)

지주사의 호출이 있었다. 얼마 전 일본을 다녀온 부회장님이 고령화 트렌드를 언급하며, 일본에는 이미 시니어 산업이 활발한데 우리는 왜 대비가 없느냐고 호통을 치셨다고 했다. 곧바로 태스크포스가 꾸려졌고, NBC에서 시니어케어 사업를 맡고 있던 내가 리더로 차출됐다. 나는 컨설팅 펌 커니와 계약해 즉시 프로젝트에 착수했고, 내부에도 별도 팀을 꾸려 함께 검토를 시작했다.

시니어 산업은 들여다볼수록 중요성이 크게 느껴졌다. 우리나라 출산율이 1.0 아래로 떨어진 지는 이미 오래고, 고령화 속도는 견줄 곳이 없었다. 사회가 급속히 늙어가는 건 예측이 아니라, 이미 우리 곁에 와 있는 미래였다. 우리가 마주할 변화는 단순히 가전의 디자인이나 기능 문제가 아니었다. 주거, 교통, 의료, 교육까지 사회 전반이 송두리째 바뀌어야 했다.

앞서 간 일본을 보니, 파나소닉이 보였다. 그들은 오래전부터 주거 사업을 하고 있었다. 단편적인 서비스나 제품에 그치지 않고 주거 환경 자체를 설계하고 재정의했다. 그들이 보유한 건축 자재와 설비, 다양한 전자제품과 센서가 시너지를 더했다. 이후에는 토요타와 합작 법인을 세워 시니어 친화적 타운과 그 안의 모빌리티까지 연결하는 시도를 하고 있었다.

LG에도 스케일이 필요했다. 공기 좋은 외곽이 아니라 교통이 편한 도심에 LG 브랜드의 고급 시니어 주거 시설을 만들자고 제안했다. 그리고 그 안을 시니어를 위한 것이지만, 여러 세대도 쓸 수 있는 유니버설한 디자인 제품들로 채워, 살아 있는 테스트베드를 만들자고 제안했다. 수천억 원의 투자가 수반되는 프로젝트지만, 그룹의 관련 회사들과 실행 방안을 구체화하다 보니 가능하다는 확신이 들었다. 최종 승인만 받으면, 남은 내 커리어를 여기에 걸어도 좋겠다고 생각이 들 정도였다. 충분히 가치 있고 보람 있는 일이었다.

그런데 몇 달간의 강행군 때문인지, 최종 보고를 며칠 앞두고 몸에 이상이 왔다. 갑자기 속이 메슥거리고 온몸에 식은땀이 났다. 삭신이 쑤셔 가만히 앉아 있기도 힘들었다. 병원에 갔더니 급성 장염이었다. 최소 3~4일은 입원해야 한다고 했다. 어쩔 수 없이 입원을 하긴 했지만, 머릿속으로는 온통 최종 보고 생각뿐이었다.

그러다 그날 저녁 병상에 누워있는데 옆 침대 이야기들이 들리기 시작했다. 무심결에 들어보니, 다들 사연이 있었다. 왼편 환자는 큰 교통사고로 차가 전복됐다고 했다. 온종일 영상 검사에 물리 치료를 받으러 들락날락거렸다. 그러면서도 본인이 운영하는 꽃집에 손해가 너무 커서 힘들다며, 간호사만 보면 빨리 퇴원시켜 달라고 호소했다. 오른편 환자는 심한 폐렴에 걸렸다고 했다. 쇳소리 나는 거친 숨을 쉬고 밤새 가래 긴 기침을 연신 해댔다. 사물이 또렷이 둘로 보인다고도 했다. 그런데도 주말에는 꼭 퇴원해야 한다며 애원했다. 회사에 너무 눈치가 보여서 더 이상은 힘들 것 같다고 했다. 나도 나지만, 다들 참 열심히 살고 있다는 생각이 들었다.

도대체 우리는 무엇을 위해 그렇게 사는 걸까?

사회적으로 성공한 이들은 당당하게 독설을 내뱉는다.

"경제적 자유가 없다면 아직 멀었다. 죽도록 원하면 해낼 수 있다, 젊어서 성공해야 진짜다. 워라밸 같은 한가한 소리는 집어치워라. 끝까지 버텨라. 포기하지 마라. 정상에 설 때까지 앞만 보고 달려라. 늦추면 두 배로 힘들어지고 멈추면 쓰러진다. 꿈, 성공, 부, 유명세, 승리, 존버."

다른 한편에서는 스타 강사들이 나와서 힘든 이들의 마음을 어루만지며 힐링의 말을 건넨다.

"아픈 건 당신만이 아니다. 다들 그렇게 살아간다. 여기까지 잘 왔다. 힘들면 조금 쉬어가도 된다. 지금 이 순간이 가장 소중하다. 행복은 멀리 있지 않다. 부질없는 욕심을 버려라. 남과 비교하지 말고 손에 쥔 것에 감사하라. 내려놓음, 치유, 여유, 긍정의 마음, 소확행."

극과 극의 메시지로 어느 한 쪽만 옳다고 말할 수는 없다. 중요한 건 지금의 나에게 맞는 말을 분별하는 것이다. 내 마음은 무엇에 반응하고, 어떤 생각을 할 때 더 눈이 반짝이는지. 결국 내가 나를 알아야 한다.

만약 당신이 세상에 없던 무언가를 만들어서 인정받고 싶은 열망으로 가득 차 있다면 '소확행'은 사치처럼 느껴질 수 있다. 반대로 당신이 주말에 공원 잔디밭을 가족들과 함께 거니는 여유를 인생의 소소한 행복이라 느낀다면 '존버'는 고문처럼 들릴 수도 있다.

물론 인생은 그렇게 이분법적이지는 않다. 대부분의 사람들은 두 가지(사회적 성공과 인생의 행복) 모두를 붙들고 살아간다. 하지만 하나를 선택해야 하는 순간이 오기도 한다.

"이왕이면 그게 좋지." 이를 꿈과 헷갈려 해서는 안 된다. 우리 삶에 있어서 "이건 절대 포기 못 해."가 무엇인지를 찾아야 한다. 정답은 없다. '소확행'을 선택하든 '존버'를 선택하든, 자기 확신이 있다면 그 결정이 옳다.

스펜서 존슨의 책 『누가 내 치즈를 옮겼는가』에서 '치즈'는 성공과 행복의 상징이다. 어느 날 갑자기 치즈가 사라졌을 때, 어떤 이는 그대로 남고, 어떤 이는 새로운 치즈를 찾아 길을 떠난다.

이 도전적인 이야기는 '두려움을 이겨내고 움직여야 새로운 기회를 만날 수 있다'는 메시지를 담고 있다. 하지만 모두가 여기에 동의할 필요는 없다. 내가 진정으로 원하는 치즈가 무엇인지 모른다면, 새로운 치즈를 발견하는 것이 무슨 의미가 있겠는가? 생각만 해도 가슴이 뛰고 도파민이 솟아나는 나만의 치즈. 그것이 무엇인지 알고 길을 떠나야, 마주했을 때 알아볼 수 있다.

나는 이틀 만에 퇴원해 회사에 복귀했고, 다시 최종 보고 준비를 시작했다. 그런데 며칠 뒤 갑자기 그룹 회장님이 지병으로 세상을 떠나셨다. 그 여파로 우리에게 프로젝트를 지시했던 부회장님은 더 이상 회사에 나오지 않았다. 그것이 LG그룹의 전통이었다. 그렇게 예상치 못한 이유로 보고할 대상이 사라져버렸고, 지난 몇 달간의 우리 수고는 허무하게 허공으로 흩어졌다. 잠시 꿈꾸었던 내 미래의 커리어도 함께 사라졌다.

인생에는 전혀 예상할 수도 없고, 설령 안다 해도 내가 어쩔 수 없는 일들이 많다. 그럴 땐 훌훌 털고 일어나, 또 다른 나만의 치즈를 찾아 떠나야 한다.

아무리 최선을 다해도 결과를 담보할 수는 없다. 사회적 성공이든, 인생의 행복이든, 내가 진정 원하는 치즈라면 사라지기 전에 후회 없이 즐기고 성취해야 한다. 그게 내가 할 수 있는 전부이고 최선이다.

 CHAPTER 1. WORK | 그렇게 일을 배웠고, 그렇게 일을 마쳤다.

부동산은 어떻게 액셀러레이터가 되었는가?

"당신이 쏘지 않은 슛은 100% 빗나간다." (웨인 그레츠키)

미국 유타주에 출장 중이었는데, 새벽 한 시에 전화가 울렸다. LG사이언스파크로 이동했던 최 상무였다. (LG사이언스파크는 LG그룹 계열사간 시너지를 창출을 위해 서울 마곡에 조성된 국내 최대 규모의 통합 R&D 혁신단지이다.)

새로 부임한 그룹 회장님이 며칠 전 사이언스파크를 방문해 "LG그룹의 오픈이노베이션 허브 역할을 사이언스파크가 맡아달라."라고 당부했는데, 그 일을 내가 맡으면 어떻겠냐는 제안이었다. 나는 사업가에서 다시 스태프로 돌아가는 게 망설여졌지만, 회장님의 직접 지시라면 새로운 기회가 될 수 있겠다 싶었다.

귀국하자마자 NBC 센터장께 그 이야기를 전했다. 돌아온 답은 명료했다.

"회장님이 필요하다고 하시고, 사장님이 부르셨다면 그건 선택의 문제가 아닙니다."

망설임이 사라졌다. 곧바로 LG사이언스파크로 자리를 옮겼다. 그곳에서 나는 그룹 전체의 오픈이노베이션 활동을 총괄하게 됐다. 실리콘밸리에 신설한 벤처 투자 조직을 관리하고, 유망 스타트업을 발굴·육성하며, 글로벌 리딩 기업들과의 파트너십을 추진했다. 또 해외 대사관과 글로벌 기업이 LG를 방문할 때면 그들을 맞이하는 일도 우리의 몫이었다.

하루는 실리콘밸리 액셀러레이터이자 벤처캐피털리스트인 P&P(Plug and Play)의 창업자들이 방문한다는 연락을 받았다. 그 소식을 듣자 오래전 신기술투자팀장 시절, P&P 본사를 방문했었을 때 만났던 한 스타트업이 떠올랐다.

그들은 타조 농장을 만들겠다고 했다. 생소했지만 듣다 보니 말이 되었다. 남아프리카에서 타조고기를 접하고 가능성을 본 창업자는 "타조 고기는 단백질이 풍부하고 콜레스테롤이 적으며, 기르는 데 물과 토지를 적게 쓰고 온실가스 배출도 현저히 낮다."며 미래의 대체식량이라고 말했다. 더 놀라운 건, 아직 농장도 짓기 전인데 고급 슈퍼마켓들이 5년치 타조고기를 선주문했다는 사실이었다. 그 정도라면 투자하지 않을 이유가 없었다. 그때부터 P&P를 다시 보게 됐다. 그들은 기술이나 산업의 경계를 뛰어넘어, 인류의 가치를 높이는 모든 아이디어에 투자하고 있었다.

며칠 뒤, P&P의 공동창업자 사에드(Saeed)와 조조(Jojo)가 회사를 방문했다. 이틀 동안 그들과 이야기를 나누었다. 그리고 그들의 창업 스토리도 듣게 되었다. 두 사람은 기술 전문가는 아니었다. 조조는 필리핀에서 생수 사업을 했고, 사에드는 이란 출신 이민자로 병입·포장 사업을 했다. 둘은 유럽 생수 시장에 함께 진출하며 절친이 됐고, 결국 사업을 8개국으로 확장했다. 이후 대부분의 공장을 네슬레 같은 대기업에 매각하고, 스페인

법인만 남겼는데, 당시 시장점유율이 40%에 달할 만큼 성공적이었다. 그들은 엑셀러레이터(초기 스타트업의 성장을 가속화하는 역할)이기 이전에 사업가였다.

사에드는 이후 부동산 사업으로 확장하며 팔로알토의 한 건물을 매입했는데, 그것이 인생을 바꿨다고 했다. 우연히도 그 건물에 구글, 페이팔, 로지텍 같은 스타트업들이 입주했고, 틈틈이 그들과 대화를 나누며 스타트업 생태계에 대해 배웠다. 그러면서 지금은 거인이 된 페이팔, 렌딩클럽과 같은 스타트업에 초기 투자자로 참여할 기회를 얻었다고 했다. 그래서 그 건물을 '럭키빌딩(Lucky Building)'이라 불렀다. 그때의 우연이 사에드를 스타트업 세계로 이끈 것이었다.

이후 할리우드에서 부동산 사업을 하며 또 다른 인사이트를 얻었다고 했다. 할리우드 제작사들은 건물을 2년 단위로 빌리지 않고, 시즌 1을 찍을 동안만 몇 개월 단기로 임대하는데, 그러다 반응이 좋으면 시즌 2를 위해 다시 계약을 연장한다는 것이었다. 그들은 그것이 마치 스타트업의 임대 방식과 닮았다고 생각했다. 스타트업도 작은 공간에서 단기 임대로 시작해, 시장 반응이 오면 VC들에게 추가 투자를 받았고, 그 돈으로 공간과 기간을 늘려 다시 계약하는 방식으로 사무실을 확장해 나갔다.

아는 만큼 보이고, 관심 있는 만큼 들린다고, 스타트업에 대한 고민을 계속하다 보니, 남들이 보지 못하는 것을 부동산에서 보기 시작한 것이었다. 결국 사에드는 유럽에서 사업하던 조조를 불렀다.

"이제 진짜 재미있는 일을 다시 시작할 때가 된 것 같아."

P&P는 그렇게 시작됐다. 사업을 준비하다 때마침 매물로 나온 써니베일의 필립스 건물을 인수했는데, 그게 현재 P&P의 본사 건물이라고 했다. 입주한 스타트업들에게는 렌트비 대신 일부 지분을 받기도 했고, 사업이 어려운 스타트업에게는 자신들의 네트워크로 투자자를 연결해 주기도 했다. 처음에는 스타트업을 위한 특화된 부동산 모델이었지만, 시간은 점점 그들을 액셀러레이터라는 신세계로 인도했다.

그들의 이야기를 듣는 내내 소름이 돋았다. 그리고 많은 생각이 들었다. '잘 모르니까, 가진 게 없으니까.'라며 포기했던 순간이 얼마나 많았던가. 그들도 처음부터 거창한 비전으로 시작한 것은 아니었다. 기회를 포착했고, 과감히 결단했으며, 몸으로 부딪쳤을 뿐이었다. 그런 게 바로 '사업의 본질'이 아닐까 하는 생각이 들었다.

물장사든, 부동산이든, 스타트업이든, 액셀러레이터든 무슨 상관인가? 중요한 건 시도다. 도전한다고 반드시 운이 따르는 것은 아니다. 하지만 도전조차 없다면 운은 영영 우리 편에 서지 않는다.

아마존은 신사업을 고민한 적이 없다

"10년이 지나도 변하지 않을 것이 무엇인가? 이 질문이 더 중요한 이유는, 시간의 흐름에 영향받지 않는 안정적인 전략을 세울 수 있기 때문이다." (제프 베조스)

LG사이언스파크에서는 최신 기술 및 투자 트렌드를 분석해서 회장단께 주기적으로 보고를 드리곤 했다. 보고를 준비하면서 글로벌 리딩 기업들에 대해 깊이 분석하고 이해할 수 있는 기회를 얻은 것은 행운이었다. 그 중에서도 아마존이 인상 깊었다. '신사업' 관점에서 특히 그랬다.

아마존은 온라인 서점부터 시작해 유통, 클라우드(AWS), AI 비서(Alexa), 스마트 스피커(Echo), 전자책 리더(Kindle), 영화제작 스튜디오, 물류 로봇(Kiva), 항공, 드론, 슈퍼마켓(Whole Foods), 무인 편의점(Amazon Go), 게임 중계(Twitch), 스마트폰(Fire폰), 증강현실 안경(AR 글라스), 도어록, 보안카메라, 홈 클리닝 서비스, 건강보험, 인터넷 약국, 신용카드, 광고 사업까지 매우 다양한 사업을 한다. 전형적인 문어발식 확장이다.

처음에는 공통분모가 전혀 보이지 않았다. 하지만 포트폴리오를 하나씩 되짚다 보니, 오히려 일관된 흐름 하나를 발견할 수 있었다.

보통 기업이 신사업을 할 때는 몇 가지 대표적인 전략이 있다. 첫 번째는 기존 제품군을 인접 영역으로 확장하는 방식이다. 컴퓨터를 만들다가 태블릿을 만들고, 다시 스마트폰을 만든다. 두 번째는 고객군을 확장하는 방식이다. 가정용 TV에 특화된 기술을 활용해 학교, 호텔 등 B2B 시장에 진출한다. 세 번째는 타깃 시장을 확장하는 방식이다. 국내에서 성공한 제품을 미국이나 유럽에 진출시킨다. 이 세 가지는 모두 검증된 전략이다. 예측 가능한 범위 안에서 실행할 수 있고, 실패 확률도 낮다.

조금 더 대담한 방식도 있다. 미래 트렌드를 예측해 완전히 새로운 영역에 과감히 베팅하는 것이다. 예컨대, 에너지 위기를 예견하고 신재생에너지에 베팅한다거나, 노령화에 대응하여 헬스케어 사업에 뛰어드는 식이다. 성공하면 산업 선도지만, 실패하면 흔적도 없이 사라진다. 하이 리스크 하이 리턴이다.

하지만 아마존은 이들 중 어느 방식도 따르지 않았다. 극단적으로 말하자면, 아마존은 신사업을 따로 고민한 적이 없었다. 그들이 첫날부터 집착해온 사업은 단 하나, "상거래(commerce)"였다.

제프 베조스는 자신에게 질문했다.

"10년이 지나도 변하지 않을 고객의 니즈는 무엇인가?"

그는 상거래에서 변하지 않을 고객 니즈로 세 가지를 꼽았다. '싸게', '빠르게', '한 곳에서'이다. 싸게 사고 싶다는 욕망은 시간이 지나도 사라지지 않는다. 빠르게 받고 싶다는 기대도 마찬가지다. 그리고 이왕이면 한 곳에서 편하게 다 해결하고 싶다. 그래서 아마존은 이 세 가지 니즈에 30년째 집착해오고 있다.

이처럼 변치 않는 고객 니즈에 투자하면, 당장 성과가 나오지 않아도 괜찮다. 포기하지만 않으면 언젠가는 반드시 고객에게 인정받기 때문이다. 일종의 지구력 싸움이다.

아마존은 '싸게' 팔기 위해 수익을 포기했다. 수백 개의 자체 브랜드(PB)를 만들어 공급자 간 경쟁을 유도했고, 배송비를 없앴으며, 상품 포장과 번들링을 최적화하고, 공급망을 자동화했다. 무엇보다도 '싸다'는 인식을 주기 위해 20년 동안 의도적으로 이익을 미뤘다.

그리고 '빠르게' 배송하기 위해서 물류센터는 로봇으로 자동화했고, 수십 대의 전용 화물기를 운항했다. 드론을 띄웠고, 자율주행 카트를 도입했으며, 증강현실 안경까지 테스트했다. 고객에게는 원클릭 결제를 제공하고, AI 스피커로 음성 주문을 가능하게 했으며, 집에 없을 때는 도어록과 홈 카메라를 통해 집 안까지 배송해주는 서비스를 제공했다.

그리고 '한 곳에서' 쇼핑할 수 있도록, 책부터 시작해 옷, 신발, 전자제품, 가구, 차, 심지어 집까지도 팔았다. 책은 종이책은 물론이고 전자책으로도 제공하고, 전자책 리더까지 직접 만들었다. 물건만 파는 게 아니라 영상 콘텐츠도 제작하고, 게임도 중계하며, 음식도 배달하고, 약도 배송했다. 가는 김에 청소, 설치, 집수리까지도 해줬다.

이 모든 사업에서 '프라임 멤버'는 우대를 받는다. 쿠팡의 와우 멤버십처럼 무료 반품, 무료 배송, 영상 콘텐츠 무료 감상, 오프라인 매장 할인까지. 심지어 슈퍼마켓 홀푸즈에 가면 프라임 멤버 전용 주차 공간까지 따로 제공한다. 그렇게 그들은 프라임 멤버가 아닌 게 바보처럼 느껴질 만큼 혜택을 끊임없이 늘리고 있다.

그 결과는 놀랍다. 미국 아마존 고객의 60% 이상이 프라임 멤버다. 이들은 1년에 평균 1,400달러를 소비한다. 비회원의 2.3배다. 이건 추측이 아니다. 아마존이 10년 넘게 데이터를 축적해 밝혀낸 사실이다. 신규 멤버 한 명을 추가하면 연간 매출이 자동으로 800달러 늘어나는 비즈니스 구조를 설계한 것이다. 이런 선순환 구조야말로 아마존이 문어발식 사업을 벌이는 진짜 이유다.

"아마존 프라임 비디오가 골든 글로브를 수상하면 신발 파는 데 도움이 된다."

제프 베조스는 자신의 사업 방식을 이 말로 그대로 보여준다. 아마존은 제품군이나 고객군, 시장을 억지로 넓히려 하지 않았다. 단지 '상거래' 하나를 더 잘하기 위해 철저히 고객 니즈에만 집중해왔다. 그렇게 만드는 과정에서 내부의 시스템이 신사업이 되기도 했다.

AWS(Amazon Web Services)는 원래 내부용의 클라우드 시스템이었다. 하지만 이를 외부 고객들에게 팔기 시작하자 독보적인 캐시카우가 됐다. 선제적으로 기획한 것이 아니라 기회를 발견하여 후행적으로 배팅한 것이었다. AWS를 별도로 사업화하더라도 상거래 고객들의 니즈를 해치진 않았다. 따로 돈을 벌어도 괜찮았다.

제프 베조스는 지금도 초심(Day1)을 강조한다. 아마존 본사 건물 이름조차 데이원(Day1)이다. 아마존은 첫날부터 주주들에게 '고객 집착'이라는 장기적인 비전을 일관되게 말해 왔다. 성급하게 이익을 내려 하지 않고, 고객의 변하지 않는 니즈에 집착하며 성공의 속도를 조절해 왔다. 아마존의 장기적인 비전과 일관성에 주주들은 신뢰를 보내줬고, 20년이 지난 지금 아마존은 그들의 믿음이 틀리지 않았음을 숫자로 증명했다.

이런 구조는 아무나 만들 수 없다. 끊임없이 진화하는 신기술이 아니라, 변하지 않는 고객의 니즈에 수십 년간 투자해온 회사만이 누릴 수 있는 특권이다.

기술에 투자하면 빠르게 앞서 갈 수 있다. 하지만 기술은 끊임없이 진화하기에 유효기간이 있다. 속도가 중요하다. 반면, 고객 니즈에 투자하면 시간은 우리 편이다. 지금 당장은 알아주지 않아도 버티다 보면 언젠가는 인정받는다. 끈기가 중요하다.

지금 우리에게 필요한 건 무엇인가? 기술에 대한 투자인가, 고객 니즈에 대한 투자인가? 속도인가, 끈기인가?

모두의 책임은 누구의 책임도 아니다

"실패는 고아지만, 승리는 천 명의 아버지가 있다." (존 F. 케네디)

코로나가 한창이던 2020년, 우리는 스타트업 행사인 'LG Connect'를 기획했다. 사람들이 모이는 것에 대한 우려가 컸지만, 온라인과 병행 운영하는 것으로 기획하여 겨우 승인을 받았다. 환영사의 인상적인 시작을 고민하다 나는 이 문장을 생각해 냈다.

"LG used to be a startup." (LG도 한때는 스타트업이었습니다.)

LG의 시작은 1947년, '럭키크림'이었다. 처음엔 크림을 등에 메고 다니며 팔았다. 용기가 잘 깨지자 이를 해결하기 위해 플라스틱 공장을 세우면서, 제품을 먼 곳까지 유통할 수 있었다.

몇 년 뒤, 플라스틱 기술을 활용한 신사업을 고민하던 중, 미국에서 유행하던 라디오 외관이 플라스틱이라는 점에 착안해 라디오를 만들어 보자는 아이디어가 나왔다. 다들 비웃었지만 창업주는 "고객 니즈가 있다면 도전해볼 가치가 있다."고 말했다. 기술은 없었지만, 외국인 회로 기술자를 데려왔고, 개발 시작 후 1년 만에 국내 최초의 라디오 A-501을 만들어냈다. 초반에는 반응이 없었지만, 2년 후 정부의 농어촌 라디오 보내기 운동을 계기로 시장이 열렸다. 전략만으로는 설명할 수 없는 행운이 따랐다.

LG화학과 LG전자는 그렇게 탄생했다. LG는 태생부터 오픈 이노베이션으로 성장한 스타트업이었다. 처음에는 복잡하지 않았다. 상품을 만들어 파는 사람이 있었고, 그것을 원하는 고객이 있었다. 고객이 원하면 손등에 발라주고, 멀리 있다면 플라스틱 용기에 담아 보내주고, 기술이 없어도 필요한 걸 찾아 조합해 만들었다. 그리고 전달했다. 이걸 빠르게 무한 반복했다. 그게 사업의 본질이었다.

와이 콤비네이터(Y Combinator)의 공동창업자인 폴 그레이엄(Paul Graham)도 말했다.

"사업은 미스터리가 아니다. 사람들이 좋아하는 걸 만들고, 당신이 버는 것보다 적게 써라."

시간이 흐르면서 사업은 커지고, 회사도 따라 커졌다. 여러 사업을 시도하다 실패하는 경우도 늘어나면서, 어떻게 하면 성공 확률을 높일 수 있을까 고민하기 시작했다. 발품을 파는 것은 더 이상 열정이 아니라 주먹구구로 보이기 시작했고, 혼자 여러 가지를 하는 것은 능력이 아니라 전문성의 부재로 간주되었다. 그래서 사업의 여러 기능을 쪼개고 사업을 고도화하기 시작했다.

그 결과, 오늘날 대기업에는 사업을 책임지는 사업부장이 있고, 그 옆으로는 전략, 인사, 재무, R&D, 디자인, 생산, 품질, 마케팅, 영업 등 여러 기능 조직이 수평으로 존재한다. 그리고 각 단위 조직 내에는 직급과 연차 중심의 수직 질서가 작동한다. 이런 수직적, 수평적 구조는 회사가 커질수록, 시간이 흐를수록 더욱 고착화된다.

수평적 기능 조직은 상호 협업을 위해 얽혀 있다. 전략이 방향을 잡고, 기획과 디자인이 혁신적 제품을 설계하고, R&D가 이를 개발한다. 마케팅이 역할을 잘해도 품질 불량이 나면 무용지물이다. 영업이 잘해도 생산이 일정을 못 맞추면 소용이 없다. 하나라도 삐끗하면 전체가 무너진다. 이렇게 뒤엉킨 관계에서는 서로 합의를 해야 한다는 것이 함정이다. 서로 수평 관계라서 반복적인 설명과 설득이 필요하고, 평소에도 관계 관리가 필요하다. 하지만 충돌이 생기면 각자의 리스크만 강조한다. 자기 역할만 열심히 할수록 사업은 멀어진다. 결국 각자의 KPI는 모두 파란불인데, 회사의 사업은 빨간불이 된다. 부분 최적화의 합이 전체 최적화가 되지 않는 사이 고객은 조용히 떠난다. 사업도 점점 불투명해진다.

같은 이유로 혁신은 더 어렵다. 이전에 없던 걸 증명해야 하는데, 각자 리스크만 강조해서는 결과가 뻔하다. 합의 과정을 통해 '이만하면 됐어.'하고 다듬어진 아이디어가 혁신이 될 가능성은 거의 없다. 그리고 그렇게 합의된 일이 실패하면 어느 누구도 책임지지 않고, 스스로를 탓하지도 않는다. 모두가 공범이다.

수직적 연차 관계도 마찬가지다. 조직은 매우 배타적이라서, 부서 배치를 받으면 회사보다도 팀 안에서의 역할이 최대 과제가 된다. 내적 동기를 가진 인재도 많지만 팀 내의 직급에 메여 권한과 자율성이 주어지지도 않는다. 직급에 따라 기회는 한정적이며, 이 마저도 부서 경계에 막히기 일쑤다. 좋은 아이디어가 떠올라도 '우리 부서 일이 아니라서', '내 차례가 아니라서'라는 이유로 사라진다. 점프력이 뛰어난 개구리들을 모아두고 부서와 직급이라는 뚜껑으로 덮어 가둬 두는 셈이 된다.

비단 LG만의 문제는 아니다. 비슷한 성장의 과정을 거친 기업이라면 모두가 고민하는 문제다.

이 문제를 해결하기 위해서는 구조를 바꿔야 한다. 사업총괄 아래 기능 조직을 수직으로 둬야 한다. 사업총괄이 책임과 권한을 갖고 이끌어야 한다. 기능 조직은 실행 전문가로서 사업 목표를 실현하는 역할을 해야 한다. 각자의 역할은 있지만, 더 이상 공동의 책임은 아니다. 결과에 대한 책임은 명확히 사업총괄이 진다. 또한, 단위 조직 내에서는 수직적 직급을 수평 구조로 바꿔야 한다. 연차가 낮아도 잘 하면 리더가 될 수 있고, 후배라도 더 나은 방식이 있다면 시도할 수 있다. 그러다 반복된 성과가 누적되면 더 큰 일을 맡게 되고, 그게 쌓이면 사업총괄이 된다. 이런 구조가 사업의 본질과 훨씬 더 가깝다.

LG도 한 때는 스타트업이었다. 1947년 진주에서 LG 창업주가 크림을 팔기 시작했을 때는 오직 제품과 고객만 있었다. 지금도 사업의 본질은 다르지 않다. 조직이 커졌고 기능이 늘어났지만, 중요한 건 여전히 고객이고 제품이다. 창업주의 마음으로 사업총괄이 중심을 잡고 책임져야 한다. 그래야 플라스틱 공장에 투자도 할 수도 있고, 엉뚱해 보여도 과감히 라디오도 만들 수 있다.

영광의 면류관을 쓰든, 비난의 화살을 맞든 사업을 책임지는 한 사람(사업총괄)이 오롯이 감당해야 한다. 모두의 책임은 누구의 책임도 아니다.

누구에게나 처음은 있다

"앞서가는 비결은 일단 시작하는 것이다." (마크 트웨인)

'커리어케어'라는 곳에서 메일이 왔다. 헤드헌터 같았다. 다양한 신사업을 추진할 적임자를 찾고 있었다. 그가 보여준 신사업 키워드에는 '종합 물류, 로보틱스, 플랫폼, 자동화, AI, 수소, 콜드체인' 등 온갖 유망한 것들이 다 있었다. 내 커리어와도 잘 맞아 보였다. 다만 '종합 물류'라는 말이 맘에 걸렸다. LG에서 여러 신사업을 했지만, 물류는 한 번도 경험하지 못한 분야였다. 당장은 이직을 고민해 본 적도 없고, 더구나 물류 회사로 옮겨갈 생각은 더더욱 해본 적 없었다. 그래도 오랜만에 헤드헌터와의 대화는 새로운 경험이 될 수 있겠다 싶었다. 관심 있다고 회신했더니 그 회사의 전무님이 직접 찾아왔다. 포지션을 소개해주고, 나에 대해서도 이것저것 물었다. 그리고는 그날 저녁 무렵, 다시 연락이 와서는 조심스럽게 말했다.

"사실 말씀 드렸던 회사는 현대차그룹의 물류 전문 계열사인 현대글로비스입니다."

내게 맞는 옷은 아니라 생각했다. 하지만 바로 거절하는 것은 예의가 아닐 것 같아 며칠 후 답을 주기로 했다. 하지만 그날의 대화는 신선한 자극이 되었다. 나도 언젠가는 회사를 옮기거나 그만둬야 할 때가 있을 있을텐데, 미래 커리어에 대해 진지하게 생각해보는 계기가 되었다.

LG에서는 구성원의 커리어패스를 관리하는 프로그램이 있는데, 나는 늘 사업가 트랙을 택했다. 기업의 본질은 '사업'이라고 믿었고, 언젠가는 내 손으로 직접 해보고 싶었다. 리더급이 되면서 사업부장이 되기 위한 교육도 빠르게 이수했고, 전사 '최정예 사업가 40인'에 선정되기도 했다. 하지만 기회는 주어지지 않았다. 회사는 실전 사업 경험이 부족한 팀장에게 사업을 맡기지 않았다. 커리어는 인정받았지만, 내 꿈에는 누구도 관심을 주지 않았다. 경력사원만 찾는 그들에게 난 영원한 신입사원이었다.

그러던 중 이례적인 수시 인사 발령으로 작은 IPD 사업부에 가게 되었다. 원하던 방식은 아니었지만, 사업부로 배치되었으니 다행이라 여겼다. 거기서 사업개발, 마케팅, 영업을 직접 해볼 수 있었다. 보석같은 경험이었다. 하지만 얼마 못 가 내 의도와 상관없이 사업부가 해체됐다. 억울한 마음도 들었지만, 현실을 받아들이고 마음을 다잡는 수밖에 없었다.

이후 또 다른 혁신 조직인 NBC를 거쳐 그룹 차원의 오픈이노베이션을 맡게 됐다. 글로벌 파트너십과 투자를 총괄하고 그룹 최고 경영층께 보고하는 자리였다. 중요한 역할이었지만, 내 역할을 열심히 할수록 '사업가' 커리어와는 점점 멀어지는 느낌이었다. 그러던 중 코로나가 터졌고, 글로벌 미팅과 모든 대외 활동이 중단됐다. 코로나는 점점 더 거세졌고 온 세계가 멈춘 것 같았다. 끝이 보이지 않았다.

커리어케어의 이메일을 받은 게 바로 그 무렵이었다. 처음에는 거절하려 했지만, 시간이 갈수록 생각이 달라졌다. 회신을 주기로 한 날 저녁 컴퓨터 앞에 앉았는데 문득 이런 생각이 들었다.

'내가 왜 고민하고 있지? 코로나 시국에도 새로운 신사업에 도전할 기회가 주어진 건데…'

그랬다. 나는 물류를 너무 몰랐고, 그래서 오히려 설렜다. 돌아보니 내가 가장 잘하는 것이 그런 거였다. 잘 모르는 분야에 뛰어들어 빠르게 핵심을 파악하고 거기에 집중하여 헤쳐나가는 것.

LG에서 처음 신사업을 해보라고 했을 때도 내가 아는 분야는 하나도 없었다. 헬스케어도 그랬고 에너지도 그랬다. 하지만 전문가들을 수소문하여 만나러 다니고, 밤새워 공부하고, 몸으로 부딪히면서 배웠다. 그렇게 성장했고, 그 성장이 주는 희열을 사랑했다.

물류라는 산업에서도 다시 한번 그런 희열을 느껴보고 싶었다. '전자 회사에서의 경험과 시각으로 물류 산업에 새로운 가치를 더할 수 있지 않을까.'라는 희망이 생겼다. 하지만 20년 가까이 쌓아 온 네트워크와 평판을 내려놓고 낯선 곳으로 뛰어드는 건 쉬운 결정이 아니었다. 그때 나에게 물었다.

'지금 나는 어디쯤 와 있을까?'

'앞으로 몇 년을 더 일 할 수 있을까?'

'내게 몇 번의 이동 기회가 더 남아 있을까?'

지금껏 한 번도 LG를 떠난다는 상상을 해 본 적이 없지만, 막연한 기대와 열심은 오히려 미래의 나에게 너무 무책임했던 게 아닌가 하는 생각이 들었다. 이젠 행동할 때였다.

그날 나는 커리어케어에 긍정의 회신을 보냈고, 몇 달 뒤 현대글로비스로 이직을 하게 됐다. 새로운 모험의 시작이었다.

어떤 분야에서 최고가 된 사람에게도 처음은 있었다. 모른다고 주저앉아 있지 않고, 몸으로 부딪치며 안갯속을 헤쳐나가던 때가 있었다. 결국 내 용기에 달렸다. 아무도 기회를 주지 않는다면, 내가 나에게 기회를 주어야 한다. 누구에게나 처음은 있다.

부캐의 가벼움

"결정은 확고하게 유지하되 접근 방법은 유연하게 바꿔라."
(토니 로빈스)

몇 년 전, 유재석은 '유산슬'이라는 부캐로 트로트 가수 활동을 했다. 예능의 가벼운 기획으로 시작했지만, 그는 실제 신곡을 내고 그 해 신인상까지 받았다. 국민 MC라는 본캐를 유지한 채 가수라는 부캐로 활동하자, 관객들은 그 자유로움에 열광했다. 노래 하나로 승부를 봐야 하는 가수들의 간절한 무대도 좋지만, 가끔은 이런 가볍고 유쾌한 무대에 관객들은 해방감을 느낀다. 그때 어렴풋이 알게 되었다. 부캐의 가벼움에 대해. 가벼움이 가진 힘에 대해.

현대글로비스로 이직을 고민하던 때 나는 물류 분야에 대한 기대가 있었다. 인류가 살아가는 한 절대 사라지지 않을 업으로 보였다. 아무리 시간이 흘러도, 사람이 쓸 물건을 누군가는 물리적으로 날라줘야 하기 때문이다. 당시 물류 업계는 타 분야에 비해 디지털화가 더딘 상황이었다. 전자 회사에서 기술과 플랫폼을 경험한 나에게 맞는 역할이 있을 거라 믿었다.

하지만 회사를 옮기고 나서 곧 깨달았다. 내 기대가 반은 맞고, 반은 틀렸다는 것을. 물류 산업이 빠르게 진화하고 있는 건 사실이었다. 다만 내가 몰랐던 건, 정작 물류회사에서는 그러한 혁신이 일어나기 어렵다는 것이었다. 아이러니하게도 물류의 혁신은 유통 회사에서 먼저 일어나고 있었다. 로봇과 자동화 설비, 시스템의 혁신은 글로비스가 아닌 아마존, 쿠팡, SSG, 징둥, 다이소 등에서 먼저 일어나고 있었다.

물류회사에서 물류란 본캐다. 물류를 수주하고 운영하는 게 수익의 전부다. 그 과정에서 돈을 벌어야 한다. 따라서 물류회사는 구조적으로 선투자에 제약이 많다. 그리고 물류기업은 늘 을의 입장이다. 그래서 갑인 화주가 자동화를 요구하지 않는 이상 먼저 나서기가 어렵다. 자동화를 위해 수십 억원을 선투자하고 수년 동안 적자를 감내하는 결정은 전문 경영인 입장에서는 쉽지 않은 일이다.

반면 유통회사에게 물류는 본캐가 아니다. 본업은 유통이고, 물류는 비용을 최소화해야 하는 부수적인 기능일 뿐이다. 유통은 남의 물건을 매입해서 팔고 옮겨주는 것까지이고, 물류는 남의 물건을 옮겨주는 것에만 해당한다. 그런데 이커머스가 늘어나며 상황은 급변했다. '필요낭비'였던 물류가 유통 경쟁력을 좌우하기 시작했다. 그러면서 과감한 투자가 집행되기 시작했다. 새벽 배송, 당일 배송, 주말 배송, 반품 서비스 등 차별화된 고객 경험을 위해 물류를 고도화하기 시작했다.

부캐인 물류에서는 손해를 보더라도, 본캐인 유통에서 이익을 더 많이 내면 전체적으로는 성공이었다. 유산슬이 대박을 내지 못해도 국민 MC 유재석이라는 브랜드에 긍정적 영향을 주었다면 충분히 가치 있는 도전인 것처럼 말이다.

이런 식의 사업 모델은 콘텐츠 산업에서도 발견할 수 있다. 전통적으로 영화의 강자는 할리우드였고, 할리우드에서 콘텐츠 제작은 본캐다. 할리우드는 블록버스터 한편 한편에 ROI(Return On Investment)를 계산했다. 총 얼마를 투자했으니 극장 관객은 몇 명이 들어야 수익이 나는지 철저히 따졌다. 첫 편에 수익을 내야 다음 편도 있었다. 손실은 곧 실패였다.

그러다 2013년, 넷플릭스가 《하우스 오브 카드》라는 오리지널 시리즈를 직접 제작하면서 업계의 흐름이 바뀌었다. 이후 디즈니, 아마존, 심지어 쿠팡까지도 오리지널 콘텐츠를 제작하기 시작했다. 이들에게 콘텐츠는 부캐다. 각 작품이 손익분기점을 넘기지 못하더라도, 한두 개의 히트로 유료 가입자 수가 늘어나면 본캐인 플랫폼 사업이 성장한다.

그래서 콘텐츠 하나하나에 집착하기보다 훨씬 더 긴 호흡으로 다양한 실험을 진행했다. 그리고 전 세계 시청자들의 안방에 실시간으로 배달되는 환경은 오리지널 콘텐츠 제작의 자유도에 날개를 달아줬다. 이렇게 부캐의 가벼움은 점점 더 무서워졌다.

옛말에 '한 우물만 파라'는 말이 있다. 선택과 집중으로 한 분야에서 승부를 보라는 말이다. 물론 전문성은 중요하다. 하지만 이제는 그것만으로는 충분하지가 않다. 본캐만 잘해서는 이기기가 어려운 세상이 되었다.

주위를 둘러봐야 한다. 세상의 흐름을 이해해야 한다. 비즈니스 구조가 어떻게 변해가고, 경쟁 구도는 어떻게 바뀌어 가는지, 요즘 고객들은 지갑을 열기 전에 무엇을 고민하는지 알아야 한다. 그리고 그 안에서 다양한 시도를 해야 한다. 부캐처럼 가벼워야 이런 시도들이 쉬워진다.

자동차 물류라는 본캐가 너무도 분명한 현대글로비스에서 부캐 신사업을 만드는 건 쉽지 않았다. 그럼에도 방향이 맞다면 앞으로 전진해야 했다. 난 물류를 자동화하는 사업에 배팅했고, 작은 진전을 만들어가기 시작했다. 시작은 미약하지만 나중은 창대하길 바라면서 말이다.

유연함으로 게임의 룰을 바꾸는 자가 이긴다. 본캐와 부캐를 넘나들 필요가 있다. 때로는 본캐의 절실함보다 부캐의 가벼움이 더 강한 법이다.

스스로 해야 진짜다

"리더십이란 그전엔 가능하지 않을 거라고 생각했던 것들을 해낼 수 있도록 사람들에게 힘을 실어주는 것이다." (사이먼 시넥)

나는 현대글로비스의 스마트이노베이션(SI) 본부에 합류했다. 신사업을 위해 만든 신생 본부였다. 그곳에서 신사업 전략, 글로벌 사업 개발, 수소 사업을 담당했다. 동시에 본부장님을 도와 본부 전체의 운영을 챙겼다.

그런데 입사하자마자 몇 달 만에 일이 터졌다. 본부 산하 연구소장이 연중에 갑자기 사표를 낸 것이었다. 본부장님이 임시로 연구소장 역할을 겸했지만, 분위기는 나아지지 않았다. 얼마후 연구소 팀장 두 명까지도 한꺼번에 사표를 내는 일이 일어났다. 사태의 심각성을 알게 된 사장님의 호출이 있었다.

본부장님과 나, 그리고 인사총괄 임원이 사장님 방에 불려갔다. 사장님은 한바탕 크게 질책한 후 내게 연구소장을 겸임하라고 했다. 거절할 수 없는 상황이었다. 생각이 복잡했다. '내가 한다고 뭐가 달라질까?' 아무리 생각해도 기존 방식으론 답이 없을 것 같았다. 고민 끝에 본부장님께 요청했다.

"연구소 멤버들과 소통하며 함께 답을 찾아봐야 할 것 같아요. 일단 24층으로 자리를 옮기겠습니다. 당분간 회의도 좀 빼주십시오. 절대적인 시간이 필요합니다."

본부장님은 고맙게도 이해해 주었다. 그날 오후, 난 24층으로 자리를 옮겼다. 먼저 연구소 멤버 전원에게 인사 메일을 보내고 곧바로 면담을 시작했다. 출근 후 간단한 이메일 처리만 하고는 온종일 멤버들을 만나 대화했다. 하루에 2~3명씩 일정을 잡고 그들의 말을 진심을 다해 들었다. 내리 세 시간 넘게 얘기한 직원도 있었다.

반박 없이 들어주다 보니 한 명 한 명이 눈에 들어오기 시작했다. 그리고 몇 가지를 알게 됐다. 대부분이 연구소에 대한 소속감이 부족했고, 팀 간의 단절이 심했다. 이름은 연구소지만 신기술 연구보다 컨설팅 같은 분석 업무가 주였고, 개선 아이디어는 많지만, 소통 통로가 막혀 있어서 전혀 실행되지 못하고 있었다. 해결해야 할 과제들이 서서히 보이기 시작했다.

면담을 마치고 '연구소 개선 TFT'를 꾸렸다. 각 팀에서 한 명씩 모아 한 방에 집결시켰다. 코로나라서 좁은 공간에 모이는 것에 대해 우려의 말을 하는 사람도 있었지만, 연구소라는 소속감을 심어주기 위한 더 좋은 방법이 생각나지 않았다.

직급에 상관없이 모두가 자유롭게 얘기하도록 했다. 그리고 나는 가급적 개입하지 않았다. TFT의 취지와 내가 기대하는 바만 알려주고는 자리를 비켰다. 간간이 간식만 챙겨줬다. 스스로 문제를 정의하고 해결하는 경험을 주고 싶었다. 그렇게 기다려주니 점점 아이디어가 쏟아졌다.

"조직 이름을 바꾸자." "조직장을 교체하자." "사장님의 기대를 직접 들어보자.”

급진적인 아이디어도 많이 나왔지만, 멤버들은 확신이 없었다. 어디까지 가능한지를 몰랐다. 그때 리더로서 나의 역할은 분명했다. ‘해도 된다’라고 말해주는 것이었다.

“연구소 이름도 직접 바꿀 수 있습니다. 조직장도 바꿀 수 있어요. 사장님과 직접 소통이 필요하다고 하시면 제가 자리를 만들겠습니다. 여러분들이 필요하다고 판단되는 건 무엇이든 해봅시다.”

나는 약속대로, 멤버들과 사장님의 면담 자리를 만들었다. 멤버들은 직접 질문했고, 사장님은 당신의 생각을 명쾌하게 소통해 주었다. 그날 이후 멤버들의 표정은 바뀌었다. ‘우리가 정말 바꿀 수 있겠구나, 막연한 기대가 현실이 될 수도 있겠구나.’ 하는 희망을 본 것 같았다.

연말에 TFT 리더가 사장님께 최종 개선안을 보고했고, 조직은 실제로 그렇게 바뀌었다. 기술 역량을 강화하기 위해 이름은 ‘연구소’에서 ‘기술센터’로 바뀌었고, AI 개발 인력도 충원되었다. 팀 간 역할도 재정비됐다. 팀장끼리 서로 자리도 맞바꾸었다. 그러자 팀 중심 구조가 깨지고 협업이 활성화됐다. 능력은 있지만 연차 때문에 기회가 없었던 젊은 인재 한 명을 과감히 기획팀장으로 발탁하기도 했다. 기술 개발을 위한 별도의 연구 공간도 제안하여 의사결정을 받았다. 글로비스 최초의 R&D 공간이었다.

멤버들에게는 신선한 경험이었다. 전원이 연구소장과 일대일로 소통했고, 자신이 회사의 운영에 참여하여 조직의 변화를 직접 만들어낸 것이었다.

처음에는 막막했다. 내가 뭘 할 수 있을까 싶었다. 하지만 억지로 답을 내려 하지 않았고, 사람들의 이야기를 끝까지 들어주었으며, 그들이 답을 알고 있을 거라 믿고 소통을 하다 보니 길이 보였다. 나는 기회를 주었고 그들은 스스로 해낸 것이었다.

리더 혼자서 조직을 바꿀 순 없다. 핵심은 '참여'다. 누구나 회사를 걱정하고 자신의 미래를 고민한다. 리더는 그 생각을 끌어내고, 행동할 수 있게 돕기만 하면 된다. 내가 믿는 것을 직접 해내는 것만큼 신나는 일은 없다.

누구나 더 좋은 내가 되고 싶은 열망이 있다. 해낼 수 있도록 판을 깔아주고 '해도 된다'라고 말해주는 것. 그것이 리더의 역할이다. 스스로 해야 진짜다.

무기인가 놀이인가?

"문화는 아침마다 전략을 집어삼킨다." (피터 드러커)

사람들이 모여 웅성웅성했다. 내가 물었다.

"무슨 일인가요?"

"인사팀이 사내에서 영어 이름으로 소통하는 제도를 도입한다고 하네요. 인사부서가 내부에서 파일럿으로 먼저 해보고 있는 모양인데, 다른 사람들은 불만이 많은가 봅니다."

현대글로비스는 밖에서 본 '현대'의 이미지와는 다르게 역동적인 조직이었다. 임직원의 평균 연령도 36세 남짓이었으니 LG에 비하면 훨씬 젊었다. 출퇴근도 유연하게 선택했고, 육아휴직도 성별에 상관없이 자유롭게 사용하는 편이었다. 자율좌석제를 시행해서 매일 본인이 희망하는 곳에 앉아서 근무도 할 수 있었다. 신뢰 기반으로 개인의 자율성을 강조하고, 조직 운영은 최대한 유연하게 하려는 경영진의 의지가 엿보였다. 그런데 막상 영어 호칭 제도를 시작하려 하니 직원들 반대에 부딪혔다. 실익이 뭔지 멤버들은 이해하지 못했다.

예전에 LG에서 카카오 대표를 만나 이야기를 나누었을 때가 떠올랐다. 그는 영어 호칭으로 사내 소통을 함으로써 격식이 없어지고 자유로운 의견 교환이 가능해졌다고, 침이 마르도록 자랑을 했다. 호칭이 관계를 정의한다고 했다. 그 말을 들으며 나도 수긍이 갔다. 그런데 정작 글로비스에서는 영어 호칭 제도가 강한 반대에 부딪히고 있었다.

"부장, 제가 보내드린 원고 봤어요?"

영화 속에서 신문사 기자가 했던 대사다. 매우 낯설게 들렸다. 기자들은 상사를 부를 때도 '님'을 붙이지 않았다. 나중에 현직 기자를 만날 기회가 있었는데, 그에게 왜 그런지 물었다. 부장의 '장'이 이미 높임말이어서 '님'을 따로 붙이지 않는다고 했다. 말하자면 '역전앞'에서 '앞'을 떼고 부르는 격이었다.

그런데 그게 그렇게 어색하게 들릴 수가 없었다. 20년 넘게 대기업에서 일하면서 '직급+님'에 익숙해졌기 때문이었다. 대리님부터 시작해서 부장님, 상무님, 사장님, 회장님까지. 직급 높은 분들께는 '님'자를 붙이는 게 당연했고, 직급이 나보다 낮은 분들께도 가급적 '님'자를 붙여서 존중을 표했다. 함께 일하는 동료에 대한 최소한의 예의라고 생각했다.

얼마 전, LG에서 알고 지냈던 한 부장님이 찾아왔다. 현재는 LG AI 연구원 소속이었는데, 신사업을 새로운 미션으로 받고는 내가 떠올랐다고 했다. 같은 팀에서 근무하는 한 분과 같이 왔는데, 소셜 미디어에서 보았다며, 나를 안다고 했다. 반갑게 인사를 하고 서로 명함을 주고받는데, 조직명과 개인 이름만 쓰여 있었다.

"직급이 안 쓰여 있네요. 제가 뭐라고 부르면 될까요?"

"그냥 편하게 부르시면 됩니다. 회사에선 보통 이름에 '님'을 붙여 부릅니다. AI 연구원은 아예 직급 체계를 없앴거든요.

저희는 원장님한테도 '~님'이라고 불러요."

LG가 그런 회사였던가? 신기했다.

요즘은 직급을 없애는 게 트렌드다. 스타트업은 물론이고, 대기업들까지 직급을 간소화하거나 아예 없애고 있다. 호칭 없이 부르다 보면 마음의 벽이 사라져 자연스럽게 직급으로 찍어 누르는 경우가 줄어들고, 종국에는 개인 대 개인으로 소통하게 된다. 그러면서 자율성이 늘어나고 억눌렸던 창의성이 되살아나기도 한다. 중간 계층이 없어지면 빠른 의사결정도 가능하다. 위계보다는 실력이 중시되어 조직 역량도 극대화된다. 하지만 그럴수록 리더십은 중요해진다. 결과에 책임지는 사람이 누구인지가 분명해야 하기 때문이다. 그렇지 않으면 가라앉는 배에서 잠시 화기애애하게 지내는 것일 뿐이게 된다.

그러면 애당초 직급 제도는 왜 만들어졌을까? 직급은 원래 군대의 계급 문화에서 파생되었다. 군대에서는 명확한 지휘 체계를 위해 계급 구조를 발전시켜 왔고, 산업화를 거치며 기업에서 이를 차용한 것이 지금에까지 이르렀다. 그러니 직급은 태생적으로 전쟁 상황을 상정하고 만든 제도라 할 수 있다. 그래서 직급 체계의 기본 사상은 '명령'과 '복종'이다. 상사(책임지는 사람)는 명령하고 부하는 복종한다. 여기에는 상사가 올바르게 판단하고 결과에 책임진다는 믿음이 깔려 있다. 중요한 것은 격의 없는 관계나 제도가 아니라 책임지는 사람의 존재라 할 수 있다.

글로비스는 끝내 영어 이름 제도를 실행하지 않았다. 하지만 그것 없이도 사업을 잘 키워오고 있다. 녹록지 않은 사업 환경에서도 사업 포트폴리오를 잘 만들어서 가파른 기울기로 성장을 거듭하고 있다. 시장은 주가로 보답하며 더 높은 기업가치를 인정해 주고 있다. 그러면 된 거 아닌가?

제도가 변해도 기업의 본질은 변함이 없다. 사업이라는 전쟁터에서 살아남아야 한다. 고객을 만족시키고 싸워 이겨야 한다. 영어 이름으로 부르든, 한글 이름으로 부르든, 직급으로 부르든, 님으로 부르든 그건 제도일 뿐이다. 연차에 상관없이 서로 영어 이름을 부른다고 해서 사업에서 승리하는 것은 아니다.

기업은 이기는 것이 책임지는 것이다. 수평 문화를 논하는 것은 이기기 위한 수단일 때에만 의미가 생긴다. 본질과 멀어지면 값비싼 동아리 놀이일 뿐이다. 전쟁터에서 놀이는 필요 없다. 무기만이 빛을 발한다. 오늘 당신의 수평 문화는 무기인가 놀이인가?

가상 임기

"목표가 없는 것의 문제는 살아가는 내내 운동장을 열심히 뛰어다니고도 골을 넣지 못한다는 것이다." (빌 코프랜드)

회사를 옮기고 얼마 지나지 않아 물류업계 대표님들과 저녁을 하는데 한 분이 이렇게 운을 뗐다.

"대통령도 4년 반 뒤면 은퇴인데 말이야…"

순간 웃음이 났다. 정계 입문과 동시에 대통령이 되었기에 벌써 은퇴를 언급한다는 게 어색하게 들렸다. 그런데 곱씹어보니 틀린 말은 아니었다. 정치 경력과 무관하게 대통령의 '임기'는 정해져 있고, 나라를 위해 해야 할 일이 있다면 그 시간 안에 해내야 한다. 이런 생각에 이르자 꼬리를 물고 '일국의 대통령도 임기가 있는데, 왜 나는 지금껏 내 임기라는 것을 생각해 본 적이 없을까?'하는 의문이 들었다.

생각 끝에 떠오른 말은 '대기업'이었다. 직장 생활을 탄탄한 대기업에서 시작하게 되면서, 늘 열심히 했고 인정도 받았다. 새로운 일을 맡으면 빠르게 적응했고, 앞만 보고 달렸다. 운이 좋게도 모든 것이 잘 풀렸다. 덕분에 '이렇게 최선을 다하다 보면 나중에 근사한 뭔가가 되어있겠지.'하는 기대감으로 계속 열

  CHAPTER 1. WORK | 그렇게 일을 배웠고, 그렇게 일을 마쳤다.

심히 달리기만 했을 뿐, 한 번도 내 임기를 진지하게 생각해보지 않았다.

'아무도 임기를 정해주지 않는다면, 스스로 내 임기를 정해보자. 남은 인생을 가상 임기로 쪼개서 작은 것부터 하나씩 성취해 보자.'

3년이라는 시간을 생각했다. 그게 내가 정한 글로비스에서의 가상 임기였다. 사실 신사업은 긴 호흡이 필요한 일이지만, 대기업이란 조직은 쉽사리 기다려주지 않는다는 걸 오랜 경험으로 잘 알고 있었다. 처음에는 늘 10년을 내다보고 준비하라고 말하지만, 외부 환경이 바뀌면 언제든 방향이 바뀔 수 있는 것이 대기업에서의 일이었다. LG에서도 그랬고, 글로비스에서도 크게 다르지 않을 것으로 생각했다.

3년 안에 의미 있는 성과를 내려면 선택과 집중이 필요했다. 우리 본부에서 논의 중인 70여 개의 신사업 아이템을 정리해 보았다. 아이디어는 많았지만, 대부분은 너무 얕았다. 고민 끝에 사장님 방으로 올라갔다.

"현재 저희 본부의 아이템이 너무 많아서 선택과 집중이 필요해 보입니다."

"무슨 말인지 아는데, 나는 아직도 더 발산이 필요하다고 생각한다. 해보지도 않고 어떻게 알겠나? 하다 보면 자연스럽게 좁혀질 거야. 조급해하지 말고 천천히 가봐."

의사결정은 명확했다. 내 생각과 다르더라도 그 결정하에서 뭔가를 해야 했다.

돌아와서 난 기획팀과 함께 신사업 퍼널(Funnel)을 정리했다. 퍼널은 사업 아이템들을 진척도에 따라 4단계로 구분해 표기

한 깔때기 모양의 표인데, 대부분 사업이 초기 아이디어인 퍼널 1단계에 머물러 있었다. 그중 3단계에 있던 태국 사업이 가장 먼저 눈에 들어왔다. 이미 몇 년간 공들여 왔기에 가장 먼저 집중할 수 있는 사업이었다. 일단 말레이시아와 인도네시아 등 동남아에 집중하기로 하고, 미국과 유럽 등으로 산발된 글로벌 신사업의 시도는 과감히 정리했다. 한정된 리소스를 집중해야 3년 내 의미 있는 진전이 가능하다고 판단했다.

다음으로 선택한 건 스마트물류솔루션 사업이었다. 아직 초기였지만, 글로비스가 현대의 대표 물류회사이기에 명분은 충분했다. 그리고 그룹 내 시너지 효과도 기대할 수 있다고 보았다. 그 외에 수소사업과 전기차 배터리 재활용 사업도 있었다. 그룹이 전략적으로 추진 중인 미래 먹거리로서 시장은 거대하지만 10년을 내다보고 준비해야 할 영역이었다. 3년 내에는 가시적인 사업적 성과를 기대하기는 어려웠기에, 내 가상 임기 내에는 기반을 다지는 정도가 최선이었다.

내 임기 내에 성과를 내야 할 영역과 장기적으로 준비해야 할 영역을 구분하니 목표가 선명해졌다. 따라서 성공의 기준도 명확해졌다.

아이러니하게도 정확히 3년 후, 나는 글로비스에서의 여정을 마무리했다. 그날의 깨달음이 없었더라면 갑작스러운 상황을 받아들이기 힘들었을지도 모른다. 하지만 가상의 임기를 생각해두었던 것이 모든 것을 바꾸어 놓았다. 누구도 원망하지 않고 의연하게 상황을 받아들일 수 있게 되었다.

스스로 정한 임기를 치열하게 살아냈고, 그 과정에 후회는 없었다. 작은 깨달음이 삶을 바꿨고, 과감한 행동이 변화를 만들었다. 목표로 정한 사업을 목표한 수준만큼 진전을 만들어 내는 것. 그것이 내가 글로비스에 기여할 수 있는 최선의 방법이었고, 3년을 후회 없이 보낼 수 있는 가장 실천적인 비결이었다.

막연한 열심은 성실함이 되지만, 구조화된 목표는 성취가 된다. 임기라는 틀로 삶을 구조화하면, 영그는 열매는 더욱 풍성해진다. 기한을 정하는 것만으로도 더욱 선명한 성과를 거둘 수 있다. 삶을 더 주도적으로 살아낼 수 있다.

저 좀 도와주세요

"도움을 구하는 것은 약함의 상징이 아니라 강함의 상징이다."(버락 오바마)

신사업 퍼널의 맨 앞단에 있는 태국 사업을 본격적으로 들여다보기 시작했다. 이 건은 코로나가 한창이던 시기에 위험을 감수하며 추진해 온 사업이었다.

글로벌사업개발실 담당자들이 태국에 출장 나가서 PCR 검사 후 호텔에서 2주간 격리를 하고, 격리가 끝나면 몇 달씩 머물며 사업 제안을 하러 뛰어다녔다. 그러다 체류 기간이 끝나면 다른 멤버가 나가 같은 과정을 반복했다. 그렇게 고생 끝에 태국 최대 기업인 CP 그룹과 협업 기회를 찾았고, 그룹 오너와의 소통 채널도 만들 수 있었다. 우리에게는 천금 같은 기회였다.

하지만 문제는 다른 곳에 있었다. 내부 승인이 나지 않았다. 글로벌사업개발실장에게 물으니, 합작 법인이 갖고 있는 리스크를 이유로 재경 부문에서의 승인이 지연되고 있다고 했다. CFO를 설득해야 했다. 나는 먼저 우리 아군이 되어 도움을 줄 수 있는 사람이 누가 있을지 고민했다. 전사 전략을 총괄하는 기획실장에게 도움을 요청하기로 했다. 28층을 찾았다.

"박 상무님, 어쩐 일로 여기까지 다 오시고..."

"네 상무님. 급히 부탁드릴 일이 있어서요."

"부탁? 저한테요?"

"상무님, 아니 형님. 저 좀 도와주세요. 저 너무 힘들어요. 저희 태국 사업이 재경 쪽 협조 부서에 막혀 있어서 몇 달간 멈춰 있는데요. 저도 어려움이 있다는 건 잘 알지만, 의미가 있으니 어떻게든 해결해 보겠다는 거에요. 제발 좀 도와주세요. 제가 믿을 사람이 형님밖에 없는 거 아시잖아요."

"일단 알겠습니다. 너무 낙심하지 마시고..."

"부탁드립니다. 그럼 형님만 믿을게요. 정말 감사해요."

기획실장은 긍정으로 반응했다. 이후 실제로 유관 실장들끼리 사전 논의를 하는 자리에서 기획실장이 재경 부서 실장들을 설득해 주었다는 이야기를 전해 들었다. 감사했다. 다음 날 나는 CFO 방에 올라갔다.

"부사장님, 저희 쪽에서 준비 중인 태국 사업 있잖아요."

"내가 상황을 좀 들어봤는데, 난 반대야. 사업도 불확실하고, 합작법인이 말처럼 쉬운 일이 아니에요."

"맞습니다. 그 사업이 쉬운 건 아닌데요. 저 너무 힘들어요. 도와주세요 부사장님. 부탁드립니다."

"박 상무 힘든 건 알겠는데, 그렇다고 내가 도와줄 수 있는 게 아니에요."

"신사업 해보라고 해서 왔는데, 와보니 할만한 사업이 없어요. 그래도 그 중 태국 사업은 가능성 있는 건입니다. 이걸 하지 말라고 하시면 할 수 있는 신사업이 하나도 없어요. 리스크가 많은 건 알지만 시작만 하게 도와주십시오. 부사장님 걱정하시는 이슈들 저희가 미리 잘 대응해보겠습니다.”

“무슨 말인지는 알겠는데, 잘못하면 괜히 문제만 더 커진다니까…”

“네, 알고 있습니다. 그래도 한 번만 믿고 좀 도와주세요.”

솔직하게 그리고 간절하게 말했다. 하지만 단번에 설득되지 않았다. 다음 날 또 다시 올라갔다.

“또 왔어? 태국 건 그거 쉽지 않다니까. 박 상무도 다시 생각해 봐. 합작법인이라는 게 좋을 때야 괜찮지만, 사업이 조금만 안 좋아져도 서로 싸우고 아주 골치가 아프다고.”

“맞습니다. 그래도 미래 준비는 필요하잖아요. 신사업은 원래 불확실한 영역이니까 리스크는 저희가 잘 관리하겠습니다. 제발 좀 도와주세요.”

“참 끈질기네. 어쨌든 내일 사장님 모시고 사업 심의한다니까 그때 다시 봅시다.”

논리적으로 설득될 상황이 아니었다. 그럴 땐 솔직하게 도움을 청하는 게 더 나을 수 있다. 너무 힘들다고 하고, 도와달라고 하고, 잘 부탁한다고 하고. 사정상 당장은 못 도와주더라도, 내 진정성이 전달되어 언젠가는 도와줘야지 하는 마음을 얻을 수 있다면, 그것만으로도 큰 진전이라고 생각했다. 내가 할 수 있는 건 다했다. 이젠 기다림뿐이었다.

드디어 사업 심의회 날. 사장님, CFO, 유관부서 임원들 등 30여 명이 모였다. 계단식 회의실에는 묘한 긴장감이 흘렀다. 나는 글로벌사업개발실장과 함께 발표에 나섰다. 한참을 발표했을 때 CFO가 조목조목 반대 의견을 제시하기 시작했다. 하지만 난 당황하지 않았다. 두 번의 사전 보고에서 들었던 우려

되는 사항을 충분히 파악하고 있었고, 각각에 대한 나름의 합리적인 대답도 준비해 둔 터였다. 예상했던 시나리오대로 회의가 흘러가는 셈이었다. 그런데 내가 막 대답을 하려던 순간 예상치 못한 상황이 발생했다. 말없이 듣고 있던 사장님이 CFO를 향해 목소리를 높인 것이었다.

"김 부사장은 신사업 논의할 때마다 왜 항상 반대만 하나? 이건 이래서 안 되고, 저건 저래서 위험하고, 그럼 대체 뭘 하자는 건가?"

분위기는 일순간에 얼어붙었다. 회의실엔 적막이 흘렀다. 누군가는 분위기를 깨야 했다. 발표자인 내가 나섰다.

"신사업에 힘을 실어 주셔서 감사합니다. 그런데 사장님, 감히 한 말씀만 드리자면, 방금 CFO가 말한 것 중 틀린 내용은 하나도 없습니다. 원래는 사업하는 저희가 미리 따져봐야 할 리스크인데, 저희가 경험이 부족하다 보니, 오히려 도움을 받고 있다고 생각합니다. 회의 전 여러 번 CFO로부터 우려 사항을 직접 전달받았습니다. 그리고 각각의 대응 방안을 고민하기 시작했습니다. 여전히 불확실성은 높지만, 그걸 이유로 하지 말라고 하시면 신사업은 아무것도 할 수 없을 겁니다. 재경 쪽 도움을 받아 꼼꼼히 따져가며 저희가 사업 한번 잘 만들어 보겠습니다. 도와주십시오."

사장님은 더 이상 말을 잇지 않으셨고, CFO도 아래를 보며 고개만 끄덕였다. 잠시 후 회의는 그렇게 마무리되었다. 몇 가지 추가 검토가 필요하다는 의견도 있었지만, 전체적인 분위기는 나쁘지 않았다. 회의가 끝난 후 나는 실장과 팀장을 불러 말했다.

"그동안 수고 많았습니다. 이제 법인을 만들면 되겠네요. 시작합시다."

그로부터 4개월 후, 글로비스 최초의 해외 삼자물류 법인이 태국에 설립되었다. 두 달 후에는 사장님과 함께 태국에 가서 법인 설립 기념행사를 성대하게 열었다. 현지에서 CP 그룹과 협력을 위한 양해각서도 체결했고, CP 그룹 총수의 초대를 받아 근사한 만찬도 함께했다. 수년 동안 뛰어다니며 흘렸던 땀방울에 작은 꽃봉오리가 피어난 것이었다. 신사업 퍼널을 정리한 이후 만들어 낸 첫 번째 진전이었다.

겨우 첫걸음일 뿐이었지만, 우리에겐 이런 베이비 스텝이 필요했다. 이를 가능하게 한 건 대단한 전략이 아니었다. 진심을 다해 설득하고, 힘들다 인정하며, 도와달라고 고개 숙일 줄 아는 용기였다.

갈 길이 바쁜데 앞이 꽉 막혀 있을 때, 마음은 급한데 방법이 떠오르지 않을 때, 그 상황을 타개할 수 있는 유일한 방법은 어디로든 첫걸음을 떼는 것이다. 한 걸음을 떼고 나면 새로운 길이 보인다. 그렇게 조금씩 앞으로 나아가는 거다. 불안해도 참고, 용기 내서 첫걸음을 떼야 한다. 출발해야 도착할 수 있다.

사려 깊은 선물

"중요한 것은 얼마나 많이 주는가가 아니라 얼마나 많은 진심을 담아 주는가이다." (마더 테레사)

2024년 파리 올림픽에서 한 장의 사진이 큰 화제가 됐다. 태권도 2연패를 달성한 태국 선수가 스승에게 큰절을 하자, 스승도 맞절로 화답하는 장면이었다. 그간의 땀과 노력, 사제의 정이 느껴져 진한 감동을 주었다. 난 그 사진을 보며 '선물'이란 단어가 떠올랐다.

LG에서 파트너십 업무를 하다 보면, 방문한 외부 인사들을 맞이하며 늘 빠지지 않고 전달하는 것이 선물이었다. 그런데 선물이란 게 참 어려웠다. 잘 주면 본전이고 삐끗하면 욕을 먹기 일쑤였다. 그래서 그때는 '무난한' 게 좋은 선물이라고 생각했다. 누굴 감동시키기 보다는 '괜히 욕은 먹지 말자'라는 기준이 생겼다.

그러다 글로비스에서 태국 사업을 하며 생각이 바뀌었다. CP 그룹과 수년간 신뢰를 쌓는 과정에서 선물의 의미를 다시금 체감했다. 진정성 있는 고민이 중요했고, 격식보다는 진심이 관계를 열어줬다. 평소 태국 방문 시에는 CP 담당자들에게 소소하지만 개인적인 선물을 했다. 현대백화점에서 공수한 한국산 딸기 한 박스, 자녀들을 위한 K컬처 굿즈, 아내들을 위한 한국 화장품처럼, 사소하지만 정성이 가득 담긴 선물을 건넸다. 덕분에 우린 비즈니스 파트너를 넘어선 친구가 되어갔다.

CP 그룹 부회장님에게도 큰 의미를 담은 선물을 했다. 먼저 그에 대해 면밀히 조사했다. 그는 누구보다 바둑을 사랑하는 분이었다. 태국 바둑협회장을 맡아 500만 명의 바둑 인구를 만든 주역이기도 했다. CP 그룹이 운영하는 세븐일레븐 매장에서 바둑을 두면서 면접을 했다는 일화는 유명했다. 그의 무한 바둑사랑에 착안하여, 첫 미팅 때는 한국에서 공수한 원목 바둑판을 선물로 준비했다. 그리고 양해각서 내용을 논의하던 두 번째 만남에서는 최고급 바둑돌을 선물했다. 선물을 건네며 바둑판과 바둑돌이 짝을 이루듯, 우리 관계도 더욱 단단해지길 바라는 마음을 담았다고 말했다.

양해각서 체결식과 만찬이 예정된 날, 이번에는 부회장님에게 맞춤 제작한 태권도복을 드렸다. 태국은 몇 해 전 국가 역사상 첫 번째 금메달이 태권도에서 나왔는데, 그 주역은 태국의 태권도 영웅 '팍니팍 옹파타나키트' 선수와 한국인 코치 '타이거 최'였다. 두 사람은 연이어 파리 올림픽에서 2연패를 달성했고, 앞서 말했던 사진처럼 가슴 뭉클한 장면을 연출했다. 그 감동을 선물에 담고 싶었다. 고급 원단으로 도복을 제작하고, 양팔엔 태국과 한국 국기를, 가슴에는 부회장님의 이름을 수놓았다. 선물을 전하며 다음과 같이 말했다.

"한국인 코치와 태국인 선수가 함께 금메달을 만들어냈듯, CP 그룹과 글로비스도 함께 역사적 성과를 만들어가고 싶습니다.”

그리고 CP 그룹의 회장님에게는 한국 국가대표 양궁 활을 선물하기로 했다. 현대차그룹이 기술을 제공한 국가대표 선수용 활을 하나 수배했다. 그걸 들고 진천 선수촌에 내려가 올림픽 금메달리스트 선수들의 친필 사인까지도 받았다. 그런데 문제는 활이 무기류에 해당되어 비행기에 싣고 갈 수가 없다는 것이었다. 고민 끝에 우리는 활을 분리했다. 그런 다음, 두 명이 나눠서 반씩 들고 비행기를 탔고, 행사 전날 호텔 방에 모여 다시 조립을 했다. 유튜브를 찾아보며 조립을 했는데, 시키는 대로 활을 힘껏 구부렸더니 부러질 것 같기도 했다. 등으로는 땀이 흘러내렸다. 결국 문제없이 잘 조립되었을 땐 약속이나 한 듯 환호가 터져나왔다. 잊지 못할 순간이었다.

다음 날 만찬 자리에서 회장님에게 그 활을 전하며 말했다.

“세계 최강 한국 양궁의 뒤엔 현대차그룹의 기술이 있습니다. 이제 그 기술로 CP그룹과 함께 세계 최고의 비즈니스를 만들어 가고 싶습니다.”

회장님도 이런 선물은 처음이라며 감동했고, 그 활을 그룹 만찬장의 중앙에 전시하라고 지시했다. 앞으로 이 활을 볼 때마다 우리의 파트너십을 기억하겠다고 했다. 반드시 선물 때문만은 아니었겠지만, 그날 만찬은 더할 나위 없이 좋았다.

한때는 경험을 선물하는 것이 좋은 선물이라고 생각했다. 한 번쯤 써보고는 싶었는데, 구하기가 힘들어서, 혹은 너무 비싸서, 수많은 이유로 그동안 기회를 갖지 못했던 것. 그런 기회를 선사하는 것이 좋은 선물이라 생각했다. 그런데 태국 사업 경험을 통해 ‘좋은 선물’의 의미를 새롭게 깨달았다.

주는 사람의 사려 깊은 고민이 느껴지고, 이야기에 공감이 가는 것. 볼 때마다 서로의 관계에 대한 의미를 되새기게 만들어 주는 것. 그게 최고의 선물이다. 시간이 지나도 가슴에 남기 때문이다.

선물을 준다는 건 축복이다. 선물을 주고 싶은 누군가가 있다는 것이 행운이고, 선물을 받으며 기뻐할 사람을 떠올리며 준비하는 과정이 행복이다. 오래도록 가슴에 남는, 사려 깊은 선물을 주고 싶다.

누가 고객을 가졌는가?

"고객 만족은 의미가 없다. 충성 고객이 전부다."(제프리 기타머)

글로비스에서는 협력사 대표님들을 마주할 기회가 많았다. 한 번은 저녁 자리에서 협력사 대표님 한 분이 이렇게 말했다.

"저희는 글로비스가 갑질을 좀 확실히 해주셨으면 좋겠습니다."

"네? 갑질이요?"

"가끔은 배려하신다고 '꼭 좀 부탁드려요.' '혹시 언제까지 가능하실까요?' 이렇게 말씀하시는데, 우리는 오히려 그게 더 헷갈립니다. 그냥 '언제까지 반드시 해주세요.' 하시는 게 우리는 더 편합니다. 갑이 명확히 '갑' 역할을 잘하고, 을이 그 밑에서 확실하게 '을' 역할을 잘할 때, 효율이 극대화됩니다. 그러니 부담 갖지 마시고 명확히 지시해 주세요."

"아, 그런 말씀이시군요. 알겠습니다. 앞으로는 애매하지 않게 저희가 커뮤니케이션을 더 잘하겠습니다."

사회적으로 말하는 부정적 의미의 '갑질'은 아니었지만, 무슨 뜻인지 이해할 수 있었다.

그런데 문득 궁금해졌다. 왜 어떤 기업은 늘 '갑'이 되고, 또 어떤 기업은 늘 '을'의 위치에 머무는 걸까? 그들이 처음부터 을로 태어난 것은 아닐 텐데, 과연 무엇이 갑과 을을 구분 짓는 것일까?

물류업에서는 종합물류사가 '갑'이고, 실행사(협력사)는 '을'이다. 고객이 종합물류사에 오더를 주기 때문이다. 제조업에선 완성품 기업이 '갑'이고, 부품업체는 '을'이다. 고객인 소비자가 부품이 아니라 완성품을 사기 때문이다. 모바일 업계에선 통신사가 '갑'이고, 휴대폰 제조사는 '을'이다. 사람들은 휴대폰을 사기 위해 통신사 대리점에 가기 때문이다. 상거래에서는 유통사가 '갑'이고, 입점한 셀러는 '을'이다. 아무리 좋은 제품도 유통사가 고객 접점에서 팔아주기 때문이다.

같은 기업이라도 어떤 관계에서는 갑이 되고, 또 다른 관계에서는 을이 되기도 한다. 그 흐름을 들여다보면 하나의 공통점이 보인다. 실행사보다는 종합물류사가 고객과 가까이 있고, 부품사보다는 완제품 제조사가, 상품보다는 서비스가, 제조보다는 유통이 고객과 더 가깝다. 결국 갑과 을을 가르는 기준은 비즈니스 생태계에서 '기업과 고객과의 거리'다. 궁극의 갑은 고객이고, 고객을 가진 자가 생태계의 갑이 되는 것이다.

하지만 이 공식이 언제나 맞는 것은 아니다. 고객과의 거리를 건너뛰고, 가치사슬의 위계를 거슬러 헤게모니를 거머쥐는 기업도 있다. 대표적인 곳이 애플이다.

2007년, 애플은 세상에 없는 아이폰을 만들며 2위 통신사였던 AT&T에 독점 출시했다. 그러자 고객들은 시장점유율 1위였던 버라이즌을 떠나 AT&T로 이동하기 시작했다. 전통적인 관점에서 볼 때, 주객이 전도된 사건이었다. 2년 뒤, 한국에서도 KT에만 아이폰을 독점 공급하며 같은 전략을 썼고, 마찬가지로 아이폰을 써보고 싶어하는 사람들은 대거 KT로 넘어왔다. 애플은 휴대폰 제조사였지만, '혁신적인 제품'이라는 무기를 통해 고객을 직접 사로잡으며 통신사 위에 군림했다.

인텔도 마찬가지였다. '인텔 인사이드(Intel Inside)' 캠페인을 통해 완제품 PC 시장에서 주도권을 확보했다. 부품사로서는 이례적으로 B2C 마케팅을 직접 진행했다. 인텔 CPU가 적용된 PC에는 인텔 로고 스티커를 붙이도록 했고, 광고에는 특허까지 낸 3초 효과음을 반복 노출했다. 소비자들은 어느새 인텔의 스티커가 있어야, 효과음이 들려야 믿을 수 있는 PC라고 생각했다. 그러자 PC 제조사들은 인텔 CPU를 무시할 수 없게 되었다. 완성품보다 앞서 고객의 인식 속에 자리 잡은 부품사인 인텔은 그렇게 제조사 위에 설 수 있었다. '획기적인 마케팅' 덕분이었다.

또 하나의 사례는 남성 의류 브랜드 보노보스(Bonobos)이다. 이들은 처음부터 단 하나의 제품, '맞춤형 남성 바지'에만 집중하여 뾰족하게 사업을 했다. 패션을 잘 모르던 남성들이 입소문을 타고 모여들었고 금세 팬층이 생기기 시작했다. 빠르게 사업을 확장했고, 예약제 오프라인 매장, 일명 '가이드숍'까지 열었다. 그곳에서는 '닌자'라 불리는 직원이 고객과 함께 맥주를 마시며 체형에 맞는 옷을 골라줬다. 그러자 패션에 자신이 없던 남성 고객들은 마치 전문가 친구를 얻은 듯한 경험을 했다. 보노보스는 셀러였지만, '차별화된 고객 경험'을 통해 브랜드와 팬덤을 만들었고, 아마존이 주도한 가격 경쟁 속에서도 살아남을 수 있었다.

가치사슬에서 고객과 가까운 위치에 서는 것도 중요하지만, 결국 더 본질적인 질문은 이것이다.

"누가 고객을 가졌는가?"

제품이든, 마케팅이든, 고객 경험이든, 브랜드든, 무엇 하나는 확실히 차별화되어야 한다. 그리고 그 차별점이 고객의 마음에 직접 꽂혀야 한다. 그래야 고객을 가질 수 있고, 고객을 가진 자만이 치열한 생태계에서 갑으로 존재할 수 있다.

궁극의 플랫폼은 고객이고, 고객을 가진 자가 진짜 갑이다. 당신 비즈니스에서는 누가 고객을 가졌는가?

주체할 수 없는 변덕스러움

"인간 본성에 대해 일관된 단 한 가지는, 그것이 일관되지 않다는 사실이다." (오스카 와일드)

"상무님, 커피 좋아하셔서 한꺼번에 주문했어요."
"이런 것까지 챙겨 주다니… 고마워요."
어느 날 글로벌사업개발실에서 스타벅스 커피 캡슐을 들고 찾아 왔다. 내가 아침마다 네스프레소 머신에서 커피를 내려 마시는 걸 눈여겨본 모양이었다.
'내가 커피를 좋아한다고?'
그전까지 내가 커피를 좋아한다고 생각해 본 적이 없었다. 그저 아침 일찍 출근해서 일하기 전에 컵을 닦고, 새 물을 채우고, 캡슐을 넣고 커피를 기다리는 여유가 좋았을 뿐이었다. 그런데 커피를 좋아한다는 말을 들으니 '정말 내가 그런가?' 싶었다. 그 후엔 원두 종류도 바꿔보고, 다양한 향도 음미하고 했던 것 같다. 난 커피를 좋아하는 사람이니까...
얼마 전 커피팩토리를 운영하는 동생에게 과테말라 원두를 선물 받았다. 커피에 진심인 친구라서 본인이 직접 선별한 신선한 원두를 선물로 보내왔다. 나는 집안을 뒤져서 그라인더를 찾아냈다. 나무로 된 조그만 그라인더였는데, 아내가 바리스타 교육을 받을 때 샀던 거였다.

원두를 한 움큼 쥐어 그라인더에 넣고 천천히 갈기 시작했다. 큰 머그잔 위에 깔때기 잔을 올린 후 종이 필터를 펴고 커피를 올렸다. 그리고는 마치 알라딘에서 나올 법한 끝이 길고 뾰족한 주전자로 뜨거운 물을 가장자리부터 돌려가며 조심스럽게 부어주었다. 거품이 뽀글뽀글 올라왔다. 그리고는 커피 향이 온 집 안에 퍼졌다. 오롯이 나만을 위해 정성 쏟아 무언가를 해본 게 오랜만인 것 같았다. 창밖 풍경과 어우러져 마음속 작은 풍요가 느껴졌다. 동생에게 고마웠다. 완벽한 아침이었다.

한참을 그러다가 아내에게도 커피를 타주기 시작했다. 그런데 두 사람분의 커피를 그라인더로 가는 게 보통 고역이 아니었다. 수동 그라인더가 너무 작아서인지 손도 아프고, 무엇보다 두 잔을 내리는 데 시간이 오래 걸렸다. 커피잔을 들고 마주 앉아 마시는 모습을 상상했는데 커피를 내리느라 나만 분주할 뿐이었다.

'원두 가는 것만 자동으로 해줘도 훨씬 편할 텐데…'

바로 폭풍 검색에 들어갔다. 역시, 쿠팡엔 없는 게 없었다. 리뷰를 꼼꼼히 읽은 후 충전식 자동 그라인더를 하나 구매했다. 그다음 날 받자마자 원두를 넣고 자동으로 갈기 시작했다. 너무 편했다. 그렇게 아내와 근사한 커피 모닝이 시작되었다. 완벽했다.

한 일주일을 그렇게 해보니, 이제는 물 내리는 게 불편했다. 처음엔 주전자로 천천히 돌려가며 한 잔씩 정성 들여 내리는 게 좋았는데, 커피가 똑똑 떨어지고 있는 걸 보고 있자니 속이

　CHAPTER 1. WORK | 그렇게 일을 배웠고, 그렇게 일을 마쳤다.

탔다. 물을 천천히 붓고, 떨어지길 기다렸다가 다시 조금 더 붓고, 쳐다보고 있으면 1분이 한 시간 같았다.

'이 물만 누가 내려주면 그동안 내가 다른 일도 할 수 있지 않을까?'

난 아내에게 말했다.

"나 왜 미국 사람들이 집에 드립커피머신을 사는지 알 것 같아."

그다음 날 아침에 보니 드립커피머신이 주방에 올려져 있었다. 가만히 보니 예전에 쓰던 거였다. '아, 이거 아직 버리지 않았었구나.'

이제 자동 그라인더로 원두를 갈고, 자동 드립커피머신에 넣어 커피를 내렸다. 커피가 완성되면 머그잔 두 개를 꺼내 따르면 끝이었다. 이제야 아내와 마주 보고 커피를 마실 수 있었다. 세상 편했다.

한참을 그렇게 했다. 그런데 이번에는 다 내린 커피 원두를 버리는 게 귀찮아졌다. 내릴 때의 커피 향은 최고지만 다 내린 후의 커피는 그렇지 않았다. 곧 여름이라 쓰레기통에 버리는 것도 찜찜했다. 말릴 수도 없고, 그렇다고 매번 비닐에 넣어 버리기도 힘들고. '다 내린 커피 찌꺼기를 좀 쉽게 버릴 수 없을까?' 또 고민이 시작되었다.

문득 생각이 들었다. '캡슐은 버리기 쉬웠는데...'

결국 돌고 돌아, 다시 난 네스프레소 머신을 만지작 거리고 있었다. 동생이 보내 준 과테말라 원두도 다 끝냈으니 이젠 다시 캡슐커피의 차례인가?

사람이란 게 참 간사하다. 익숙해지면 편해지다가도, 신비감이 사라지면 금세 불편해진다. 지금 누리는 것에 전혀 불편함이 없다가도 조금 더 편한 걸 한번 경험하면 지금 걸 못 견뎌하기도 한다.

사람의 니즈는 한꺼번에 오는 게 아니다. 바로 전의 불편함을 해소하고자 하는 니즈가 더 크게 느껴지면서 하나씩 순차적으로 온다. 그걸 따라가며 만족시켜주면 그 하나씩이 모두 사업이 될 수 있다. 원두가 사업이 되고, 수동 그라인더와 주전자, 종이 필터가 사업이 되며, 자동 그라인더가 사업이 된다. 그런 다음엔 자동 드립커피머신이, 그리고는 네스프레소 머신과 캡슐이 사업이 된다. 이 모든 게 귀찮으면 그냥 카누 한 봉을 털어 넣어도 된다. 기호품인 커피 하나도 그런데 필수품들은 어떨까?

사람에 대한 이해가 사업이 된다. 지갑을 여는 것은 사람의 본능에서 시작된다. 너무 앞서 가지 말고, 너무 뒤처지지도 말고, 사람의 변덕스러운 본능을 딱 반 발짝씩만 앞서 가면 된다.

　CHAPTER 1. WORK | 그렇게 일을 배웠고, 그렇게 일을 마쳤다.

당신의 뇌를 구독합니다

"우리는 사람들이 우리 제품을 살 때가 아니라 우리 제품을 사용할 때 돈을 벌고 싶다."(제프 베조스)

몇 년 전 현대차의 R&D 조직이 대대적으로 수술대에 올랐다. 대세였던 젊은 R&D 리더들이 밀려나고, 현대차로 영입된 네이버 CTO 출신의 사장이 전사 R&D를 소프트웨어 중심으로 바꾸는 변화를 시작했다. 이후 기계공학 기반의 CTO도 몇 번 물갈이가 되면서, 전사가 SDV(Software Defined Vehicle)를 향한 변화를 온몸으로 체감하게 되었다. SDV는 과거처럼 하드웨어 설계와 탑재 기능이 고정된 자동차가 아니라, 스마트폰처럼 출시 후에도 꾸준히 진화하는 소프트웨어 플랫폼 기반의 자동차를 의미한다.

SDV를 향한 그룹의 의지는 강력했다. 하지만 수십 년 동안 갖고 있던 하드웨어 중심의 사고와 프로세스를 변화시키는 건 쉽지 않았다. 내외부의 노력에도 불구하고, SDV로의 변화는 너무 거대했고, 결국 네이버에서 온 사장은 사임했다. 그럼에도 회사는 그 길을 멈출 수 없었고, 또 다른 글로벌 인재를 모셔와 그 험난한 여정을 계속하고 있다.

얼마 전, 넷플릭스《블랙 미러》시리즈의 한 에피소드를 보다가 SDV가 떠올랐다. 제목은 '보통 사람들'이었다.

평범한 교사 어맨다와 블루칼라 노동자인 남편 마이크. 두 사람은 누구보다 성실하고 착한 부부였다. 그러던 어느 날 갑자기 아내 어맨다가 쓰러졌다. 진단 결과, 뇌와 신경계에 심각한 문제가 있었고, 기존 의학으로는 손쓸 방법이 없다고 했다. 그러던 중 한 신생 IT 기업이 구원의 손길을 내밀었다. 수술은 무료였고, 단 하나의 조건만 있었다. 그녀의 뇌에 삽입된 칩을 마치 통신 요금 내듯이 구독하는 것. 월 300달러였다. 죽음을 피할 수 있다면 그 정도는 감내할 수 있었다.

하지만 그날 이후 이상한 일이 벌어지기 시작했다. 여행 중 어맨다가 갑자기 정신을 잃고 쓰러졌다. 회사는 기지국 범위를 벗어나 신호가 끊긴 탓이라고 했다. 또 어느 날부터는 무의식중에 광고 문구를 내뱉기 시작했다. 아침 식탁에선 커피 광고를 말하고, 아이들이 기침하는 교실에서는 감기약 광고를 내뱉었다. 회사에 이유를 묻자 이번에는 "현재 저가형 플랜에는 광고가 포함돼 있다."고 했다. 광고가 싫으면 상위 플랜으로 업그레이드하면 된다며, 월 800달러라고 했다.

그 이후로도 어맨다는 여러 증상을 겪었다. 하루에 12시간을 자도 피로가 가시지 않았다. 그러자 회사는 "그녀가 자는 동안 뇌의 연산 능력을 외부 컴퓨팅에 사용 중"이라고 했다. 만약 항상 피곤한 게 싫으면 최신 플랜으로 올리라고 했다. 월 1,800달러라고 했다. 혹시 나중에 임신이라도 하게 되면 호르몬 변화로 인해 뇌가 처리할 것들이 늘어난다며, 추가 요금 90달러가 붙는다고 했다.

모든 게 돈이었다. 선택의 여지없이 기술의 지배에 갇혀버리고 말았다. 기발했던 상상력은 어느새 상상하기도 싫은 디스토피아적 악몽이 되었다.

이걸 보며 먹먹해졌다. 가장 마음 아팠던 건 그들이 평범한 '보통 사람들'이라는 점이었다. 악인이 벌 받는 이야기가 아니었다. 누구보다 착한 이들이, 아무 잘못도 없이 시스템에 의해 무너져갔다. 보는 내내 불길한 예감이 들었다. 이게 단지 상상의 이야기일 뿐일까? 어쩌면, 지금 우리 옆에서 벌어지고 있는 일은 아닐까?

사실 이 구조는 낯설지 않다. 언제나 세 단계가 있다. '니즈', '미끼', '덫'. 여기선 어맨다의 병이 니즈다. 리버마인드의 무료 수술과 저가 플랜이 니즈를 해결해 주는 미끼고, 기지국 범위나 광고 삽입 같은 요소는 더 깊이 빠져들게 만드는 덫이다.

니즈가 단순히 '욕망'일 때는 참을 수 있지만, 어맨다의 병처럼 생존을 위한 '필요'가 되면 방법이 없다. 이내 '필수'가 된다. 문제는 욕망이 필수로 넘어가는 순간 더 이상 빠져나올 수 없다는 것이다. 악어와 악어새처럼, 영혼을 내어주며 니즈를 채우는 관계가 된다. 그게 구독 모델의 정수다.

쿠팡의 와우 멤버십도 그랬다. 처음엔 월 2,900원. 부담 없는 가격에 무료배송과 무료반품, 할인 혜택을 제공했다. 사람들은 아마존 프라임보다 싸다며 반겼다. 3년 후, 4,990원으로 올랐고, 또 3년 뒤엔 7,980원이 됐다. 무려 3배 가까이 상승했지만, 다들 쿠팡을 떠나지 못했다. 덫에 빠졌기 때문이었다. 무료배송과 무료 반품에 더해 쿠팡이츠 배달료 무료, 쿠팡플레이의 해외 스포츠, 오리지널 콘텐츠까지, 온갖 혜택으로 고객을 옭아 맸다. 고객들도 와우 멤버십 구독료를 내는 게 더 이득이라며 본인의 선택을 정당화했다.

쿠팡은 얼마 전 와우 회원이 아니어도 광고를 보면 콘텐츠를 볼 수 있게 했다. 또 와우 회원만을 위한 프리미엄 서비스 '패스(PASS)'를 조용히 도입했다. 그러면서 돈을 더 내게 했다. 돈을 내면 광고 없이 프리미엄 콘텐츠를 제공하겠다는 것이다. 단지 '편리함'을 원했을 뿐인데, 어느새 '없으면 불편한' 상태가 되었고, 지금은 없으면 안 되는 '필수적' 존재로 바뀌어 가고 있다. 이 흐름은 너무나도 조용하고, 교묘하다.

이야기가 쇼핑에서 모빌리티로 확장된다면 어떨까? 그 대표적인 사례가 테슬라다. 테슬라는 지금까지 약 720만 대의 차량을 판매했고, 이 차들이 도로를 달리며 쉴 새 없이 데이터를 수집해왔다. 도로 위의 슈퍼컴퓨터인 셈이다. 테슬라는 이 데이터를 분석해 통신으로 기능을 개선하는 OTA(Over The Air) 업데이트를 거의 매달 실행한다. 자동차 산업은 이제 '만들고 팔고 끝'이 아니라 '판매 후 지속해서 서비스를 진화시키는' 산업이 되었다. 패러다임 자체가 바뀌고 있다.

테슬라의 자율주행 기술인 FSD(Full Self-Driving)는 도심 주행, 신호등 감지, 자동 회피 등 고도화된 기능을 포함한다. 2024년 한 해 동안만 28번의 업데이트가 이뤄졌다. 이 기능은 테슬라 운전자에게 유료로 제공한다. 한때 15,000달러에 팔던 FSD는 현재 8,000달러로 낮아졌고, 월 구독료도 199달러에서 99달러로 절반이 됐다. 이유는 단 하나. 더 많은 사용자를 익숙하게 만들기 위함이다.

한 번 익숙해지면 되돌아가기 어렵다. 모두가 자율주행 차량을 쓰는 세상에서, 나 혼자 수동 운전을 한다는 건 불편함을 넘어 위험이 된다. 오히려 사람이 운전하려면 '특수 면허'가 필요할지도 모른다. 그런 날이 오면 자율주행은 더 이상 욕망이나 필요가 아니라 필수가 된다. 테슬라는 그날을 꿈꾸고 있을지 모른다.

구독 기반 비즈니스와 소프트웨어 플랫폼 중심 전략은 이를 뒷받침한다. 본질은 자동차 자체가 아니라 소프트웨어다. 소프트웨어에서 헤게모니를 잡는 순간, 하드웨어에서는 조금 손해를 봐도 괜찮다. 그때도 하드웨어만으로 승부를 봐야 하는 다른 완성차 기업이 테슬라에 맞서 경쟁할 수 있을까? 다른 자동차 제조사들이 이제라도 소프트웨어 기반 차량을 준비하기 시작한 것은 정말 다행스러운 일이다.

현대차가 수많은 잡음과 부작용을 감내하면서까지 조직을 과감히 변화시켜 나가는 데는 다 이유가 있다. 리더들이 계속 교체되면서도 이를 포기할 수 없는 이유도 마찬가지다. 독점하면 테슬라가 리버마인드(바로 앞에서 언급한 넷플릭스 《블랙 미러》 시리즈에 나오는 회사)가 되지 말라는 법이 없다. 테슬라를 혼자 두면 안 된다. 함께 경쟁해야 한다.

오늘날 우리는 다양한 서비스를 구독한다. 넷플릭스, 쿠팡, 구글 클라우드, 정수기, 비데, 심지어 챗GPT까지. 이런 구독 서비스의 핵심은 분납형 자율 이용이 아니다. 그들은 매달 돈뿐만이 아니라, 우리의 행동과 감정까지 데이터로 가져간다. 우리가 어떻게 행동하고 언제 무엇을 필요로 하는지를 알아내고, 그것에 맞춰 서비스를 끊임없이 바꾼다. 그럴수록 우리는 점점 더 그 서비스에 의존하게 된다. 그렇게 사람들은 서서히 락인(Lock-in)이 되고, 편안함을 이유로 선택권을 기꺼이 내어준다.

미래를 상상하고 대비해야 한다. 그렇지 않으면 우리도 모르는 사이에 시스템에 갇힌다. 지각은 점점 더 느려지고, 탈출은 점점 더 어려워진다. 그것이 구독의 본질이다.

경청은 마음가짐이다

"소통의 가장 큰 문제는 우리가 이해하려고 듣는 게 아니라 받아치려고 듣는다는 것이다." (스티븐 코비)

글로비스는 '스마트이노베이션(SI)' 본부까지 만들어 신사업을 강력하게 추진했다. 하지만 2년 후 본부 체제가 없어지며 본부는 사업부로 바뀌게 되었고, 나는 SI사업부를 책임지게 되었다.

사업부장으로서 200명 가까운 구성원들과 직접 소통하고 싶었다. 하지만 모든 사람을 챙기는 건 무리였다. 말리는 다른 임원도 있었다. 하지만 난 한 명 한 명이 소중했고, 어떻게든 개인적인 관계를 맺고 싶었다. 그래서 일대일 미팅을 계획했다.

하지만 아무리 계산해도 무리였다. 기획팀에 요청해 4명씩 조를 짜 매주 화요일과 목요일에 티타임을 갖기로 했다. 이름은 '씨에스타(SI-ESTA)'. SI사업부의 점심 후 티타임이라는 의미의 재치 있는 작명이었다.

씨에스타엔 두 가지 원칙이 있었다. 첫 번째, 한 조를 같은 직급으로 구성하되 서로 다른 팀의 멤버로 구성할 것. 두 번째, 업무 이야기는 하지 말 것. 그러자 MBTI, 취미, 가족 이야기, 육아 고민, 최근 본 드라마와 영화 등 다채로운 이야기가 오갔다.

나는 멤버들 말을 놓치지 않기 위해 메모를 꼼꼼히 했다. 계속 반복하다 보니, 누가 육아 때문에 잠이 부족하고, 누가 프리다이빙을 잘하는지, 누가 주말부부를 하는지가 점점 눈에 들어오기 시작했다. 본사에 근무하는 사업부 인원 모두를 한 번씩 만나는 데 꼬박 8개월이 걸렸다.

하지만 씨에스타가 끝날 때마다 마음이 무거워졌다. 내가 말이 너무 많았기 때문이었다. 어색한 침묵을 견디기 어려웠다. 이를 깨려다보니 나도 모르게 이야기를 이끌고 있었다. 그럴수록 문제는 그들의 이야기를 듣는 시간이 줄어든다는 것이었다. 더 많이 들어야지 다짐했지만, 늘 끝나고 나면 어김없이 후회가 남았다. 누구보다 경청을 잘할 수 있다고 믿었던 자신이 부끄러웠다.

'경청'이란 잘 듣는 것을 말한다. 단지 귀만 여는 것이 아니라, 몸을 앞으로 기울여 눈을 마주치며 집중하는 자세를 말한다. 그리고 대화를 통해 새로운 무언가를 발견하려는 태도이기도 하다. 경청은 나를 드러내 보여주겠다는 이기심을 버리고, 상대를 알아가겠다는 호기심에서 출발한다.

경청을 잘 하려면 침묵을 견디는 용기도 필요하다. 말을 하지 않는다고 해서 할 말이 없는 것은 아니다. 부담 없이 말할 수 있는 환경이 필요할 뿐이다. 누구나 이야기하고 싶은 것이 있고, 그러고 싶은 순간이 있다. 그때까지는 상대를 배려하고 묵묵히 기다려 줘야 한다. 상대가 말하지 않으면, 그 또한 내 탓이다.

경청은 나를 꾸미려는 욕심을 내려놓는 것이다. 자신을 스스로에게 과시하는 사람은 없듯이, 타인에게도 그래야 한다. '이 타이밍에 내가 멋지게 정리하면 좋겠지.' '내 경험을 얘기해 줘야 인사이트 있어 보이겠지.' 같은 생각을 경계해야 한다.

상대의 말을 이해하려고 듣는 게 아니라 반박하려고 듣는 사람이 있다. 받아 쳐서 내가 더 돋보이려고 듣는 사람이다. 그런 무의식 중의 거만함에서는 진정한 경청이 나오지 않는다. 대화를 통해 그동안 놓치고 있던 것을 알게 되었는지, 미처 몰랐던 세상을 발견하게 되었는지 돌아보면, 진짜 경청을 했는지 안 했는지를 알 수 있다. 그래서 진정한 경청은 부족한 나를 채워 준다.

많이 배우고 다양하게 경험한다고 꼭 훌륭한 사람이 되는 것은 아니다. 어차피 세상의 모든 걸 알고 모든 걸 깨달을 수는 없다. 내가 얻은 지식과 깨달음 역시, 내가 겪은 경험과 내가 처한 입장에서만 유효하다. 내가 아는 것이 진리처럼 느껴져도, 누군가 다르게 말한다면, 그럴 만한 이유가 있는 것이다.

굳이 설득하려 하지 않고, 상대의 시선에서 잠시 바라봐 주는 것, 내가 놓치고 있는 게 무엇일까 돌아보며 한 호흡만 참고 들어주는 것, 애써 강요하지 않고 너그러이 포용할 수 있는 것. 그것이 경청이다.

많이 알게 될수록 분명해지는 것은 내가 다른 뭔가를 잘 모른다는 것이다. 내가 잘 모른다는 사실을 인정하는 것이 진정한 성숙함이고, 경청은 성숙함의 이면이다.

리더는 성과로 말한다

"효과적인 리더십은 연설을 잘하거나 사람들에게 호감을 사는 것이 아니다. 리더십은 속성이 아닌 결과로 정의된다."
(피터 드러커)

사업부장이 되고 나니, 지난 25년간 함께했던 리더들이 떠올랐다. 본받고 싶은 리더도 있었고, 나와는 결이 맞지 않는 리더도 있었다.

리더라고 모두 좋은 리더십을 가지는 것은 아니었다. 고집스럽고 강압적인 리더, 말로 상처 주는 리더도 있었고, 본인의 입지에만 관심을 두어 조직 분위기를 최악으로 만드는 리더도 있었다. 아이러니하게도 그들 중 몇몇은 승승장구하기도 했다. 반면 따뜻한 리더도 있었다. 사람을 믿어주고 존중하며, 격 없이 소통하고 관심을 나누는 리더. 하지만 아무리 좋은 사람이더라도, 정작 사업 성과가 없으면 좋은 리더가 될 수 없었다. 그냥 착한 동네 형일 뿐이었다.

리더십에는 여러 이론이 있다. 서번트 리더십, 비전 리더십, 코칭 리더십, 카리스마 리더십 등. 시대에 따라 기업 환경이 바뀌고 리더십의 트렌드도 따라 변한다.

나는 삼성, LG, 현대를 거치며 여러 단계의 리더십을 경험했고, 수많은 교육을 통해 나만의 리더십 원칙을 고민했다. 그렇게 해서 내가 생각한 리더십의 본질은 '성과를 극대화하는 것'이었다. 비전을 제시하고, 인사이트를 나누고, 창의적인 문화를 만들고, 선택과 집중으로 의사결정을 내리고, 경청하고, 공감하고, 책임지는 것. 이러한 리더의 행동은 결국 성과를 극대화하는 방법론일 뿐이다.

탁월한 멤버는 성과 내는 리더와 일하길 원한다. 탁월한 멤버와 함께하면 리더도 성과 내기가 수월해진다. 결국은 모두 것이 성과로 귀결된다.

성과를 극대화하기 위해 리더는 다음의 세 가지가 필요하다.

첫째, 원대한 비전을 세우고 소통해야 한다. 미션이 조직의 정체성이자 존재의 목적이라면, 비전은 조직의 미래 모습이다. 우리가 모여 궁극적으로 무엇이 되고 싶은지 성공의 이미지를 생생하게 그리는 일이다.

가령, 테슬라는 '지속가능한 에너지 사회를 앞당긴다.'는 미션 아래, '전기차 전환을 가속화하여 가장 사랑받는 자동차 회사가 된다.'라는 비전을 세웠다. 사람들은 도로에서 테슬라를 볼 때마다 그 비전이 점점 더 현실이 되고 있음에 가슴이 뛰었다.

이처럼 비전은 가슴이 뛸 만큼 충분히 원대해야 한다. 그리고 비전을 달성했을 때 개인과 세상에 어떤 영향을 미치는지가 분명해야 한다. 사람은 누구나 위대한 꿈의 일부가 되길 원한다. 세상의 변화에 동참하길 바란다. 이런 바람은 리더만이 해결해 줄 수 있다. 큰 꿈을 만들고, 팀이 공감할 수 있도록 생생하게 소통해야 하며, 가슴에 울림을 주는 것이 리더의 역할이다.

둘째, 자신보다 뛰어난 팀을 꾸려야 한다. 모든 성과의 시작은 '사람'이다. 각 분야에서 탁월한 팀을 꾸리는 건 리더의 책임이다. 자신보다 더 뛰어난 인재를 모으는 것이 핵심이다. 그래야 믿고 맡길 수 있다. 만약 리더가 디테일한 내용을 직접 챙기고 있다면, 멤버를 신뢰하지 않는 것이나 다름 없다. 그러면 멤버들은 금방 알아차리고 마음을 닫는다.

리더가 먼저 용기를 내야 한다. 그들을 최고라고 믿고 그렇게 대해줘야 한다. 최고로 인정받은 멤버들은 실제로 최고처럼 행동하고, 최고의 성과를 낸다. 나를 리더로 만들어줬던 과거의 성공에서 벗어나야 한다. 지나간 세계에 대한 도태된 믿음을 버리고 성공의 저주에서 탈출하려면, 최고의 팀으로 과거의 나를 이겨내야 한다.

셋째, 멤버 스스로 동기부여 할 수 있어야 한다. 기업이 줄 수 있는 최고의 보상은' 성취감'이다. 그리고 개인이 느끼는 최고의 보상은 '성장감'이다. 중요한 일에 기여하고 있다는 느낌, 그 일을 통해 내가 더 나은 사람이 되어가고 있다는 느낌. 리더는 그 느낌을 만들어줘야 한다.

사람들은 성취감과 성장감으로 어려움을 견딘다. 그리고 해낸다. 리더는 방법을 일일이 알려주는 사람이 아니라 관점을 전하는 사람이다. 주어진 일을 '어떻게 할까'가 아니라, '어떻게 볼까'에 영향을 주어야 한다. "큰 의미는 없지만 빨리 끝내버리자." "네가 계속해오던 일이니 한 번만 더 희생해라."는 식으로 해서는 안 된다. 개인의 성취감과 성장감을 갉아먹는 최악의 소통이다.

세상에 중요하지 않은 일은 없다. 일을 어떻게 보는가에 따라 얼마든지 가치 있는 결과를 만들어 낼 수 있다. "이 일은 왜 중요한가?" "이 일을 잘 해내면 어떤 변화가 일어나는가?" "왜 당신이 이 일을 잘할 수 있다고 믿는가?" 이 세 가지를 솔직하게 전달하는 것만으로도 팀원들은 스스로 동기부여를 하고 방법을 찾는다. 목적지만 알려주었을 뿐인데도 스스로 알아서 찾아온다.

좋은 리더는 비전을 공유하고, 최고의 멤버를 모으고, 그들을 불타오르게 만든다. 그러면 지속 성장하는 조직이 되고, 성과는 극대화된다. 그것이 리더십의 본질이다. 본질에 충실해야 한다. 리더는 성과로 말한다.

고객의 관성을 이겨라

"사람들은 변화를 원하지 않는다. 특히 대가를 치러야 하는 것이라면 더욱 그렇다." (레이먼드 쿠리)

신사업 중 하나로 '로봇 커피 배송' 서비스를 실험한 적이 있다. 스타트업과 손잡고 로봇을 공급받아 사옥에서 2년 가까이 시범 운영했다. 이런 파일럿 프로젝트를 'PoC(Proof of Concept)'라고 부른다. 아이디어가 작동하는지를 내부에서 먼저 검증하는 것이다.

서비스는 단순했다. 임직원이 사내 인트라넷 앱으로 커피를 주문하면 33층 카페에서 만든 커피를 로봇이 배달해 주는 것이었다. 로봇이 알아서 엘리베이터를 타고, 스스로 사무실 문을 열어 주문했던 사람의 자리까지 찾아와 커피를 전달했다. 커피값은 한 달 치 주문이 누적되어 월급에서 자동 차감됐다. 거의 완성형에 가까운 서비스였다.

하지만 실제 운영에 들어가자 예상치 못한 문제도 많았다. "로봇이 중간에 멈췄을 땐 어떻게 할 것인가?" "엘리베이터에 탈 자리가 없으면 어떻게 해야 하나?" "통신이 끊겨 사무실 문이 열리지 않을 땐 어떻게 하나?" "커피가 도착했는데 사람이 안 가져가면 어떻게 하지?" "너무 많은 주문이 한꺼번에 몰리면?"

이런 자동화 프로젝트는 작은 변수 하나에도 일일이 예외 처리 값을 미리 입력해 둬야 한다. 그래서 쉽지 않았다. 팀원들은 매일 밤늦게까지 남아 문제를 하나씩 해결하며 서비스를 고도화했다. 덕분에 실험을 넘어 실제 서비스처럼 운영될 수 있었다. 나는 팀원들에게 말했다.

"매일 밤늦게까지 고생이 많습니다. 로봇 테스트는 여러 회사가 하지만, 우리처럼 2년 동안 직접 서비스를 운영해본 회사는 드뭅니다. 자부심을 가지고, 조금만 더 힘내봅시다. 늘 고맙습니다."

하지만 시간이 갈수록 고민이 깊어졌다. 이건 어디까지나 실험이었고, 매출 없이 인건비와 운영비만 들어가는 일이었다. 언제까지 그렇게 비용만 부담할 순 없었다. 결국 담당 팀과 긴 논의 끝에 서비스를 종료하기로 했다. 이제는 '검증'보다 '수익'을 고민할 단계라고 판단했다.

그런데 서비스를 멈추자 뜻밖의 반응이 나왔다. 임직원들로부터 서비스 재개 요청이 들어온 것이었다. 나조차도 그랬다. 일 년 넘게 자리에서 커피를 받아 마시다 보니, 이제는 33층까지 올라가서 커피를 사오는 게 여간 불편한게 아니었다. 전에는 아무렇지 않았는데, 한번 편안한 경험을 하고 나니 이전으로 돌아가기가 힘들었다. 실제 요금을 조금 내더라도 다시 커피 배달 서비스가 이어졌으면 좋겠다는 직원도 있었다.

오래전, 아이폰이 처음 나왔을 때 SNS에서 봤던 문장이 떠올랐다. "스마트폰 생기고 나서, PC 켜는 게 귀찮아졌다." 그래,

그런 거였다.

사람은 새로운 기술이나 서비스를 '절대 가치'로 판단하지 않는다. 과거의 경험과 비교해 '상대 가치'로 판단한다. 전보다 편해지면 좋은 것이고, 불편해지면 나쁜 것이다. 물론 절대 가치도 중요하다. 시간이 흐르면 결국 드러난다. 하지만 그때까지는 시간이 필요하고 때로는 비용도 든다. 반면 상대 가치는 고객이 직관적으로 느낄 수 있다.

여기서 중요한 것은 상대가 누구냐는 것이다. 많은 기업은 흔히 상대로 경쟁사를 상정한다. 경쟁 제품 대비 기능이 더 많고, 가격이 싸며, 성능이 낫다고 강조한다. 실무자는 그렇게 보고하고, 의사결정자는 그 기준으로 판단한다. 하지만 고객은 그렇게 생각하지 않는다. 경쟁사 제품을 써보지 않은 이상, 비교 자체가 무의미하다. 얼마나 고급 기술인지는 전혀 관심 없다. 고객이 지갑을 열어야 할 직관적 가치를 느끼지 못한다면 경쟁사를 이겨도 아무 소용이 없다는 뜻이다.

고객이 정말 비교하는 대상은 '자신의 기존(과거) 행동'이다. 지금까지 그 니즈를 어떻게 해결해왔는지. 자신이 그동안 해오던 방식과 비교해서 어떤지가 중요하다. 익숙함을 버리는 일은 고객 입장에서는 큰 비용이다. 그만큼 가치가 확실하지 않다면 쉽게 바꾸지 않는다. 하지만 한 번 바꾸고 나면 관성이 다시 작용한다. 이전 방식으로 되돌리는 게 힘들어진다.

삼성이 루프페이를 인수해 간편 결제 서비스를 시작했을 때, 세상은 곧 결제 혁명이 일어날 것처럼 말했다. 언론도 삼성의 MST(Magnetic Secure Transmission) 방식이 애플페이의 NFC(Near Field Communication)보다 왜 더 나은지 조목조목 보도했다. 갤럭시

이용자들이 먼저 체험해본 후 긍정적인 사용 후기도 많이 쏟아냈다. 기대는 점점 커졌다. 하지만 10년이 지난 지금, 사람들은 여전히 플라스틱 신용카드를 잘 쓴다. 삼성페이와 애플페이는 그저 보조 수단일 뿐이다. 삼성페이와 애플페이의 격차는 기술적 차별성이 아니라 아이폰과 갤럭시의 점유율의 차이로 나타날 뿐이다.

삼성페이의 진짜 상대는 애플페이가 아니었다. 익숙한 카드와 현금, 뿌리 깊은 '고객의 관성'이었다. 기술도 뛰어났고, 사용자 경험도 훌륭했지만, 그것으로 고객의 관성을 꺾기에는 충분하지가 않았다. 고객은 그 정도로는 전환비용(Switching Cost)을 부담하려고 하지 않았다.

혁신의 속도는 항상 기대보다 더디다. 그 변화가 대중의 일상이 되기까지는 시간이 걸린다. 버티는 힘이 중요하다. 당장 고객의 관성을 이길 수 있는 상대 가치를 주거나, 언젠가는 이길 수밖에 없는 절대 가치를 만들고 끝까지 버티는 수밖에 없다. 그래야 비로소 혁신이 일어난다.

결국 사내 '로봇 커피 배송' 서비스는 접었다. 대신 빌딩의 메일룸 서비스와 연계하여 회사에 도착한 택배를 로봇이 자리로 배송해주는 서비스로 모델을 바꾸었다. 이번엔 어떻게 돈을 벌 수 있을지부터 먼저 고민하기 시작했다.

세상에 없던 무언가를 만들 때, 가장 먼저 마주해야 할 상대는 경쟁사가 아니라 고객의 관성이다. 고객의 관성을 이기지 못하는 혁신은 혁신이 아니거나, 혁신이더라도 너무 비싸다.

그만 둘 결심

"당신의 선택이 두려움이 아니라 희망에서 나오길 바란다."
(넬슨 만델라)

사업부 과제들이 항상 계획대로만 진행되면 좋겠지만 현실은 매번 달랐다. 특히 불확실성이 큰 신사업일수록 잘 멈춰야 했다. 멈추는 것에도 큰 용기가 필요했다. '되게 하는' 결정만큼이나, '멈추는' 결정도 리더인 나의 역할이었다.

'공항 로봇 자율 주차' 프로젝트가 있었다. 사장님이 공항 공사를 만나 직접 양해각서를 체결한 과제였기에 신경 써서 챙겼다. 그런데도 오랫동안 지지부진했다. 사장님은 재촉했고, 연구소는 매번 서두르겠다고 했다. 연구소장이 되어 직접 공항 공사를 찾아가 보니 사정은 달랐다.

공항 측은 현재 기술 수준의 한계를 우려하고 있었다. 상용 서비스로 갔을 때 예상되는 운영 이슈도 그들의 발목을 잡았다. 그래서 상용화에 대해 큰 기대를 하지 않고 있었다. 다만 우리가 원한다면 일부 공간을 테스트용으로 빌려주겠다고 했다. 그게 전부였다. 그런 상황에서 공항 공사에 테스트 비용까지 요구하는 건 어려웠다. 나는 고심에 빠졌다. 아닌 걸 알면서 계속 열

　　CHAPTER 1. WORK | 그렇게 일을 배웠고, 그렇게 일을 마쳤다.

심히 하는 척을 할 것인가, 아니면 실체를 보고 드리고 끊고 갈 것인가?

나는 사장님께 올라가서 솔직하게 말씀드렸다.

"사장님, 공항 공사에 다녀왔는데, 이 프로젝트는 여기서 멈추는 게 맞는 것 같습니다."

"박 상무, 난 한 번 한다고 했다가 안 된다고 말 바꾸는 거 제일 싫어한다. 어려워도 어떻게든 되게 만들 생각을 해야지 말이야. 이 세상에 쉽게 되는 게 어디 하나라도 있나?"

"잘 알고 있습니다, 사장님. 아무리 그래도 절대 아닌 건 아니라고 말씀드려야 하지 않겠습니까?"

결국에는 사장님도 이해해 주셨다. 단 다른 회사가 먼저 자율 주차 사업을 한다는 뉴스가 나오면 절대 안 된다는 단서를 달았다. 난 과제를 멈추더라도 계속 업계는 주시하겠다고 말했다. 이렇게 처음으로 사업 하나를 멈췄다.

그 다음은 '도심 근교 자동화 창고' 프로젝트였다. 서울 근교에 자동화 창고 두 곳을 세우는 과제였다. 물류기업으로서 빠른 배송을 위해 꼭 필요한 방향이었지만, 부지를 찾는 것부터 난항이었다. 화주도 없는 상태에서 자동화에 수백억 원 선투자를 해야 하는 것 역시 큰 부담이었다. 설상가상으로 자동화 솔루션을 제공하기로 논의 중이던 파트너 회사가 프로젝트에서 빠지겠다고 알려왔다. 그러자 열심히 달리던 우리 팀원들조차 기가 꺾였다. 반드시 해낼 테니 제발 기회를 달라고 해도 쉽지 않은데, 스스로 이렇게 비관적인 입장이라면 끝까지 해내는 건 거의 불가능했다.

멤버들과 면담 후 한참을 고민했다. 어려운 결정이었지만,

누군가는 해야 했다. 난 멤버들을 다시 불러 그동안 정말 수고 했다고, 여기서 그만두자고 말했다. 모두가 홀가분해했다. 덕분에 좋은 인원들을 다른 과제에 재배치할 수 있었다. 그렇게 두 번째 드롭을 진행했다.

거의 3년을 끌어온 '평택 물류센터 건축' 프로젝트도 있었다. 자사 유휴 부지를 활용하자는 아이디어였기에 이례적으로 내부 초기 합의가 쉬웠다. 그러나 사업성 검증 컨설팅부터 건축 설계, 위험성 평가 등 수많은 사전 준비에 시간이 너무 지체되었고, 그사이 시장 환경이 바뀌고 있었다. 자재 가격이 급격히 올라 건축비는 수십억 원이나 상승했고, 주변에는 물류센터 공급 과잉 현상으로 공실이 넘쳐났다. 직접 짓는 것보다 임대를 하는 것이 나은 상황이었다.

환경이 완전히 바뀌었는데, 원래 하던 프로젝트라는 이유로 계속 진행하는 건 아니라는 생각이 들었다. 사업실장을 불러서 이 과제는 여기서 멈추자고 말했다. 지금까지의 매몰 비용은 잊으라고 했다. 사장님께 내가 보고 드리고 의사결정을 받아올 테니 신속하게 대안을 준비하라고 지시했다. 그렇게 또 하나의 프로젝트가 멈췄다.

돌아보면 이유는 제각각이었다. 어떤 과제는 외부 요인 때문에, 어떤 것은 내부 동력이 사라져서, 어떤 것은 사업 환경이 변해서 멈출 수밖에 없었다. 이유는 달라도, 회사 입장에서 진정 최선이 무엇일지 고민했고, 그렇게 결정했다.

그럼에도 무언가를 멈춘다는 것은 쉽지 않았다. 부푼 희망을 품고 한참을 달려왔는데, 이제 그만두고 다시 처음으로 돌아가야 한다고 말할 때, 막막하고 불안하고 억울하고 허전하고 쓸

쓸하고, 그렇게 백만 가지 감정이 요동쳤다. 신사업을 잘해보라고 했더니 왜 자꾸 안 된다고만 하느냐 비난을 받을까 걱정이 되기도 했다. 하지만 그 비난이 두려워 잘못된 방향인 줄 알면서 계속 그쪽으로 달릴 순 없었다. 무엇보다 나를 믿고 함께해주는 팀원들 앞에서 부끄러워지고 싶지 않았다.

뭔가를 시작할 때도 용기가 필요하지만, 영혼을 담아 해오던 것을 멈추어야 할 때는 더 큰 용기가 필요하다. 습관처럼 각인된 관성을 깨부수고, 오랜 기대를 내려놓아야 하기 때문이다.

어려운 걸 해내는 것도 성과지만, 정말 아니라면 그만두는 것도 성과다. 그만둘 결심은 희망 고문을 멈추고 더 나은 선택의 기회를 열어준다. 멈추는 용기는 진정성에서 나온다.

언제 마지막으로 오열해 보았는가?

"마치 오늘 밤의 마지막 버스인 것처럼 당신의 열정을 맹렬히 쫓아라." (테리 기예메츠)

지난 2021년 여름, 2020 도쿄올림픽이 끝났다. 코로나로 1년이나 미뤄졌고, 무관중 올림픽이라는 전례 없이 어려운 상황이었지만, 우려했던 것보다는 성공적이었다. 문득 이런 생각이 들었다.

'왜 그렇게 많은 선수들이 눈물을 흘릴까?'

국제대회에서 선수들의 눈물은 낯선 풍경이 아니지만, 이번에는 유독 더 눈에 들어왔다. 그토록 바라던 금메달을 따서 울고, 아깝게 놓쳐서 울고, 동메달이라도 딴 게 어디냐며 고마워서 울고, 실수로 실력을 제대로 발휘하지 못해 아쉽게 탈락했다고 울고... 이유는 달랐지만, 눈물은 똑같이 뜨거웠다.

그중 가장 인상 깊었던 선수는 따로 있었다. 메달을 따지는 못했지만 지난 대회보다 3등이나 올랐다며 "다음에는 꼭 메달을 따겠다."하고 밝은 얼굴로 인터뷰하던 선수. 그는 경기가 끝나서 후련한 듯 밝은 표정이었다. 그런데 리포터가 인터뷰를 마치며 "대회 준비하느라 그동안 고생 많으셨습니다."라고 인사를 하자, 그 한마디에 순간 감정이 북받쳐서 울음이 터졌다. 방금까지 그렇게 환하게 웃던 사람이 갑자기 눈물을 펑펑 쏟았다. 그 장면을 TV 화면으로 보며, 나도 함께 울지 않을 수 없었다.

저 뜨거운 눈물 뒤에 숨어있을 수많은 땀방울과 인고의 시간, 그 간절함은 감히 상상할 수도 없다. "수고했다." 말 한마디에 터져 나오는 눈물은 뼈를 깎는 시간을 견뎌낸 사람만이 안다. 이쯤 되면 승패는 더 이상 중요하지 않다.

문득 궁금해졌다. 회사에서 함께 일하는 우리는 과연 언제 마지막으로 그렇게 울어봤을까?

우리도 전문가다. 운동선수들이 운동으로 하루를 채우듯, 우리는 일로 하루를 채운다. 매일 아침 출근해서 온종일 무언가를 향해 열심히 달리고, 각자의 역할에 맞춰 온 힘을 다해 몰입한다. 매일같이 고민하고, 회의하고, 보고서를 쓰며 분주하게 움직인다. 과연 우리는 무엇을 간절히 바라며 일하고 있는 걸까? 무엇이 이루어질 때 감격의 눈물을 펑펑 쏟을 수 있는걸까?

처음부터 간절하지 않은 사람은 없다. 하지만 조직이 커지며 구조적인 문제가 생겼을 수도 있고, 시간이 흐르며 매너리즘에 빠졌을 수도 있다. 그리고 누적된 실패가 우리를 맥 없는 직장인으로 만들었을지도 모른다. 이유가 무엇이든, 올림픽 선수들의 뜨거운 눈물 앞에 난 더 이상 울지 않는 우리의 삶이 부끄러웠다.

충분히 크게 꿈꾸지 않는 사람에게 열정을 기대할 수는 없다. 리더라면 멤버들이 충분히 큰 꿈을 꿀 수 있게 도와야 한다. 더 큰 대의를 소망할 수 있게 도와야 한다. 매일의 일이 꿈과 어떻게 연결되고, 그들이 오늘 그 꿈에 얼마큼 가까이 다가갔는지 알려주는 것. 그래서 내일 다시 힘내서 전진할 수 있도록 힘을 주는 것. 그것이 리더의 가장 큰 소명이다.

최고의 리더는 멤버들이 더 큰 꿈을 꾸게 하고, 더 간절히 바라게 만드는 사람이다. 나아가 멤버들과 함께 눈물 흘리는 사람이다.

가상 임기로 잡았던 3년이 끝나던 무렵, 나는 회사를 그만두었다. 출근 마지막 날 책상을 정리하고 있는데, 팀장 하나가 노크를 하더니 문을 살며시 열었다. 손에는 와인 박스가 들려있었다.

"어, 왔어? 들어와."

"사업부장님, 정리는 좀 되어 가세요? 정말 잘해보고 싶었는데, 저희가 사고도 많이 치고 맘처럼 잘되지 않았네요. 죄송해요."

변 팀장은 금세 울먹이며 눈시울이 붉어졌다.

"아니야. 내가 부족했지. 변 팀장 마음은 내가 잘 알아. 우는 거 보니까 최선을 다한 거다. 열정적으로 하지 않은 사람은 그렇게 눈물이 나지 않아. 그동안 진심 고마웠다."

내 마음속에도 눈물이 흘렀다. 그게 마지막이었다.

뜨거운 눈물은 실패의 잔재가 아니라 간절함의 증표다. 더 이상 울지 않는 건, 강해져서가 아니라 무뎌졌기 때문이다. 잃어버린 꿈을 되살리는 것이 리더다. 간절함이 살아나면 눈물은 다시 흐르고, 삶은 다시 뜨거워진다.

잘 헤어지기

"지나갔다고 슬퍼하지 말고, 그 일이 있었음에 웃어라." (루트비히 야코보브스키)

거취가 정해지고, 난 이틀을 더 회사에 나왔다. 보통 현대의 임원들은 그런 통보를 받으면 30분 안에 회사를 떠나고 얼굴을 보이지 않는 것이 관례였다. 사무실에 남은 짐은 비서가 중요한 것만 정리해 우편으로 보내 준다. 하지만 나는 그러고 싶지 않았다. 함께 동고동락했던 동료, 선배, 후배들에게 인사는 제대로 하고 싶었다.

"떠나시더라도 자주 연락드릴게요."

"그럼요. 회사 나가더라도 가끔 봐요."

하지만 인생이 그리되지 않음을 잘 알고 있다. 떠나는 사람은 떠나는 대로, 남은 사람은 남은 대로 저마다의 치열한 하루가 기다리고 있을 뿐이다. 먼 훗날 다시 얼굴을 마주할 수 있다면 대단한 인연인거고, 혹시 그렇게 되지 않더라도 이 넓은 우주에서 서로 인생의 궤적이 겹쳤음에 감사할 일이다. 그렇게 생각하니 마음이 편해졌다.

나는 집무실을 천천히 정리했다. 들어올 때의 모습 그대로 돌려놓고 싶었다. 파트너 회사들에게 받았던 선물은 후배들에게 나눠주고, 업무 중 메모했던 노트들과 프린트물은 하나씩 천천히 다시 읽어 보았다. 마지막이라 생각하니 느낌이 새로웠다. 보고서의 한 줄을 쓰기 위해 얼마나 고심했던가? 피식 웃음이 났다. 망설임 없이 모두 찢어 버렸다. 사무실이 비워질수록 내 마음도 가벼워졌다.

떠나기 전날 밤, 사무실에 홀로 남아 사업부 멤버들에게 이메일을 썼다. 썼다 지우기를 여러 번. 전하고 싶은 말은 많았지만, 진심이 전달될 만큼만 남기고 모두 덜어냈다. 그리고 남은 것들을 한 자 한 자 꾹꾹 눌러 적었다.

미안했다. 하루아침에 사업부가 없어져 뿔뿔이 흩어져야 하는 불안함, 어디로 가야 할지 모르는 혼란스러움. 요동치는 마음을 잘 알고 있었다. 오래전 LG에서도 똑같은 경험을 했다. 신임 CEO의 의지로 사업부가 흔들리고 우리팀이 해체된다는 소문이 돌았을 때, 일이 손에 잡히지 않았다. 매일 아침 출근해서는 한 곳에 모여 앞으로 어떻게 될지 웅성이는 게 일상이었고, 얼굴 마주치면 갈 곳은 정해졌는지 서로 묻는 것이 인사였다. 그때는 진실을 솔직하게 말해주지 않던 리더가 원망스러웠다. 나는 그런 리더가 되고 싶지 않았다.

오랜 대기업 생활을 통해 깨달은 게 하나 있다. 큰 회사는 생각보다 튼튼하다는 것이다. 옆을 둘러보면 비효율적인 절차나 불합리한 의사결정이 넘쳐나는 것 같기도 하고, 존경할 수 없는 상사들이 버젓이 승진하며 승승장구하는 것처럼도 보인다. 하지만 회사는 오랜 세월 그 모든 것을 품고도 항공모함처럼 우직하게 우상향하며 조금씩 성장해 왔다. 그래서 쉽사리 방향을 틀지도, 그렇다고 급속히 가라앉지도 않는다. 비효율과 불합리를 덜어낸다면 성장의 기울기가 조금 더 가팔라질 수는 있다. 하지만 100년 기업을 만드는 데에는 속도보다 방향이 훨씬 더 중요한 법이다.

하지만, 우리 개인은 다르다. 회사는 일정 규모의 불합리와 비효율이 용인되지만, 단 한 번뿐인 인생을 살아내는 우리에게는 하루하루가 소중하다.

멤버들이 회사에서 인정받고, 고객에게 감사를 받으며 행복하게 직장 생활을 했으면 했다. 하지만 그렇다고 회사와 인생을 동일시하지는 않기를 바랐다. 오롯이 자신의 하루에 집중해서 즐겁게 지내고, 가끔 돌아볼 때 시간이 아깝지 않은 삶이 되기를 바랐다. 그런 하루의 궤적이 인생이 되고, 유일하게 자신을 사랑하는 방법이 되기 때문이다.

좋은 회사에 다닌다고 모두가 좋은 인생을 사는 것은 아니다. 좋은 인생이란 자신이 책임지고 좋은 하루를 차곡차곡 쌓아가는 것이다. 소중한 인연을 마음 다해 간직하는 것이다. 잘 헤어져야 잘 만날 수 있다.

CHAPTER 2.

LIFE
인생에 관해 내가 깨달은 것들

세상에 별처럼 많은 사람 중
한 줌의 사람들을 마주하며 일평생을 살아간다.
고맙고 아까운 사람도 있었고, 밉고 화가 나는 사람도 있었다.
운명이라 해도 좋고 업보라 해도 좋다.
내가 어떤 자식이 되고, 어떤 부모, 어떤 인간이 될 것인지는
그들이 아니라 오롯이 내 그릇의 크기였다.

행복은 선택이다

"당신이 할 수 있다고 생각하든, 할 수 없다고 생각하든 당신 생각이 옳다."(헨리 포드)

오래전 미국 유학 시절, 마음의 '공명 상자'를 건드리는 광고가 있었다. 마스터카드 광고였다.

한 아빠가 어린 아들과 야구장에 간다. 티켓 28달러, 간식 18달러, 사인볼 45달러. 아들과의 소중한 대화는 Priceless(값을 매길 수 없음). 그리고는 다음 멘트가 나온다.

"세상에는 돈으로 살 수 없는 것이 있다. 나머지는 모두 마스터카드로 사라."

따뜻한 광고였다. 광고를 볼 때마다 어릴 적 아버지와의 추억이 떠올랐다.

내가 일곱 살 무렵이었다. 추운 겨울에 아버지와 나, 남동생 이렇게 셋이 시내에 나갔다. 거리를 걷다가 신발 가게에 들어갔다. 멋진 축구화와 따뜻한 털 구두까지, 아버지는 우리에게 신발을 두 켤레씩 사주었다. 너무 신이 났다. 그 후 아버지는 우리에게 성룡 영화 《취권》을 보여주려 했다. 하지만 나이가 어리다는 이유로 거절을 당했다. 대신 옆 극장에서 상영중인 《터질듯

한 이 가슴을》이라는 야구 영화를 봤다. 재일교포 야구선수 장훈의 일대기를 다룬 영화였는데, 뭔가 슬펐던 것으로 기억한다.

눈이 펑펑 내리던 그날 밤, 얼굴과 발이 꽁꽁 얼어붙을 만큼 추웠지만, 새 신발 두 켤레를 들고 집으로 돌아오던 그 길이 너무 행복했다. 아빠와 처음 극장에서 영화도 보고, 새 신발도 두 켤레나 생긴 최고의 밤이었다.

TV에서 마스터 카드 광고가 나올 때마다 그날의 겨울 밤이 떠올랐다. 괜히 혼자 마음이 뭉클해져서 한국의 부모님께 전화를 드리곤 했다. 세상이 그렇게 따뜻하고 아름답게 보일 수가 없었다. 내 마음을 그렇게 흔드는데 광고 30초면 충분했다.

오래전 회사 동료의 아버지가 갑작스럽게 돌아가신 일이 있었다. 췌장암이었다. 몇 달 전 건강검진에서도 아무 이상이 없었던 아버지가 갑자기 세상을 떠나자 동료는 황망해했다. 이야기를 들어보니 췌장암이란 게 그런 거였다. 자각 증상이 거의 없고, 기껏해야 체중이 줄거나 가끔 복부 통증이 나타나는 것이 전부였다. 그러다 보니 조기 발견이 어렵고, 발견했을 땐 이미 손쓸 수 없는 말기인 경우가 많았다. 그래서 췌장암을 '죽음의 암'이라고 불렀다.

동료의 말을 듣는데 기분이 이상했다. 하필 그 시기, 이유 없이 내 체중이 8kg이나 줄고 허리 사이즈도 2인치나 줄었다. 가끔 명치끝이 아프고 신물이 넘어오는 적도 많았다. 프로젝트로 인한 스트레스 탓이라 넘겼지만, 점점 불안해졌다. 게다가 큰아버지가 얼마 전에 췌장암으로 돌아가셨다는 사실도 문득 떠올랐다. 가족력이 있는 것이다. 작년 건강검진에서 아무 문제가 없었으니 괜찮겠지 마음을 잡다가도, 검진 이후 병이 급격히 진행되었다는 회사 동료 아버지를 생각하니 다시 불안해졌다.

'내일이라도 병원에 가봐야 하나? 혹시 안 좋은 결과가 나오면 어떻게 하지? 아직 애들도 어린데 미안해서 어쩌지? 부모님께는 죄송해서 뭐라고 말하지?'

한번 의심의 꼬리를 물자 불안한 생각은 금세 폭주했다. 순식간이었다. 비극적 시나리오로 방향을 정한 내 머리는, 순식간에 췌장암에 걸려 사랑하는 가족들을 두고 세상을 떠나는 40대 가장으로 나를 만들었다. 1분도 안 돼서 나는 세상에서 가장 불행한 비극의 주인공이 되었다.

다행히 건강검진 결과는 문제없었다. 오히려 과체중이 정상으로 돌아왔으니 지금처럼 관리만 잘하면 된다고 했다. 안도하면서도 내가 얼마나 빠르게 불행한 상상을 했는지, 스스로 머쓱해 했다.

마음은 내 생각의 가장 열렬한 지지자다. 행복한 추억이든, 불행한 상상이든 늘 내 편이다. 신호만 주면 마음은 순식간에 저 멀리까지 달려가 나를 기다린다. 살을 더하고 근거를 모아 내 생각이 맞다고 온전히 지지해준다. 나는 그저 생각의 방향을 정하기만 하면 된다. 나머지는 마음이 다 한다.

우리는 행복이라는 호롱불을 들고 어둠 속에서 빛을 찾아 나선 사람들이다. 처음부터 빛은 우리 손에 들려 있었다. 행복은 선택이다.

원더풀 라이프

"지금 이 순간을 행복하게 여겨라. 그게 바로 당신의 인생이다."(오마르 하이얌)

"당신 기억 속의 나, 아직도 사랑입니까?"

한 일본 영화의 포스터에서 이 문장을 처음 봤을 때, 한참을 그 앞에 멈춰 서 있었다. 짧은 카피였지만 진한 여운이 남았다.

영화 《원더풀 라이프》는 고레에다 히로카즈(是枝 裕和) 감독의 작품이다. 그는 원래 다큐멘터리 연출가였다. 이 영화에서도 그런 특유의 시선이 고스란히 드러난다. 실제 영화는 조용하고 담담하게 흘러간다. 일부 출연자는 배우가 아닌 일반인이기도 했다.

영화의 설정은 독특했다. 사람들이 죽고 나면 천국이나 지옥으로 가기 전 7일 동안 '림보'라는 공간에 머무른다. 그곳에서 자신이 살아온 삶을 되돌아보며, '영원히 기억하고 싶은 단 하나의 순간'을 선택하라는 요청을 받는다. 선택된 장면은 림보의 직원들이 연극처럼 재현해준다. 그러면 망자는 나머지는 모두 잊고 그 기억 하나만을 가지고 떠난다.

극적인 전개나 자극적인 장치 없이, 영화는 오직 죽은 자들의 사연에만 집중한다. 놀이기구를 타고 내려오던 순간을 고른 여고생, 빨간 구두 노래에 맞춰 춤추던 어린 시절을 떠올린 할머니, 구름 사이를 날던 비행기 조종 경험을 잊지 못하는 중년 남성, 짝사랑하던 소녀의 가방에서 들리던 인형 방울 소리를 떠올리며 미소 짓던 청년까지. 모두 특별하지는 않지만, 각자의 이야기를 가진 보통 사람들이다.

그중 내 마음을 깊이 흔든 인물이 있다. 와타나베 이치로, 71세. 그는 철강회사 임원으로 정년퇴직을 했고, 사랑하는 아내와의 결혼 생활도 만족스러웠다. 자녀는 없었지만 큰 아쉬움은 없었다. 하지만 막상 기억하고 싶은 순간을 고르라고 하자, 쉽게 결정을 하지 못했다. 그는 림보 직원의 안내로 자신의 삶을 돌아볼 기회를 갖게 되었고, 71년의 생애가 담긴 71개의 비디오테이프를 모두 돌려본 후 말했다.

"젊었을 땐 친구들에게 자주 말했죠. 이 세상에 살았다는 증거를 남기고 싶다고. 그냥 평범하게 살다 죽는 건 싫다고. 사회적으로 어느 정도 성공해서 자신감도 있었고, 이만하면 행복한 인생이 아니었나 싶었는데, 막상 돌아보니 아니었어요. 그만그만한 학력, 그만그만한 직장, 그만그만한 결혼, 그만그만한 노후. 그저 그만그만한 인생이었네요."

그의 고백을 들으며 먹먹해졌다. 남들이 보기엔 성공적인 삶이었지만, 스스로 기억하고 싶은 장면 하나 떠오르지 않는 인생. 그의 말에 문득 나 자신을 돌아보게 됐다. 나라면 과연 어떤 순간을 고를 수 있을까? 묵직한 질문이었다.

나는 영화를 보면서 두 가지 깨달음을 얻게 되었다.

가장 먼저, 인생의 행복은 거대한 사건이 아니라 소소한 것들의 집합체라는 것이다. 진정한 행복은 영화에서처럼 드라마틱한 우연이나 극적인 행운에서 오지 않는다. 오히려 일상 속에서 우연히 마주치는 작은 감정들 속에 숨어있다.

예를 들면 이런 순간이다. 학생 시절, 방학을 앞둔 기말고사 마지막 날, 시험 후 집에 돌아와 선풍기를 틀고 소파에 누워 영화를 틀었는데, 졸음이 밀려와 그냥 켜둔 채 낮잠에 빠져들던 그 여름날 오후의 해방감. 연애 시절, 로맨틱한 저녁 식사를 마치고 집에 데려다 주러 함께 걷던 골목길, 손끝이 닿을 듯 말 듯 스칠 때 온 신경이 곤두서서 솜털까지 느껴지던 그 순간의 설렘. 부모가 되어 놀이공원에서 아이들과 온종일 깔깔거리며 놀다가 돌아오던 밤, 차 안에서 쌔근쌔근 잠든 아이들 모습에 서로의 눈을 바라보며 빙긋이 미소 짓던 흐뭇함. 이런 소소한 기억이 행복이다. 일상에서 이런 소중한 감정을 알아채는 여유와 감사하는 습관이 필요하다.

그 다음은, 후회 없는 삶은 그만그만한 만족을 경계할 때 온다는 것이다. 인생은 한 번뿐이다. 지나치게 욕심부릴 필요는 없지만, 내 한계를 알지도 못한 채 멈추는 건 불행한 일이다. 도전하지 않고 편안함만을 추구한다면 결국 후회로 남는다. "이만하면 됐지." 이 말이 가장 위험하다.

무탈하게 사는 것이 전부는 아니다. 위험을 피하려 바닥에 바짝 엎드려 산다고 한들, 최선의 경우 무덤에 상처 없이 안전하게 도착할 수는 있겠지만, 그게 삶의 목표가 될 수는 없는 것 아닌가? 조금은 지쳐도, 가끔은 다쳐도, 나만의 무언가에 한 번은 푹 빠져봐야 한다. 와타나베처럼 그만그만하게 살 게 아니라 인생을 한번 엎질러봐야 한다. 실패해도 괜찮다. 아픈 경험일수록 우리 삶은 더욱 단단해진다.

처음에는 이 두 가지 생각이 모순처럼 느껴졌다. 소소함을 추구하면서도 도전을 이야기하는 게 어딘가 충돌되는 듯했다. 하지만 곱씹어보니 이 둘은 서로를 보완하는 진리였다.

한 번뿐인 인생, 밋밋하고 안전하게만 살 것은 아니다. 후회 없이 뭔가에 푹 빠져봐야 한다. 하지만 행복은 그 끝에 뭔가를 성취했을 때만 찾아오는 게 아니라, 험난한 여정 속에 숨어있다는 것을 기억해야 한다. 그걸 발견할 마음의 자세만 있으면 된다.

《원더풀 라이프》는 무언가를 콕 찍어 말해주지는 않았다. 대신 마음 깊숙이 질문 하나를 남겨주었다. 그리곤 천천히 따라가라고, 북극성을 띄워 주었다. "당신의 원더풀 라이프는 어떤 순간인가?"

도전 없는 삶은 평탄하지만 공허하다. 아무리 뜨거운 여정이었어도 작은 기쁨을 느끼지 못한다면 피로만 남는다. 우리가 원하는 인생은 '안전한 실패'가 아니라, '뜨거운 시도'와 '소소한 기쁨'이 공존하는 여정이다.

　　CHAPTER 2. LIFE | 인생에 관해 내가 깨달은 것들

기회는 악마의 얼굴을 하고 찾아온다

"위기는 그 전에는 할 수 없다고 생각했던 일을 해낼 기회다." (람 엠마뉴얼)

내 삶이 송두리째 바뀐 건 그날 밤이었다.

2016년 겨울의 어느 날, 발을 심하게 다쳤다. 높은 곳에서 떨어져 발뒤꿈치 뼈가 으스러졌는데, 살을 뚫고 나온 뼈 위로 선홍색 피가 흘렀다. 구급대원은 머리부터 떨어졌다면 죽을 수도 있었다며, 살아 있는 게 기적이라고 했다.

응급실에 도착하자 인턴 의사가 내 발 상태를 보더니 태연하게 말했다.

"이런 개방형 골절은 감염의 위험이 커서 발을 절단해야 할 수도 있습니다. 자세한 건 좀 더 검사를 해봐야 알 수 있습니다."

청천벽력이었다. 결과가 나오기까지가 영원 같았다. 다행히도 감염은 아니었다.

20년 넘게 발 수술만 해온 베테랑 의사 선생님이 수술을 맡았다. 그도 이렇게 심한 골절은 처음 보았다며, 완치는 장담 못하지만 최선을 다하겠다고 했다. 며칠 후 전신마취로 수술을 받았다. 눈을 떠보니 병실이었다. 수술은 무사히 끝났고, 열흘 정도 입원해 경과를 지켜보자고 했다. 움직일 수 없는 상태라 간병인이 필요했는데, 아버지가 흔쾌히 간호를 맡아 주신다고 했다.

그 날 이후 아버지는 매일 아침 7시 반이면 정확히 병실에 도착했다. 택시비는 오차 없이 4,700원이 나오는데 항상 6,000원을 먼저 준비했다가 드린다고 했다. 1,300원이 별 게 아닌데, 아침마다 기사님이 기뻐하는 게 보기 좋다고 했다. 생경한 아버지의 모습이었다.

그러다 문득 당신 이야기를 꺼내셨다. 젊은 시절 은행장이 되는 게 꿈이었지만 이루지 못해서 아쉬웠다고. 그래도 지금은 자식들에게 손 벌리지 않고 충분히 잘살고 있으니 그러면 된 거 아니냐고. 그 말씀을 듣는데 울컥하는 감정이 솟았다. 평생을 살면서 아버지와 이런 속 깊은 대화는 처음이었다.

아버지는 내가 밥 먹고, 씻고, 화장실 가는 일까지 모든 걸 챙겨주셨다. 난 다시 갓난아이가 되었다. 죄송한 마음에 아버지께 말씀드렸다.

"다 큰 아들 때문에 아버지가 고생하시네요. 죄송해요."

"아니야. 어렸을 때 너희들 돌보던 시간이 정말 좋았는데 너무 금세 커버렸어. 다시 한번 아빠 노릇 할 수 있는 기회를 줘서 내가 오히려 고맙다."

눈물이 났다. 늘 존경해왔지만, 정작 나는 아버지를 잘 몰랐던 것 같았다. 이번 일이 아니었다면 아버지를 영영 알지 못했을지도 모른다. 그렇게 생각하니 아찔했다. 이제라도 이렇게 아버지를 알게 된 게 축복이었다.

　퇴원 후에도 한동안은 출근을 하지 못했다. 척추에도 이상이 생겨 3개월을 휴직하고 하루종일 침대에 누워 지냈다. 난생처음 무료함과 맞닥뜨렸다. 처음엔 불안했다. 빠르게 흐르는 세상에서 나만 홀로 멈춘 것 같았다. 빨리 회복해서 낭비한 시간을 따라잡아야 할 것만 같았다. 하지만 내가 할 수 있는 건 기다림뿐이었다. 멈춰진 시간이 필요했다.

　온전히 3개월을 뒤처졌다고 생각하면 두 배의 속도로 뛰어야 했지만, 다른 길로 갈아탔다고 생각하니 속도는 더 이상 의미가 없었다. 그렇게 조급함을 걷어내니 마음이 편해졌다. 세상에서 가장 느리게 사는 40대가 된 것 같았지만, 그래도 괜찮았다.

　덕분에 잠도 많이 잤다. 하루를 온전히 느끼다 보니, 밀린 책을 읽고, 좋아하는 음악을 들으며, 비 오는 창밖을 내다보는 소소한 일상이 새삼 소중했다. 매 순간이 감사하는 시간이었다.

　감사에 필요한 건 풍요가 아니라 여유였다. 회사에 다닐 때는 보이지 않던 게 보이고, 들리지 않던 게 들렸다. 다치지 않았더라면 가지 않았을 길에서 우연히 소중한 보물 상자를 발견한 느낌이었다.

　5월 초, 어느 햇살 좋은 평일 오후에 가족들과 함께 바람을 쐬러 나갔다. 다쳤을 때가 겨울이었는데 어느새 봄이 와있었다. 큰아이가 내 휠체어를 밀어주고, 아내는 커뮤니티센터 카페에서 아메리카노와 베이글을 사왔다. 우리는 테이블에 앉아 소소한 대화를 나눴고, 아이들은 뭐가 그리 좋은지 깔깔거리며 사방을 뛰어다녔다. 그 순간 이런 생각이 들었다. '평일 오후의 햇살이 이런 거였구나. 우리 아파트에 멋진 인공폭포도 있었네. 아이들도 그새 많이 컸구나.' 그 복합적인 느낌이 너무 소중했다.

그날 밤, 난 아내에게 말했다.

"오늘 너무 재밌었어. 고마워."

그 말을 들은 아내가 나를 한참 쳐다보더니 이내 울먹였다.

"그렇게 활동적이던 사람이 왜 그래? 겨우 아파트 단지 돌아본 거 가지고..."

맞는 말이었다. 방금 내가 한 말이 너무 웃겼다. 우리는 누가 먼저라 할 것도 없이 서로를 바라보며 웃기 시작했다. 배꼽이 빠져라 한참을 크게 소리 내어 웃었다. 이상하게도 멈출 수가 없었다. 그리고는 함께 엉엉 울었다. 신기한 경험이었다.

인생에서 이런 경험은 흔치 않다. 평범한 일상도 가슴을 뛰게 하고 마음을 따뜻하게 한다. 하지만 이런 경험을 해보자고 일부러 발을 부러트릴 수는 없는 것 아닌가? 내가 할 수 있는 건 이미 벌어진 일을 통해서 얻을 수 있는 소중한 경험을 발견하는 것이다. 그 일이 아니었다면 가지 않았을 그 길에서 따뜻한 시선과 행복의 감정을 온전히 받아들이는 것이다.

후회와 자책이던 날들이 보물 같은 하루하루로 바뀌어 가고 있었다. 응급실에서 발을 절단할 수도 있다는 말을 들었을 땐 절망적이었다. 인생 최대의 위기라고 생각했다. 하지만 그땐 알지 못했다. 평생을 잘 모르고 지냈던 아버지를 다시 만날 줄 몰랐고, 가족들과의 일상에서 소소한 행복을 감각적으로 느끼게 될 줄 몰랐다. 그렇게 슬그머니 기회가 찾아온 줄 몰랐다.

빌런이 강해야 영화가 재미있는 법이다. 행복은 악마의 얼굴을 하고 찾아온다. 예상치 못한 불행이 찾아왔을 때, 그때가 기회다. 상상도 못했던 의외의 행복을 발견할 수 있는 절호의 기회 말이다.

공정과 상식

"절대적인 자유는 정의를 조롱하고, 절대적인 정의는 자유를 부정한다." (알베르 까뮈)

"소고기 사주는 사람을 주의하세요. 대가 없는 소고기는 없습니다. 순수한 마음은 돼지고기까지예요."

삼겹살집 하남돼지집에 쓰여있는 문구를 보고 뿜었다. 이런 문장은 도대체 누가 만드는 걸까? 어디서 특별한 수업을 받는 건 아닐까? 이걸 보니 1990년대 후반 미국 유학 시절이 떠올랐다.

처음 미국으로 유학을 가서는 영어를 제대로 배워보겠다고 도서관에서 일했다. 그때 함께 일하던 친구 중에 헝가리에서 온 친구가 있었는데, 일을 뚝 부러지게 잘해서 외국인인데도 학생 수퍼바이저 자리에 오른 친구였다. 하루는 그 친구가 나를 보더니 물었다.

"미국은 왜 소고기가 돼지고기보다 비싸지?"

질문을 잘 못 들은 줄 알았다. 당연히 소고기가 돼지고기보다 비싼 거 아닌가? 그녀는 헝가리에서는 돼지고기가 소고기보다 더 비싸다고 말했다. 그게 당연한 거 아니냐고, 미국은 좀 이상하지 않느냐고 했다. 순간 나는 말문이 막혔다. 상식이라고 믿었는데 반대로 의견을 물으니 난감했다. 그리곤 점점 헷갈리기 시작했다.

그러면 우리나라에서는 왜 소고기가 돼지고기보다 비싼 거지? 한 번도 그 이유를 진지하게 생각해 본 적이 없었다. 그냥 그게 상식이려니 하고 살았다. 그런데 그녀의 말을 듣고, 꼭 그렇지 않을 수도 있겠다는 생각이 처음으로 들었다.

그때 깨달았다. '상식이라 믿어 왔던 게 국가와 문화만 달라져도 바뀔 수 있구나. 당연한 게 당연하지 않을 수도 있구나.'

어렸을 때는 좌측통행을 하는 것이 공중도덕이라 배웠고 모범생일수록 잘 지켰다. 하지만 언젠가부터 우측통행을 하는 것이 상식으로 바뀌어 있었다. 맞춤법도 신경 써서 외웠고 틀리지 않게 쓰려고 노력해 왔는데, 바뀐 문법을 모르고 계속 틀리게 써왔다는 것도 얼마 전에 알게 되었다. 시대의 변화에 깨어 있지 않으면 도태된 상식에 집착하다가 나도 모르게 비상식적인 사람이 될 수 있다. 아이러니하게도 애써 노력하는 사람일수록 더욱 그렇다.

얼마 전 영화 《로비》를 보았다. 전기차 충전 기술을 개발하는 스타트업 대표 하정우가 국책 과제에 채택을 받기 위해 공무원들을 모시고 골프장에 갔다. 기술력으로만 승부한다면 자신 있었던 그가 해당 부서 국장에게 말했다.

"압도적인 기술력이 필드에 나갈 기회조차 얻지 못할까 봐 걱정입니다. 특혜는 바라지도 않습니다. 카트에만 태워 주십시오."

그러자 국장은 다음과 같이 말했다.

"차라리 특혜를 바라세요. 특혜라는 건 누구 하나 편들어 주면 됩니다. 간단해요. 그런데 공정이라는 건 그렇지 않아요. 이건 뭐, 룰도 만들어야지. 심판도 정해야지. 그런데 그 과정에서 또 불공정하다는 이야기들이 나와요. 생각보다 간단치가 않습니다. 그래서 세상은 항상 누군가에겐 불공정하다는 거예요."

순간의 풍자로 지나가는 대사였지만 깊은 잔상이 남았다.

공정과 상식. 살다 보니 알게 되었다. 우리가 믿어왔던 '공정과 상식'은 절대적인 진실이 아니었다. 나라가 바뀌고, 문화가 바뀌고, 시대가 바뀌고, 입장이 바뀌면 언제고 180도 바뀔 수 있는 상대적인 개념이었다.

내가 몰상식하다고 비난했던 사람이 옳고, 오히려 내가 틀릴 수도 있다. 공정하다고 믿고 일생을 지켜왔던 나의 기준이 누군가에게는 최악의 불공정한 생각과 행동일 수도 있다.

끊임없이 돌아봐야 한다. 나 자신의 내면을 돌아보는 것도 중요하지만 밖을 둘러봐야 한다. 멀리서 바라보는 보편적인 사회의 인식은 어떤지 객관적으로 볼 수 있어야 한다. 공정과 상식이라는 이름으로 잘못된 토끼굴(Rabbit Hall)에 빠지지 않도록 늘 깨어 있어야 한다.

영원히 상식적인 것은 없다. 누구에게나 공정한 것도 없다. 항상 상식적이고 모두에게 공정한 사람은 못 되어도, 상대적으로 유연한 사람은 될 수 있다.

익숙함의 밖으로 나가라

"당신이 원하는 모든 것은 당신의 안전지대 바로 밖에 있다."(로버트G. 앨런)

메타의 창업자 마크 저커버그는 옷장에 똑같은 회색 티셔츠만 있다고 했다. 왜 항상 같은 옷만 고집하는지 묻는 질문에 매일 입을 옷을 고르는 사소한 결정에 에너지를 낭비하지 않으면, 더 중요한 판단에 집중할 수 있다고 답했다. 사람들은 그의 철학에 감탄했고, 나도 그의 사고방식에 깊은 인상을 받았다. 하지만, 나는 그렇게 살고 싶지 않았다.

삼성에서 미국으로 장기 출장을 자주 갔다. 그때 내 캐리어 안엔 늘 흰색, 회색, 검은색 옷만 있었다. 특별한 고민 없이 어떤 조합으로 입어도 무난했고, 그런 무채색이 나와 잘 어울린다고 믿었다. 어느 주말, 쇼핑몰에 갔다가 내가 좋아하는 바나나 리퍼블릭의 셔츠가 1+1 세일 중인 걸 발견했다. 평소 같았으면 검정이나 회색 셔츠를 두 장 골랐겠지만, 이상하게도 이번엔 다르게 해보고 싶었다. 평소에는 절대 고르지 않을 색깔을 한번 사볼까 하는 생각이 들었다. 고민 끝에 검정색과 와인색 셔츠를 하나씩 집어 들었다. 붉은빛에 검은 잉크 몇 방울을 떨어뜨린

듯한 색이었는데, 평소엔 내 돈 주고는 절대 사지 않을 것 같은 색이었다.

다음 날, 누군가를 만날 약속이 있었다. '어차피 다시 볼 것도 아닌데.' 생각에 용기를 내서 와인색 셔츠를 입고 나갔다. 그런데 그 사람이 나를 보자마자 말했다.

"와인색이 무척 잘 어울리시네요."

기분이 묘했다. 내심 어색했는데 그 한마디에 어색함이 풀리고 자신감이 생겼다. 내 고정관념이 얼마나 쉽게 깨질 수 있는지 실감한 순간이었다. 이어서 옷뿐만 아니라 다른 안 해 본 것들도 시도해 봐야겠다는 생각이 들었다. 옷장 속에 색 하나가 추가되었을 뿐인데, 뭔가 삶이 더 풍부해진 것 같았다. 내 마음엔 신선한 바람이 일었다.

사람은 본능적으로 루틴을 만든다. 반복은 익숙함을 낳고, 익숙함은 편안함을 준다. 특히 직장인은 더하다. 정해진 출근 시간 덕분에 본의 아니게 규칙적이게 된다. 매일 아침 같은 시간에 일어나 출근하고, 일하다가 보면 퇴근 시간이 되고. 그리고 퇴근 후에는 넷플릭스나 스마트폰을 보다가 잠이 들고, 이렇게 다섯 번 반복하면 주말이 온다. 주말에는 밀린 집안일을 하거나 경조사도 쫓아 뛰어다닌다. 금세 다시 월요일. 그렇게 한 달, 일 년. 잘도 흘러간다.

규칙적인 루틴 덕분에 우리는 성실한 사람이 되고, 안정적인 삶을 살 수 있다. 저커버그처럼 사소한 것까지 단순화하면 삶은 더욱 효율적으로 돌아간다. 하지만 그러한 루틴 효율화에는 치명적인 단점이 있다. 바로 기억할 만한 하루가 사라진다는 것.

누구에게나 하루는 똑같은 24시간이지만, 지난 후 돌아보는 기억 속의 하루는 다르다. 인간의 뇌가 그리 만든다. 새롭고 낯선 경험은 시냅스를 새로 연결해 기억의 방을 만들지만, 반복되는 일상은 자동 처리하고 압축 저장한다. 매일 출입하는 현관문의 색깔이 헷갈리기도 하고, 집 도어록 번호도 막상 종이에 적으려 하면 잘 기억나지 않는다. 근육이 기억하니 뇌는 굳이 기억할 필요가 없기 때문이다. 반복되는 인생의 장면을 우리 뇌는 애써 기억하지 않는다.

하지만 새로운 경험이 가득한 날은 다르다. 새로운 사람을 만나고, 처음 가보는 곳에 가고, 평소에 먹지 않았던 음식을 먹고, 신선한 감정을 느낀 하루는 길게 남는다. 밤에 침대에 누우면 아침이 까마득할 때가 있다. 하루밖에 지나지 않았다는 것이 도저히 믿기지 않을 때가 있다. 그런 하루하루가 쌓이면 삶의 밀도가 달라진다.

반복되는 일상이 무료해지고, 퇴근 시간을 기다리며 시계만 힐끔거리는 나를 발견할 때가 있다. 그때는 돌아보라. 처음 합격 통보받았을 때의 설렘을. 첫 출근 날 느꼈던 긴장과 자부심을. 첫 발표를 무사히 마친 날 저녁 동기들과 마셨던 생맥주의 맛을. 지금도 그때와 달라진 건 없다. 달라진 게 있다면 그 모든 게 익숙해져 버린 나 자신뿐이다.

익숙함에서 벗어나야 한다. 일상에 새로운 경험을 추가해야 한다. 새로운 사람들을 만나고 새로운 주제를 공부해 보라. 책장 위에 먼지만 쌓여 있던 클래식 음반을 틀어보라. 점심시간엔 새로 오픈한 식당에 가보고, 서점에 들러 낯선 장르의 책을 골라보라. 일도 어떻게 다르게 할 수 있을지 고민해 보라. 조금 돌아가더라도 안 가본 길로 퇴근해 보라.

중요한 건 내 삶의 요소들을 자꾸 의도적으로 바꿔보는 것이다. 작은 변화라도 뇌는 즉시 반응한다. 낯선 경험을 감지하고 기억의 방을 새롭게 만든다. 하루는 그렇게 다시 '기억하고 싶은 시간'이 되고, 삶은 그렇게 풍성해진다.

사랑하는 사람과의 관계도 마찬가지다. 매일 함께하는 가족이 어느 순간 무덤덤하게 느껴질 때가 있다. 늘 내 편이라는 안도감과 있는 그대로 보여줄 수 있다는 편안함이 당연한 권리가 될 때는, 익숙함에서 한 발짝 나와보라.

평소에는 가지 않던 근사한 음식점을 예약하라. 집에서 함께 출발하지 말고 사람들이 붐비는 거리에서 만나 보라. 카톡으로 언제 오냐고 묻지 말고, 먼저 가서 기다리며 오가는 사람들 속에서 상대가 환하게 웃으며 걸어오는 모습을 그려보라. 오래전 첫 데이트처럼 가슴이 뛸지도 모른다. '이 사람이 이랬었나?' 밖에서 마주한 그 사람 모습이 조금은 달라 보일지 모른다.

식사 후 함께 집에 돌아와도 좋지만, 가끔은 그 자리에서 일부러 헤어져 보라. 인사하고 돌아서서 인파 속으로 사라지는 뒷모습을 보면, 마음은 애잔해진다. 더 이상 매일 당연히 집에서 만나던 그 사람이 아니다. 낯선 곳에서 만나고 낯선 곳에서 헤어지는 것만으로도 익숙함 속에 잠들어 있던 애틋함이 고개를 들 것이다.

루틴이 나쁜 것은 아니다. 익숙한 루틴에만 머물러 삶을 무디게 만드는 것이 나쁜 것이다. 그럴 때는 다시 새로운 루틴을 만들면 된다.

효율성이 주는 안도감과 이별하라. 익숙함이 주는 달콤함에서 탈출하라. 삶에는 효율성이나 익숙함보다 더 소중한 무언가가 있다. 익숙함의 밖으로 나가보면 알 수 있다.

행운을 기획하라

"행운이란 준비가 기회를 만났을 때 일어나는 것이다." (세네카)

세상은 평범한 사람들과 어느 정도 성공했다고 평가받는 사람들로 이루어져 있다. 평범하게 사는 사람은 운이 없었을 가능성이 크고, 성공한 사람은 운이 따랐을 가능성이 크다. 불공평하게 들리지만, 사실이다. 그게 세상이다. 그리고 여기서 말하는 운이란 로또에 당첨되거나, 우연히 보물지도를 주워 억대 재산을 얻는 식의 요행이 아니다. 오히려 그런 우연적인 사건들과는 정반대에 있다.

진정한 운은 실력의 이면이다. 남모르게 닦아온 탁월한 실력 위에 '내가 통제할 수 없는 변수'가 한 방울 더해질 때, 우리는 그것을 운이라 부른다. 따라서 '운칠기삼'은 틀린 말이다. 마지막 한 방울 운이 더해지지 않으면, 노력이 3할이 아니라 9할이라도 소용이 없다.

2003년, 로또가 처음 나왔을 때 광풍이 불었던 적이 있다. 온 대한민국이 토요일마다 희망에 부풀었고, 뉴스도 온통 로또 이야기였다. 온 국민을 '한탕주의'로 몰고 간다는 비난까지 나왔다. 당첨 번호를 연구하는 동호회가 생겼고, 소위 '명당'이라 불리는 복권 판매점 앞에는 매주 긴 줄이 이어졌다. 어느 날 뉴스에서 줄 서 있는 한 시민과 인터뷰하는 장면이 나왔다.

"마감 시간이 다 되었네요. 동호회 사람들 번호를 다 받아왔는데 마킹을 못할까 봐 걱정입니다. 밤새 연구하고 토론했어요. 최선을 다한 만큼 꼭 좋은 결과가 있었으면 좋겠습니다."

확신에 찬 인터뷰였다. 거의 사이비 종교 수준이었다. 난 실소를 금할 수 없었다. 운은 절대로 그렇게 오지 않는다. 그런 수고로는 아무런 실력도 자라나지 않기 때문이다.

운을 치밀하게 준비한 한 사람이 있다. 바로 오타니 쇼헤이(大谷 翔平). 그는 메이저리그 역사상 전설적 투타겸업 선수로 15승 30홈런이라는 경이적인 성적과 함께 역대 최고 연봉 계약까지 이뤄낸 기적의 사나이다. 이미 실력으로는 지구인이 아니라는 얘기가 나올 정도다.

그는 19살 때부터 '만다라트(Mandal-Art)'라는 도구를 활용해 목표 관리를 했다. 만다라트는 'Manda(본질) + La(달성)+ Art(기술)'의 합성어로 목표 달성 계획을 정리한 표를 말한다. 중앙에 궁극적 목표를 적고, 그 주변에 8개의 소(小) 목표를 배치한 다음, 각 소 목표마다 구체적인 실행 방안을 적는다. 오타니는 한가운데에 '8개 구단 드래프트 1순위'라는 목표를 적었다. 그 주위에는 이를 이루기 위한 다양한 소 목표를 적었다. 놀라운 것은 소 목표 중 하나에 '운(Luck)'을 적었다는 것이다. 19살의 나이에 성공을 위해 운이 필수임을 알고 있었다.

더 놀라운 건, 운을 얻기 위해 그가 설정한 실행 항목들이다. 인사 잘하기, 경기장 쓰레기 줍기, 심판에게 예의 지키기, 책

몸 관리	영양제 먹기	FSQ 90kg	인스텝 개선	몸통 강화	축 흔들리지 않기	각도 만들기	공 위에서 던지기	손목 강화
유연성	몸 만들기	RSQ 130kg	릴리즈 포인트 안정	제구	불안정함 없애기	힘 모으기	구위	하체 주도
스테미나	가동력	식사 저녁 7수저 아침 3수저	하체 강화	몸을 열지 않기	멘탈 컨트롤 하기	공 앞에서 릴리즈	회전 연습	가동력
뚜렷한 목표 의식	일회일비 하지 않기	머리는 차갑게 심장은 뜨겁게	몸 만들기	제구	구위	축 돌리기	하체 강화	체중 증량
핀치에 강하게	멘탈	분위기에 휩쓸리지 않기	멘탈	8개 구단 드래프트 1순위	볼스피드 160km/h	몸통강화	볼스피드 160km/h	어깨 주위 강화
마음의 파도 안 만들기	승리에 대한 집념	동료를 대하는 태도	운	인간성	변화구	가동력	라이너 캐치볼	피칭 늘리기
인사 잘하기	쓰레기 줍기	부실 청소하기	감성	사랑 받는 사람 되기	계획성	카운트볼 늘리기	포크볼 완성	슬라이더 구위
물건 소중히 사용하기	운	심판 존중하기	배려	인간성	감사하기	느린 낙차 있는 커브	변화구	좌타자 결정구
플러스 사고	응원 받는 사람 되기	책 읽기	예의	신뢰 받는 사람 되기	지속력	직구와 같은 폼으로 던지기	스트라이크 던지기	거리 이미지 트레이닝

오타니 쇼헤이가 19세 때 만든 만다라트

읽기, 물건 소중히 다루기. 전혀 거창하지 않다. 오히려 아주 소소하다. 탁월한 실력에 더해, 친절하고 겸손하며 예의 바르고 모범적인 사람이 되겠다는 것이다. 운은 그런 사람에게 온다고 믿었고, 그는 그것을 악착같이 실천했다.

오타니에게 만다라트를 처음 권했던 고등학교 은사 사사키 히로시 감독은 그에게 이런 말을 남겼다.

"쓰레기는 앞사람이 버리고 간 행운이다. 네가 줍는 순간, 그건 네 행운이 될 것이다."

메이저리그 최고의 선수가 된 지금도 오타니는 경기장 주변 쓰레기를 그냥 지나치지 않는다. 아직도 끊임없이 행운을 줍고 있는 셈이다.

그가 타석에 들어설 때마다 심판과 상대 감독에게 고개 숙여 인사하는 장면은 이미 팬들 사이에 유명하다. 이제는 상대 감독들도 그가 나오면 주시하며 인사를 받아줄 준비를 한다. 단순한 제스처일 뿐이지만, 그 안에는 사람을 감동시키는 예의와 품격이 담겨 있다. 이를 본 어느 캐스터는 이렇게 말했다.

"누가 이 선수를 사랑하지 않을 수 있을까요?"

100년 만에 나온 메이저리그 기적의 사나이는 우연히 탄생한 것이 아니라, 운을 치밀하게 기획하고 철저하게 실천한 결과로 따라온 것이다.

운은 종종 우연처럼 보이지만, 실은 누군가 나에게 기회를 연결해 준 결과일 때가 많다. 만약 누군가가 야구선수 한 명만 추천해 달라고 한다면, 스카우터는 누굴 먼저 떠올릴까? 세상에 야구 잘하는 사람은 많지만, 거기에 인성, 태도, 신뢰감까지 갖춘 사람이라면 어떤가?

기회는 '남'이 주는 것이고, 그 기회가 왔을 때 해내는 것은 '나'의 몫이다.

행운을 기획하라. 요행을 바라지 말고, 지루함을 견디며 실력을 쌓아라. 그리고 기회를 받을 만한 사람이 되어라. 운은 의외의 순간에 갑자기 온다. 남들 눈에는 '벼락 행운'이지만, 내게는 기다림 끝에 찾아온 '반가운 손님'이다.

　　　CHAPTER 2. LIFE | 인생에 관해 내가 깨달은 것들

공수표 거두기

"관심 있는 척할 수는 있지만, 참석한 척할 수는 없다." (조지 L. 벨)

MIT에서 MBA 과정을 마친 지 2년 반쯤 지났을 때였다. 초겨울 어느 날, 함께 공부했던 일본 친구 7명이 한국을 방문했다. '슬론 펠로우 2011 아시아 동창회'라는 이름으로 한국에서의 첫 만남이 이루어졌다.

그간 서로 만났던 친구도 있었고 졸업 후 처음 보는 친구도 있었다. 얼굴을 보는 순간 우리는 보스턴 시절로 금세 돌아갔다. 서울의 핫플레이스를 함께 둘러보고, 저녁은 부대찌개를 먹기로 했다. 그동안은 외국 친구들이 오면 늘 한정식 같은 고급 식당을 예약하곤 했지만, 그날은 왠지 더 일상적인 음식을 나누고 싶었다.

친구들은 부대찌개의 맛에 감탄했다. 오래전 한국전쟁 당시 미군이 남긴 여러 재료를 쏟아 부어서 끓여 먹던 데서 유래했다는 설명에 흥미로워했고, 손님들이 두르는 주황색 앞치마를 신기해했다. 모두가 똑같이 앞치마를 두르고 유니폼을 입은 듯 단체 사진도 찍었다. 소소한 재미가 큰 추억이 되었다. 소주도 한잔하며 요즘 어떻게 지내는지 근황을 나눴다.

분위기가 무르익었을 때, 모임을 처음 제안했던 일본 친구가 입을 열었다.

"오늘 이 자리를 마련해 준 지미(Jimmy)에게 감사를 전하고 싶습니다."

예상치 못한 발언에 나는 당황했다. 그는 말을 이어갔다.

"지난 2월, 제가 가족과 함께 한국을 방문했을 때 지미와 올해가 가기 전엔 꼭 한 번 다시 모이자고 약속했습니다. 그 약속을 지키기 위해 일본과 한국의 친구들을 설득해 오늘 이 자리를 마련했어요. 다들 바쁜데 참석해 주셔서 감사하고, 한국에서 멋지게 호스트 해준 지미에게 진심으로 감사드립니다."

순간, 등줄기에 전율이 흘렀다. 사실 나는 그런 약속을 했던 기억조차 남아있지 않았다. 그저 반가운 마음에 한 말이었을 뿐 그 후론 까맣게 잊고 지냈다. 그런데 그 친구는 그 말을 진지하게 기억하고, 일본에 있는 친구들을 설득하여 시간과 비용을 써가며 한국을 방문한 것이었다. 심지어 어떤 친구는 그날 저녁 식사를 위해 오후 비행기로 한국에 왔다가, 다음 날 새벽 비행기로 돌아간다고 했다. 그런 사정을 듣자 더욱 부끄러워졌다.

아무 생각 없이 내뱉은 말이 누군가에겐 '약속'이었고, 다른 누군가에겐 '빈말'이었다. 약속을 가볍게 생각했던 나의 무심함이 창피했다. 앞에서는 애써 아닌 척했지만, 쥐구멍에라도 들어가 숨고 싶은 심정이었다.

말의 무게를 다시 생각해 보게 되었다. 돌아보면 우리는 무의식중에 그런 공수표를 날리는 경우가 얼마나 많은가? 바쁘다는 이유로 암암리에 서로 이해해 줄 거라 치부해 버리고 내가

　　CHAPTER 2. LIFE | 인생에 관해 내가 깨달은 것들

뱉은 말을 기억조차 하지 못하는 일 말이다.

그날 이후 다시는 창피한 사람이 되지 말자 다짐했다. 그리고 변화하려고 노력했다. 여전히 "한번 보자."라는 말은 자주 하게 되지만, 이제는 그들의 이름을 따로 기록해 둔다. 시간이 될 때마다 계속 만나고 지우고를 반복한다. 그렇게 해서라도 빈말을 줄이려고 한다. 더디지만 약속을 지키고 있는 셈이다.

얼마 전에는 고등학교 동문 점심 모임에 나갔다. 그 모임을 꾸준히 이어온 친구가 대단해 보여서 "나도 한번 나갈게."라고 했는데, 그게 자꾸 마음에 걸렸다. 그래서 광화문에서 열리는 모임에 일부러 시간을 내서 참석했다. 대부분 처음 보는 얼굴이었다. 하지만 동문이라는 것 자체로 따뜻하고 즐거웠다. 내가 그 모임에 나갔다는 말을 듣고 다른 동기 친구가 농담처럼 말했다.

"너, 명함도 없이 그런 모임에 잘 나가네."

동문이지만 처음 만난 사람에게 명함 없이 나를 소개하는 건 쉽지 않았다. 설명이 길어지고 어색해질 수밖에 없다. 하지만 아무리 불편해도, "한번 나갈게."라는 말을 빈말로 만들고 싶지는 않았다. 약속이었기 때문이다.

회사를 그만두고 나서 "나중에 한번 봐요."라고 그동안 인사만 했던 많은 분을 만났다. 평소에 존경하던 선배도, 늘 마음에 빚처럼 남아 있던 스타트업 대표도, 온라인에서 연락만 하던 동창도, 하나 둘 그렇게 만났다. 그들을 만난 자리에서 나는 늘 새로운 시야를 얻었고, 내 삶은 충전되었다. 약속이 준 선물 같았다.

신뢰는 말한 것을 지키는 데서 시작된다. 내가 설사 잊는다 해도, 누군가에겐 약속이 된다. 이미 뱉은 말은 확실하게 책임지고, 앞으로 뱉을 말은 신중하게 발언한다. 그래야 공수표를 거둘 수 있다.

 CHAPTER 2. LIFE | 인생에 관해 내가 깨달은 것들

환경으로 강제하라

"당신을 더 나은 사람이 되도록 밀어주는 사람들 곁에 머물러라." (웨삼 파우지)

나는 운전할 때 화를 거의 내지 않는다. 방어 운전을 기본으로 하고, 끼어드는 차에도 너그러운 편이다. 한 번은 아들을 데리러 선릉 학원으로 가는데, 조금 늦게 출발하는 바람에 도로에 갇혔다. 하필이면 그날 따라 도로는 꽉 막혀 있었고, 끼어드는 차들까지 겹쳐 한참을 움직이지 못했다. 나도 모르게 짜증 섞인 말이 입에서 불쑥 튀어나왔다. 순간 놀랐다. 내게도 이런 모습이 있다는 게 낯설고 싫었다.

그래서 다음번에는 30분 일찍 출발했다. 이번엔 오히려 너무 일찍 도착할까 봐 조바심이 났다. 학원 주변은 주차할 곳이 마땅치 않다. 단속 카메라 때문에 정차도 어려워, 일찍 도착하면 근처를 계속 빙빙 돌아야 한다. 빨리 도착할까 내심 신경이 쓰였는데, 앞에서 차가 밀리자 다행이다 싶었다. 내 앞에서 신호등이 빨간 불로 바뀌자 반가웠고, 다른 차가 앞에서 끼어드니 오히려 고마웠다. 신기했다. 지난번과 똑같은 상황인데 내 마음은 정반대였다.

내가 처한 상황이 아니라, 내가 만든 환경 때문이었다. 그렇다. 다급한 상황에 처해 마음을 다잡으려 노력하기보다는 마음이 너그러워지는 환경을 만들면 되는 거였다.

미국 유학 시절이 떠올랐다. 나는 외국어고를 나왔기에 영어는 어느 정도 자신이 있었지만, 막상 미국에 와보니 회화 실력이 제자리걸음이었다. 수업 중 말할 기회도 많지 않았고, 한국에서 유학 준비할 때보다도 영어를 덜 쓰는 것 같았다. 그나마 수학 시간에는 이미 아는 내용이 많아 영어로 말을 할 기회가 있었고, 그때 영어가 조금 늘었다. 언어는 어쨌든 자꾸 말해야 는다.

어떻게 하면 영어를 더 많이 말할 수 있을지를 고민하다 학교 도서관에서 일자리를 구했다. 운이 좋았다. 책을 카트에 실고 다니며 다시 책장에 꽂는 일이었다. 사소한 일이지만 누구보다 열심히 했다. 그러다 방학이 되어 다들 고향에 가는 시점에 나만 남게 되자, 운 좋게 학생 수퍼바이저 역할도 하게 됐다. 이제는 입구 데스크에 앉아 사람들을 직접 응대해야 했다. 영어로 말하지 않으면 안 되는 환경이 된 것이다. 데스크에 와서 사람들이 물어볼 예상 질문 리스트를 만들고, 응답 문장을 미리 작성해 통째로 외웠다. 그렇게 외운 문장은 다음날 실전에서 바로 써먹을 수 있었다. 그러자 영어가 느는 게 느껴졌다.

그전까진 집에서 혼잣말로 영어를 연습하곤 했다. 엘리베이터 안에서나 길을 걸으며, 상상 속 상황을 만들고 큰소리로 말했다. 억지로 의지를 끌어올리던 시절이었다. 효과는 있었지만 한계도 뚜렷했다. 그런데 도서관에서 일하며 영어로 말할 수밖에 없는 환경이 되자, 노력보다 더 빠르게 실력이 늘었다. 그때 알게 되었다. 무언가를 이루고 싶을 땐 무작정 노력하기보다 적절한 환경을 먼저 설정해야 한다는 걸.

몸을 만들고 싶다면 운동 계획을 짜는 대신, PT를 등록하고 친구들과 운동모임을 만들어야 한다. 돈이 아깝고, 눈치가 보여서 어쩔 수 없이 운동하게 된다. 책을 열심히 읽고 싶다면 주변에 책을 흩어놓으면 된다. 침대, 식탁, 화장실, 소파. 책이 보이면 손이 간다. 그리고 독서 모임에 가입하면 더 좋다. 모임 날이 다가오면 안 읽을 수가 없다. 비 오는 날 운전하며 투덜거리는 자신을 발견한다면, 낡은 와이퍼를 바꿔보라. 깨끗이 닦이는 창 너머의 세상이 달라 보이며, 비 오는 날이 기다려질 것이다.

우리는 늘 결심하고 계획을 세운다. 하지만 작심삼일은 전 인류의 고질병이다. 이를 극복하는 방법은 그럴 수밖에 없는 환경을 만들어 스스로를 강제하는 것이다. 마음가짐의 변화든, 행동의 변화든, 내 의지를 최대한 덜 써도 되는 환경을 만드는 것이다.

의지의 불완전함을 인정하라. 의도적으로 환경을 만들어 강제하라. 그것이 바로 나약한 의지의 현명한 사용법이다.

쓰고 다섯 번 읽기

"글을 쓰지 않고 생각한다면 그건 사실 생각하고 있다고 생각하는 것일 뿐이다." (레슬리 램포트)

얼마 전 사석에서 여러 명이 모여 AI와 관련된 이야기를 나누다가 한 분이 이렇게 말했다.

"요즘 다들 데이터가 중요하다고 말하지만, 그건 새로운 철학이 아니야. 오래전 빌 게이츠는 『생각의 속도』라는 책에서 이미 데이터와 정보를 어떻게 다루는가가 기업의 성패를 가를 거라고 말을 해왔어."

논지는 새롭지 않았지만 반가웠다. 20여 년 전에 내가 감명 깊게 읽었던 책 이름이 튀어나왔기 때문이었다.

사회 초년생 시절 『생각의 속도』를 읽으며 빌 게이츠 같은 혁신가들은 미래를 어떻게 예측하고 있는지 엿보았고, 그의 깊은 사고와 생각의 스케일에 감동했다. 그런데 재미있는 건, 그 책을 감명 깊게 읽었다는 것과 그 책이 내 서재에 꽂혀 있다는 사실만 기억날 뿐, 정작 내용은 전혀 생각이 나지 않는다는 것이었다. 빌 게이츠가 책에서 데이터 이야기를 했다는 것은 정말 생경했다.

집에 돌아와서 먼지를 털고 오랜만에 그 책을 다시 펼쳐 보았다. 당시에는 데이터라는 말보다는 '수치적 정보'라는 말을 썼지만 정말 그 말이 있었다. 한 챕터를 온통 할애하여 정보의 수집, 처리, 활용을 강조하고 있었다. 무려 1999년에 말이다.

문득 생각이 들었다. '나는 그 책을 읽은 것일까, 읽지 않은 것일까?' 분명 감명 깊게 읽었다고 생각했는데, 이렇게 기억이 나지 않는다면, 그 책을 읽지 않은 사람과 나는 무엇이 다른가? 난 밑줄을 그으며 다시 책을 정독하기 시작했다.

버진그룹의 회장 리처드 브랜슨은 오래전 포브스(Forbes)와의 인터뷰에서 이렇게 말했다. "맥주잔 받침 위의 메모가 천억 원의 투자가 되었고, 3년 뒤 3조 원의 회사가 되었다." 그는 엉뚱한 아이디가 넘치는 몽상가이기도 했지만, 동시에 메모광이기도 했다. 그는 '집에 가서 적어야지.'라고 하지 않았다. '내일 회사에 가서 다시 떠올려야지.'라고 하지 않았다. 그냥 생각이 떠오른 그 순간, 그 자리에서 펜을 꺼내 휘갈겨 썼고, 그 메모가 훗날 조 단위 사업을 만드는 씨앗이 되었다.

생각은 중요하다. 하지만 동시에 허무하다. 머릿속에서 반짝이는 순간에는 세상을 바꿀 듯 거대해 보이지만, 시간이 지나면 '뭐였더라?' 하다가, 나중엔 그런 생각을 했다는 사실조차도 까맣게 잊는다. 그렇다면, 여태껏 아무런 생각도 하지 않던 사람과 나는 무엇이 다른 걸까?

생각했다고 생각했을 뿐, 진정 생각하지 않은 것이다.

언젠가부터는 글을 끄적이는 게 습관이 되었다. 문득 떠오르는 건 가볍게 적어 남긴다. 밤에 자려고 누웠을 때, 아침에 눈을 뜰 때, 샤워하는 도중에 문득 떠오르는 것들을 날 것으로 남긴다.

책을 읽을 때도 가급적 빌려 읽지 않고 사서 읽는다. 밑줄을 긋기 위해서다. 핵심은 그다음이다. 수시로 내가 쓴 글과 메모를 넘겨보고, 틈날 때마다 책을 꺼내 밑줄 친 구절들을 반복해서 읽는다. 한 다섯 번쯤 그렇게 하면 머리에 남는다. 그제야 비로소 내 생각의 일부가 된다. 그렇게 머릿속에 남은 생각을 이어서 연결하다 보면 그것이 나만의 '관점'이 되고 '철학'이 된다.

열매 맺지 못한 생각은 생각이 아니다. 글 속에 붙잡아 두어야 생각이 되고, 반복해서 읽어야 기억이 된다. 그때야 비로소, 생각이 입으로 나와 철학이 되고, 기억이 행동으로 나와 삶이 된다. 아무리 뛰어난 생각일지라도 문득 떠오른 것은 내 것이 아니다. 무정차로 지나치는 역처럼 우리의 시간을 스쳐 가는 잔상일 뿐이다.

하고 싶은 일, 해야 하는 일, 할 수 있는 일

"나는 오늘 다른 사람이 하지 않을 일을 할 것이다. 내일 다른 사람이 하지 못하는 일을 할 수 있도록." (제리 라이스)

2024년 3월, 고척 스카이돔에서 메이저리그 월드투어 서울 시리즈가 열렸다. LA 다저스와 샌디에이고 파드리스가 맞붙는 경기였는데, 시구는 박찬호가 맡았다. 그는 시구 후, 그날 샌디에이고의 선발 투수 다르빗슈 선수를 응원하며 말했다.

"내가 가진 기록도 언젠가는 깨져야 합니다. 다르빗슈 선수가 꼭 해내기를 바랍니다."

그 말을 듣고서 알았다. 아직도 박찬호의 기록이 깨지지 않았음을.

124승. 메이저리그 아시안 투수 최다승 기록이다. 수많은 일본인, 한국인 투수들이 메이저리그에 도전했지만, 그의 기록은 15년이 지난 지금까지도 굳건하다.

1994년 LA 다저스에서 데뷔한 박찬호는, 몇 년 만에 두 자릿수 승수를 올리며 에이스로 떠올랐다. 2000년에는 한 시즌 18승을 거두며 명실상부한 특급 투수 반열에 올랐다. 하지만 텍사스로 이적한 뒤 잦은 부상에 시달렸고, 최악의 '먹튀'라는 오명까지 뒤집어썼다. 언론의 비난은 거셌고, 성적은 끝없이 하락했다. 결국 2007년엔 마이너리그로 강등되며 선수 생명이 다하는 것 같았다. 그는 당시를 이렇게 회고했다.

"온 국민이 나를 싫어하는 것 같았어요. 내가 존재하지 않기를 바라는 것처럼 느꼈습니다."

최고 구단에서 특급 대우를 받았던 그이기에, 박수도 응원도 없는 마이너리그의 라커룸은 더욱 냉정했다. 하지만 그는 포기하지 않았다. 당시 그의 승수는 113승. 일본의 노모 히데오가 보유한 123승까지 단 10승 차였다.

"마이너리그로 내려왔을 땐 진짜 끝인가 싶었죠. 하지만 노모 선수의 기록이 저를 다시 일어서게 했습니다. 그 기록을 꼭 넘고 싶었어요."

박찬호는 선발 투수의 자존심을 접고 셋업맨으로 변신했다. 필라델피아, 뉴욕, 피츠버그 등 매년 구단을 옮겨 다녀야 했지만 꿈을 놓지 않았다. 이제 그만하라는 주위의 만류에도 멈추지 않았다. 끝까지 스스로를 믿었다. '하루만 살자. 한 번만 더 던져보자.'하며 자신에게 기회를 주었다. 결국 셋업맨 3년 만에 11승을 추가하여 124승이라는 대기록을 완성했다.

화려했던 전성기의 영광에 머물러 있지 않고, 바닥에서 그 시간을 버텨낸 그가 한 인간으로서 존경스러웠다. 몸 상태가 예전만 못하다는 걸 자신이 누구보다 잘 알았을 텐데, 남들이 다 끝났다고 했을 때 어떻게 버틸 수 있었을까?

꿈은 열정으로 도전하게 하고, 희망은 끝까지 버틸 수 있게 한다. 어쩌면 그가 포기하지 않은 건, 꿈을 이루고 싶다는 열정 때문이 아니라 조금만 더 버티면 해낼 수 있다는 희망 덕분이

     CHAPTER 2. LIFE | 인생에 관해 내가 깨달은 것들

아니었을까?

세상에는 '하고 싶은 일', '해야 하는 일', '할 수 있는 일'이 있다. 누구나 '하고 싶은 일'이 있지만 실제로 그걸 하면서 사는 사람은 많지 않다. 대부분의 사람은 '해야 하는 일'로 하루를 채운다. 이유는 간단하다. 해야 하는 일이기도 하지만, 할 수 있는 일이기도 하기 때문이다. 가령, 가장은 가족의 생계를 위해 무엇이든 해야 한다. 운전면허가 있다면 택배나 대리기사를 할 수도 있다. 원치 않더라도 고용해 주는 회사가 있다면 자신이 할 수 있는 건 무엇이라도 해야 한다. 많은 사람이 자신은 '하고 싶은 일'을 희생하고 '해야 하는 일'을 하고 있다고 생각하지만, 사실은 '할 수 있는 일'을 하고 있는 것이다. 따라서 우리는 '하고 싶은 일'을 '할 수 있는 일'로 만드는 데 집중해야 한다.

노래로 세계 최고가 되고 싶다면, 연습만으론 부족하다. 오디션, 유튜브, 엔터회사 등 세상에 나를 알리는 방법을 찾아야 한다. 길이 또렷이 보여야 끝까지 버틸 수 있다. 세계적인 축구선수가 되고 싶다면, 공만 잘 찬다고 되는 게 아니다. 스카우터의 눈에 어떻게 띌 수 있는지 방법을 알아내야 한다. 그리고 계속 시도해야 한다. 그래야 가능성이 생긴다. 스타트업이 세계 최고의 기업이 되고자 한다면, 기술만 있다고 되지는 않는다. 어떻게 알리고, 팔 것인지 사업모델을 설계해야 한다. 그래야 결국 해낼 수 있다. 실력만으로는 안된다. 꿈에 이르는 길이 또렷이 보여야 한다. 그래야 '할 수 있는 일'이 된다.

박찬호가 힘든 시기를 견딜 수 있었던 건 이미 113승 고지에 올랐기 때문이었다. 11승만 더하면 가능하다는 길이 보였기에, 124승은 막연한 꿈이 아니라 '할 수 있는 일'이 되었다. 만

약 그때 그가 83승에 머물러 있었다면, 오늘 다르빗슈가 도전
할 기록은 박찬호가 아닌 노모 히데오의 것이었을 것이다.

'하고 싶은 일'은 꿈이다. '해야 하는 일'은 책임이다. 꿈을 이룬다
는 건 '하고 싶은 일'을 '할 수 있는 일'로 만드는 것이며, 책임을 다
한다는 건 '해야 하는 일'을 '할 수 있는 일'로 만드는 것이다. 결국
'할 수 있는 일'이 무엇인지가 중요하다. 끝이 보여야 할 수 있고,
할 수 있어야 끝까지 버틸 수 있다.

삶을 대하는 태도

"여유 있는 시간이란 건 없다. 만약 그걸 원한다면, 당신이 만들어 내야 한다." (찰스 벅스턴)

한 예능 프로그램에서 김병현 선수가 미국으로 건너가 애리조나 다이아몬드백스의 홈구장을 찾는 장면이 방영됐다. 그곳은 그가 메이저리그에 와서 완벽한 마무리 투수로서 전성기를 보냈던 곳이었다.

작은 체구의 동양인이 난데없이 나타나 시속 150km가 넘는 마구를 뿌리며 연거푸 삼진을 잡아내는 모습에 온 세계 야구팬들은 열광했다. 그때 그의 나이 겨우 22세였다.

불혹의 나이에 돌아와 다시 그 구장에 섰다. 텅 빈 운동장을 말없이 구석구석 둘러보다가, 그는 갑자기 고개를 떨구고 오열하기 시작했다.

'그때가 내 전성기였는데 그땐 그걸 몰랐다. 천년만년 계속될 줄 알고 당연하게 여겼다.'

어깨를 들썩이며 한참을 울던 그의 등 뒤로, 누구도 쉽게 말을 건넬 수 없었다. 그 쓸쓸한 잔상이 오래 남았다. 남의 일 같지 않았다. 나도 감정이 복받쳐 올라 눈물이 났다. 깊은 울림을 주는 장면이었다.

얼마 전, 물류 최고경영자 교육 과정에서 만난 한 선배가 회사를 찾아왔다. 열린 생각을 가진 인생 선배였다. 마라톤을 시작했다며, 마라토너들의 꿈인 '보스턴 마라톤'에 참가해 보는 게 버킷리스트 중 하나라고 했다. 그리고 오랜 연습 끝에 참가 기회를 얻었는데, 출전 신청서를 쓰다가 내가 보스턴에서 학교를 다녔다는 게 기억나서 생각난 김에 찾아왔다고 했다. 고마웠다.

우리는 회사 1층 까페에서 만나 커피를 나누었다. 문득 그가 이런 말을 꺼냈다.

"우리가 등산을 해도 정상이 어디쯤인지 알잖아. 올라갈 땐 다리도 후들거리고 숨이 차올라 오지만, 정상에 도착하면 모든 게 보상이 되지. 거기서 땀도 식히고, 경치도 좀 둘러보다가 숨을 고르고 내려오면 되니까. 그런데 인생은 그렇지가 않더라고. 어디가 피크(peak)인지도 모른 채 계속 힘들게 올라가기만 하다가, 나중에 문득 돌아보고 '아, 그때가 피크였구나.' 뒤늦게 깨닫고 후회하는 게 인생인 것 같아."

그 말이 강한 잔상이 되어 남았다. 부끄럽지 않게 열심히 살아왔다고 생각했는데, 내 삶도 별반 다르지 않구나 싶었다.

예전 한 모임에서 누군가의 옷 뒤에 적힌 글귀가 눈에 들어왔다.

"Golf is Life."(골프는 인생이다)

처음엔 좀 과하다 싶었다. 하지만 시간이 지나면서 보니, 그 말이 "Golf is like Life."(골프는 인생과 같다)라는 의미로 느껴졌다. 그렇다면 충분히 공감할 수 있었다. 골프가 우리 인생을 닮았기

　　　CHAPTER 2. LIFE | 인생에 관해 내가 깨달은 것들

때문이다.

　골프장에서 잘 다듬어진 초록색 잔디를 마주하면 가슴이 웅장해진다. 하지만 그 안에는 계곡도 있고, 연못도 벙커도 있다. 그리고 가장 아름다운 홀에는 꼭 난해한 해저드가 도사리고 있다. 오르막이 심해서 어렵게 그 홀을 버텨내면, 조금 후에는 어김없이 가파른 내리막 홀이 나온다. 인생도 그렇다. 멀리서 보면 찬란하지만 그 여정은 순탄치 않다. 삶의 코너마다 돌부리와 장애물이 가득하다. 가끔은 인생의 오르막길에서 어려움을 겪기도 하지만, 잘 버티면 반드시 순탄한 내리막의 시간이 온다.

　필드에서는 무의식중에 힘이 잔뜩 들어간다. 공을 멀리 보내고 싶은 욕심이 앞선다. 하지만 억지로 힘을 쓸수록 거리는 줄어든다. 공을 띄우려고 억지로 올려치면 오히려 공은 바닥으로 깔리고, 아래로 내려치면 오히려 높이 뜬다. 내 의도와는 정반대의 결과가 나온다. 삶도 마찬가지다. 너무 간절하여 어깨에 힘이 잔뜩 들어갈수록 일을 그르친다. 힘을 빼고 자연스럽게 흘러가게 하면 더 잘 풀린다. 잘난 척하며 자신을 높이면 사람들은 그를 내려보지만, 겸손하게 스스로를 낮추면 오히려 인정하고 높여준다. 사람 사는 이치가 그렇다.

　이번 주에는 우승 트로피를 들었다가 바로 다음 주에는 컷 탈락을 하기도 하는 스포츠가 골프다. 인생도 그렇다. 지금 잘 나간다고 우쭐댈 것도, 당장 힘들다고 절망할 것도 없다. 수시로 바뀌는 바람의 방향에 일희일비하지 않고, 인생의 마지막 홀이 끝날 때까지 진심으로 즐기면 될 뿐이다.

　삶의 이치를 생각한다. 누구에게나 매일 조건 없이 주어지는 24시간이 얼마나 소중한지. 사랑하는 가족과 친구가 곁에 있음이 얼마나 감사한지. 그리고 모든 소중한 것들이 얼마나 빨리 우리 곁을 떠나가는지.

오늘을 늘 '피크'라 여기기로 했다. 소중한 이들과 함께하는 오늘이 다시는 못 올 내 인생의 가장 반짝이는 시간일지 모르니. 행운이 허락되어 내일 아침이 다시 온다 해도, 그 날이 또다시 '피크'인 오늘이 될 테니.

    CHAPTER 2. LIFE | 인생에 관해 내가 깨달은 것들

지금 당장 할 수 있는 일

"당신이 있는 곳에서, 당신이 가진 것으로, 당신이 할 수 있는 일을 하라."(시어도어 루스벨트)

아주 오래전 시골 기차역이었다. 지금은 왜 혼자 거기까지 갔었는지 이유조차 희미해졌다. 느지막한 오후였고 사람도 많지 않았다. 난 충동적으로 강릉행 기차표를 끊었다. 시간이 남아 대합실 의자에 앉았다. 주위를 둘러보다 옆에 버려진 신문지를 무심코 집어 들었다. 헤드라인보다 먼저 눈에 들어온 건 누군가가 볼펜으로 끄적여 놓은 낙서였다.

"그녀가 나를 사랑하게 만들 수는 없다. 내가 할 수 있는 건 그녀에게 사랑받을 만한 사람이 되는 것뿐."

그 상황이 신기했다. 하늘에서 내게 내려 준 메시지 같았다. 오랫동안 그 문장이 머릿속을 떠나지 않았다.

세상 누구도 인생을 대충 살고 싶어하는 사람은 없다. 다들 나름의 방식으로 최선을 다하려 애쓴다. 하지만 현실은 냉정하다. 아무리 최선을 다해도 뜻대로 풀리지 않기도 하고, 애초에 기회조차 주어지지 않기도 한다. 반복되는 실패 속에 자신을 점점 의심하기도 하고, 자포자기하기도 한다. 남들은 술술 풀려가는 것 같은데 세상이 왜 나에게만 가혹한지 원망스럽다. 어깨가 점점 움츠려 들고, 뭘 해도 나는 안될 것 같은 생각도 든다. 이쯤 되면 힘내라는 위로는 아무 의미가 없다. 힘내는 게 가장 힘들다.

세상은 원래 마음대로 되지 않는 곳이다. 그게 정상이다. 하지만 모든 것은 나름의 때가 있다. 봄날에 노랗게 핀 개나리를 보며 코스모스는 초조해하지 않는다. 자신만의 가을을 준비하기 때문이다. 조급할 필요는 없다. 당신의 때를 준비하면 된다. 할 수 있는 것과 할 수 없는 것을 구분해야 한다. 지금 내가 있는 곳에서 할 수 있는 걸 찾아야 한다. 그녀의 마음을 움직이는 건 어쩔 수 없지만, 그녀에게 사랑받을만한 사람이 되는 것은 해낼 수 있다.

야구선수라면, 타율 3할을 목표로 삼기보다는, 매 타석 공을 끝까지 보고 1루까지 죽을힘을 다해 달리는 것을 목표로 삼아야 한다. 피아니스트라면, 한 곡을 완벽히 마스터하겠다는 각오보다, 매일 아침 그 곡을 치며 하루를 여는 습관을 만드는 게 좋다. 다이어트를 하고 싶다면, "10kg 감량"이라고 써 붙이는 대신에, 오늘 퇴근길부터 당장 한 정거장 먼저 내려 걷는 것이 낫다.

문화심리학자 김정운 교수는 이를 '조작적 정의(Operational Definition)'라고 불렀다. 1루까지 죽을힘을 다해서 달리고, 매일 아침을 연습 곡을 치면서 시작하며, 퇴근길에 한 정거장 미리 내려 걷는 것은 추상적인 개념이 아니다. 구체적인 행동이다. 그렇게 했는지 안 했는지 즉시 판별이 가능한 손에 잡히는 목표다.

조작적 정의를 통해 우리는 생각을 실제로 경험할 수 있다.

그리고 반복할 수도 있다. 그래서 변화할 수도 있다. 다짐도, 각오도 필요 없다. 중요한 건 '지금 당장 할 수 있는 구체적 행동'이다. 작고 단순해야 한다. 변화는 거기서부터다. 아무것도 하지 않으면 아무 일도 벌어지지 않는다. 핵심은 컨트롤 할 수 있는 것부터 즉시 시작하는 것이다.

어떤 TV 프로그램에서 자존감이 부족하다는 한 학생의 사연이 소개된 적 있다. 대부분의 출연자들이 "용기를 잃지 마시라."라고 말할 때, 사회자는 오히려 이렇게 말했다.

"매일 아침 집을 나서기 전, 지금보다 옷차림에 조금만 더 신경 써보세요."

옷차림 하나 바꾼다고 자존감이 오를까? 확신할 수는 없지만, 무언가가 바뀌는 건 분명하다. 내 마음가짐이 바뀐다. 표정이 바뀌고 말투가 바뀐다. 그러면 내 주변의 모든 것이 바뀐다. 근사하게 차려 입은 김에 안 가본 장소에 가볼 수도 있고, 거기서 예상치 못한 사람을 만날 수도 있다. 그러다 생각지도 못한 일이 벌어지기도 한다. 세상이 계획한 대로만 흘러가지 않는다는 사실이 오히려 얼마나 다행인지 모른다. 옷차림에 조금 더 신경을 썼을 뿐인데 말이다.

옷차림에 신경 쓰는 데 무슨 대단한 각오가 필요한가? 그냥 하면 된다. 이 얼마나 훌륭한 조언인가?

원하는 것이 있다면 바로 시작하라. 최적의 타이밍은 언제나 지금이다. 먼 산만 올려다 보지 말고, 주변의 땅을 내려다보라. 오늘 당신이 내디딘 첫 걸음이 당신을 정상으로 이끈다. 오늘 내가 차려 입은 옷차림이 나의 삶을 바꾼다.

당신은 최선을 다했다

"성공은 끝이 아니고, 실패는 치명적이지 않다. 중요한 것은 계속 나아갈 용기다." (윈스턴 처칠)

한때 '응답하라' 시리즈가 큰 인기를 끌었다. 2015년, 아이들이 어렸을 때 우리 가족도 《응답하라 1988》을 함께 챙겨보곤 했다. 보다 보면 마음이 뭉클해졌다. 웃음 속에 옛 기억이 떠오르고, 때로는 눈시울이 뜨거워지기도 했다. 특히 그 드라마의 주인공인 정환이, 선우, 덕선이, 동룡이, 택이는 모두 1971년생으로 나와 동갑이라는 사실이 더 감정이입을 하게 했다. 어느 날은 돼지띠들이 사상 최고 경쟁률로 대학 학력고사를 치르는 장면이 나왔다. 그 장면을 보며 1989년 겨울이 떠올랐다.

시험이 끝난 후, 솜사탕 같은 함박눈이 펑펑 내렸다. 그날 미술부 친구들과 눈이 수북이 쌓인 덕수궁 돌담길을 함께 걸었다. 선물로 받아 처음 들었던 조지 윈스턴의 피아노 선율도 또렷이 기억났다. 오랫동안 잊고 있던 장면들이 마치 타임머신을 타고 돌아간 듯 선명히 되살아났다.

19화의 제목은 〈당신은 최선을 다했다〉였다. 늦은 겨울 밤, 귀가하지 않은 남편(성동일)이 걱정된 덕선이 엄마(이일화)가 대

문을 열고 나가보니, 남편이 집으로 들어오지 못하고 집 앞 툇
마루에 앉아 있었다.

"당신, 와이라고 앉아있노? 와? 뭔 일 있나?"

"임자... 나 오늘... 명예퇴직 당했네."

"…"

"미안하네..."

"아이다 여보... 당신이 뭐가 미안하노? 당신... 미안할 거 한
개도 없다."

덤덤하게 말하는 성동일 과장에게서 문득 내 모습을 보았
다. 언젠가 다가올 내 겨울의 풍경 같았다.

함께 보고 있던 아들이 눈시울이 붉어진 내게 물었다.

"아빠는 언제까지 일 할 거예요?"

"글쎄. 지금 회사에서는 오래 일하지 못할 수도 있지. 몇 년
이나 남았을까?"

"그럼 그다음엔 뭐 하실 거예요?"

"이제부터 천천히 고민해 봐야지."

"이케아에서 일하면 안 돼요?"

"이케아가 좋아 보이니? 근데 거기도 나이가 많아지면 일을
그만둬야 할 거야."

"그럼 어떻게 해요?"

"정말 하고 싶은 일을 찾아봐야지. 나중에 할아버지가 되어
도 할 수 있는 일을. 너희도 나중에 무엇이 될까를 고민하지 말
고 무엇을 좋아하는지를 먼저 생각해 봐."

"알아요. 나중에 커서 취직하려 하지 말고, 지금부터라도 정
말 하고 싶은 걸 찾아서, 그냥 하라고 그랬잖아요."

"그래. 잘 기억했네. 그게 뭐라도 좋으니 하고 싶은 게 생기면 알려줘. 아빠가 도와줄게. 나중에 너희가 입시경쟁에 내몰리게 되더라도, 오늘의 이 대화를 기억했으면 좋겠다. 아빠는 너희가 그저 떠밀리듯 살아가지 않기를 바래. 삶의 주인은 바로 너 자신이니까. 자신의 삶을 살아. 아빠가 늘 뒤에서 지켜봐 줄게. 너희는 세상에서 가장 믿음직스러운 1학년, 3학년이야."

그후 여러 번의 봄이 지나고, 그 시절 초등학생이던 아이들은 어느새 고등학생과 대학생이 되었다. 그리고 내게도 그날이 찾아왔다. 명예퇴직은 아니지만, 나 역시 성동일 과장처럼 인생의 새로운 출발선에 서게 되었다. 막연하기만 하던 그 미래가 현실이 되었다.

오래 전, 60세에 정년퇴직을 하고 퇴직금과 연금으로 10여 년을 무난히 살아가던 시절이 있었다. 그때 대기업은 참으로 안정적인 직장이었다. 사회적으로도 인정받았고, 월급도 높았다. 퇴직금도 넉넉했고, 노후를 따로 걱정할 필요도 없었다. '평생 직장'이란 말이 그래서 나왔다.

하지만 상황은 달라졌다. 이젠 40대 후반, 50대 초반에 퇴직을 고민해야 하고, 그 퇴직금으로 40년을 살아야 한다. 대기업에 근무하는 동안에는 많은 혜택이 따라오지만, 명함이 사라진 후에는 때늦은 홀로서기가 기다린다.

대기업의 시스템 속에서 한 분야의 전문가로 살아온 사람이 시스템을 떠나 혼자 할 수 있는 건 별로 없다. 이런 상황에서도 대기업은 여전히 안정적일까? '안정적'이라는 말의 개념은 근본적으로 변했고, 사람들에게는 대책이 필요하게 되었다. 당장은 좀 '불안정' 하더라도 남은 삶을 '안정'시켜 줄 수 있는 특단의 대책 말이다. 먼 미래의 일이 아니다. 지금 바로 우리 곁에서 벌어지고 있는 일이다.

회사라는 울타리가 무너져도 삶은 계속된다. 번듯한 명함이 사라져도 시계는 달려간다. 세상을 홀로 마주할 용기가 필요하다. 더욱 단단한 나를 준비해야 한다. 그것만이 내일을 보장할 진정한 '안정'이다.

끝을 준비하라

"연기를 뿜으며 거침없이 달려와, 몸과 마음을 다 써버린 채로, '와, 정말 멋진 여행이었어!' 외칠 수 있어야 진짜 인생이다." (헌터 S. 톰슨)

오래전, 《나는 가수다》라는 예능이 있었다.

스타일이 다른 최고의 가수들을 모아 경쟁시키는 획기적인 기획이었다. 한번은 가수 인순이가 나와 '아버지'라는 노래를 불렀다. 주한미군 아버지를 둔 그녀는 혼혈이라는 이유로 어린 시절 많은 상처를 받았다고 했다. 그녀의 혼신을 다한 열창은 숨소리마저 간절했다. 지난 시절의 아픔이 고스란히 전해져 오는 것 같아 전율이 느껴졌다. 나도 모르게 눈물이 흘렀다.

그런데 그 순간 옆에서 함께 보던 아버지의 어깨도 들썩였다. 처음 보는 모습이었다. 나는 당연히 아버지로서 공감하고 계신 줄 알았다. 그런데 아니었다. 그때 아버지는 당신의 아버지를 떠올리고 계셨다. 아버지가 여섯 살 무렵, 병원에서 주사를 잘못 맞고 갑자기 세상을 떠난 할아버지. 얼굴도 희미한 그 아버지를 말이다.

아버지도 꼬맹이였던 시절이 있었다. 내가 평생을 기대 왔던 아버지에게도 기대고 싶은 등이 있었다. 당연하지만 난 잊고 있었다. 세상은 그렇게 순환하는 것이었다.

어느 날, 내 나이가 쉰이 되었다. 서른이 되었을 때도, 마흔이 되었을 때도 크게 와 닿지 않았지만 쉰이 되자 조금은 느낌이 달랐다. 이제는 언제 회사를 그만두어도 이상하지 않은 나이가 된 것 같았다. 아직 뭔가를 제대로 이루지도 못한 것 같은데 벌써 은퇴를 고민해야 한다니 심란했다. 주말에 아버지를 뵙고 그런 고민을 나눠보려 마음먹었다.

그런데 정작 먼저 말을 꺼내신 쪽은 아버지였다.

"내가 벌써 여든이구나. 너와 딱 서른 살 차이니 너도 쉰이네. 정말 시간이 빠르다. 예순도 괜찮았고, 칠순도 별 느낌 없었는데, 여든이 되니까 기분이 묘하구나. 큰 병 없이 건강한 것만 해도 감사한 일이지만, 이제는 언제 떠나도 이상할 게 없는 나이가 됐다는 생각이 들어. 인생 참 빠르다."

내 이야기는 꺼내지도 못했다. 하지만 알게 되었다. 나도 30년 후에는 아버지처럼 여든이 되어 삶의 끝을 진지하게 마주하게 될 것이다. 아버지는 그날 아무 말씀도 하지 않으셨지만, 세상에서 가장 큰 교훈을 주셨다. 끝을 준비해야 한다는 것.

그날 이후, 인생을 시각적으로 그려보았다. 내 삶을 막대 그래프로 그리고, 지금 내가 어디쯤 와 있는지, 앞으로 얼마나 시간이 남았는지를 눈으로 확인했다. 그래프의 끝에 내 삶의 마지막이 보였다. 그렇게 시각화하고 나니 인생이 다르게 보였다. 막연했던 불안감은 사라지고, 남은 시간에 대한 애틋함이 커졌다. 당장의 문제들에 쫓기지 않게 되었고, 인생의 중요한 결정에 더욱 과감할 수 있었다. 조금 더 느긋해졌고, 삶의 방향이 더 선명해졌다. 멀리서 보아야 보이는 것들이 있었다.

아이들이 어렸을 때, 부모와 자녀가 함께 보내는 시간에 관한 기사를 읽었는데, 그 내용이 마음에 박혔다. 통계가 무척 공감이 되면서도 슬펐다. 난 아이들을 불러 이야기했다.

"오늘 아빠가 기사를 하나 봤는데, 부모와 자녀가 평생을 함께 지내는 게 아니래. 살면서 부모와 자녀가 함께 보내는 시간 중 80%는 자녀가 고등학교 졸업하기 전까지 쓰는 거고, 나머지 20%를 평생에 걸쳐 조금씩 나누어 쓰는 거라고 하네. 그 이후엔 함께할 시간이 생각보다 많지 않대."

"우리가 대학생이 돼서도 계속 함께 지내면 되지 않아요?"

"그게 마음처럼 쉽지 않을거야. 그때는 아마 너희가 친구도 많아지고 더 바빠질 거야. 각자의 삶이 생기니까. 그러니 아직 시간이 남아 있을 때 우리 더 친하게 지내자. 알겠지?"

"네, 아빠."

그날 이후 모든 게 달라졌다. 특히 아이들과의 관계가 그랬다. 한정된 시간을 쓰고 있다고 생각하니 함께하는 순간들이 너무 소중했다. 괜한 잔소리로 귀한 시간을 소모하고 싶지 않았다. 가끔은 부모로서 조바심이 올라와도 화를 내지 않고 참는 법을 배우게 되었다. 한 번이라도 더 많이 웃고, 조금이라도 더 즐거운 추억을 남기고 싶었다. 지금 80을 잘 보내야 나머지 20도 애틋하게 보낼 수 있는 것이니까.

새벽 출근길마다 난 아이들 방에 들러 자는 녀석들의 볼을 쓰다듬으며 말했다.

"아빠 다녀올게. 하루 즐겁게 보내라. 사랑해."

깊은 잠에 빠져 아이들은 기억도 못 했지만, 하루도 빠짐없이 그렇게 했다. 문득 그런 생각이 들었다. 오늘도 이 세상에서 누군가는 생의 마지막을 맞이한다. 대부분은 오늘이 그날인 줄 모르고 집을 나섰을 것이다. 그들은 마지막 순간에 무슨 생각을 떠올릴까? 만약 오늘이 나의 마지막 날이라면 어떨까? 난 아마 이렇게 말하지 않을까?

'그래도 아침에 아이들 얼굴을 어루만지며 사랑한다고 말해서 참 다행이다.'

생의 마지막 순간에 '~할 걸 아쉽다.'는 회한보다 '~해서 다행이다.'하며 감사할 수 있는 사람이 되고 싶다. 그것을 미리 떠올리고 준비하는 것만으로도 충분하다.

"나는 이제 연장을 거두고 집으로 돌아간다. 그것은 두렵거나 지쳤기 때문이 아니라, 다만 해가 저물었기 때문이다." (니코스 카잔차키스, 임종 직전에 쓴 메모)

누구에게나 해는 저문다. 해가 찬란하게 뜨던 순간부터 그 것은 이미 정해져 있다. 우리가 할 수 있는 일은 단 하나, 연장에 묻은 흙을 털고 정리하는 일이다. 그동안 흘렸던 땀방울의 의미를 돌아보고, 사랑하는 이들의 얼굴을 하나하나 떠올려 보는 일이다. 집으로 돌아가는 발걸음이 무겁지 않게. 뺨에 스치는 바람마저 상쾌할 수 있게.

태어나는 순간부터 우리는 죽음을 향해 달려간다. 그 여정에는 역경도 있고 희열도 있다. 언제 올지 모를 죽음을 잠시 잊고 지내기도 하지만, 그렇다고 영영 오지 않는 것은 아니다. 끝을 준비해야 한다. 그래야 살아있는 매 순간이 더욱 빛나고 소중해진다.

닫는 글

책이라는 걸 쓰기까지 참 오래 걸렸다. 요즘 책을 누가 읽느냐? 누가 사느냐? 비아냥도 들었다. 예상치 못한 난관들을 넘고 나니, 드디어 끝이 보인다. 늘 그랬듯 끝은 또 다른 시작임을 안다. 이제 끝이다. 다시 시작이다.

"우리 모두에겐 타임머신이 있다. 과거로 데려가는 건 기억이고, 미래로 이끄는 건 꿈이다." (제러미 아이언스)

"너는 살아. 사는 거야. 제발, 살자."

몇 해 전 공전의 히트를 기록했던 넷플릭스 드라마 《눈물의 여왕》에 나오는 대사다. 희귀병에 걸린 여자가 수술을 받으면 목숨은 구할 수 있지만, 모든 기억을 잃게 된다. 기억을 지키고 싶어서 수술을 거부하는 그녀에게, 남자가 눈물로 애원한다. 사랑하는 사람을 잃고 싶지 않은 간절함, 단 하나의 기억이라도 더 남겨주려 애쓰는 그의 모습은 보는 이의 가슴을 먹먹하게 했다.

기억을 버리고 삶을 택하라는 말은, 미래를 위해 과거를 지우라는 말과 같다. 그와 함께한 날들이, 웃음과 눈물로 가득했

313닫는 글

던 시간이 아무 일도 없었던 것이 된다. 삶은 경험으로 채워지고, 기억으로 완성된다.

나를 진정 나이게 하는 것은 내가 지금까지 살아온 궤적의 기억이다. 살아왔다는 것은 그만큼의 시간 속에서 사람을 만나고, 웃고 울고, 때론 후회하며 성장해왔다는 증거다. 그 기억이 사라지면, 나는 사라진다. 껍데기만 남은 어른이 될 뿐이다.

최대한 많이 기억하려 했다. 조심스레 적어두었던 메모들, 불쑥 떠올라 흘려 쓴 글귀들, 마음속에 오래 남았던 이야기들을 하나씩 꺼내어 사실대로 되짚었다. 살면서 만났던 훌륭한 분들과 그들이 남긴 말들, 우연히 찾아와서 내 인생을 바꿔준 기적 같은 순간들을 덤덤하게 담았다. 그 모든 것이 모여 한 권의 책 속으로 들어왔다.

이제는 기억과 망각 사이에서 더 이상 헤매지 않아도 된다. 애써 붙잡지 않아도, 언제든 다시 꺼내 볼 수 있게 되었다. 치열했지만 뜨거웠고, 지독히도 힘들었지만 그래서 더 소중했던 기억들이 허공에 흩어질까 두렵지 않다. 기억은 기록이 되었고, 기록은 자산이 되었다. 이제 나는 부자가 된 기분이다.

내 과거의 기록이 당신의 미래를 풍요롭게 해 줄 수 있기를 바란다. 먼저 지나간 한 사람의 기억이 미래의 당신을 더욱 풍성하게 채우기를 소망한다. 그리고 오늘 이 밤, 이 페이지를 덮는 당신 마음의 호수에 잔잔한 파문을 일으킨다면 더할 나위 없겠다.

내 인생 1막은 여기서 막을 내린다. 이제는 2막이다. 살면서 헤맨 만큼이 내 땅이라고 하지 않았던가. 앞으로는 인생의 불확실함과 불완전함, 모험과 고난 같은 것들과 조금 더 친해져 보려 한다. 한참을 헤매고 돌아올 때면, 또 한 번 보석 같은 기억이 함께 올 것이라 믿는다. 그렇게 우리의 삶은 고단하지만 찬란하게 완성될 것이다. 다가올 우리 모두의 빛나는 인생을 나는 진심으로 응원한다.

주말 동안 한바탕 비가 지나가고, 흐드러지게 피었던 벚꽃이 모두 졌다. 우수수 떨어져 내려도, 떨어지는 꽃잎 하나하나는 환하게 반짝이는 법이다. 이제 곧 여름이 올 모양이다. 마음이 여유롭다. 조금 더워도, 괜찮다.

내가 배우고 깨달은, 일과 인생의 15가지 습관

1. 아무도 기회를 주지 않을 때는 스스로에게 기회를 준다.
- 지금 어떤 한 분야에서 최고인 사람도 처음에는 바닥에서 시작했다. 누구에게나 처음은 있다.

2. 주어지지 않아도 스스로 가상의 임기를 세우고 일한다.
- 마감 시간을 정하면 목표가 선명해지고 성공 기준이 명확해진다. 그래야 실행에도 가속도가 붙는다.

3. 의견을 말하기 전에 상대방 입장에서 먼저 들어본다.
- 내가 말하는 것과 상대가 듣는 것은 다르다. 내 의도보다 상대의 해석이 더 중요하다.

4. 보고서를 쓰기 전에 '하고 싶은 말'이 무엇인지부터 정리한다.
- 결론과 '왜 그렇게 생각하는지'로 직진한다. 불필요한 정보를 가릴수록 메시지는 선명해진다.

5. 나와 생각이 다른 사람을 논리로 설득하려 해서는 안 된다.
- 내가 먼저 무엇을 내어줄지 고민해야 상대도 양보한다. 사람

은 설득되는 존재가 아니다.

6. 일이 많아질수록 하지 않아도 되는 일부터 지운다.
- 바쁨은 능력이 아니다. 진정한 능력자는 안 해도 되는 일을
줄이는 것부터 시작한다.

7. 말하고 싶은 욕심을 버리고 먼저 듣는 습관을 익힌다.
- 회의의 핵심은 발언의 양이 아니라 결론의 정리다. 결국 많이
들은 사람이 정리도 잘한다.

8. 계속 변하는 트렌드 보다 변하지 않는 것에 관심을 둔다.
- 급변하는 세상을 쫓으면 늘 한 발 늦는다. 불변의 니즈를 찾
고 길목에서 기다려야 이길 수 있다.

9. 관행을 그대로 따르기 보다 '왜 그렇게 해왔는지' 이유를 묻
는다.
- 그땐 맞았지만 지금은 틀릴 수 있다. 관행이 된 이유를 알아
야 무엇을 바꿔야 하는지도 알 수 있다.

10. 간절한 것일수록 미리 실패를 상정하고 이유를 떠올린다.
- 원인을 알면 방지할 수 있다. 실패하는 이유를 피해 감으로써
성공의 확률을 높일 수 있다.

11. 일하는 방법보다 일을 보는 관점을 알려주는 리더가 된다.
- 왜, 어디로 가는지만 알려주면 알아서 찾아온다. 그런 조직이

성장하고 결국 성과를 낸다. 리더는 성과로 말한다.

12. 일이 잘 될수록 '운과 구조'를 함께 생각한다.
- 성과를 실력으로만 해석하지 않고, 운이 작용했음으로 인정
한다. 그래야 성공의 저주에 빠지지 않을 수 있다.

13. 루틴이 주는 편안함과 이별한다.
- 효율성의 함정에 빠지지 않고 인생에 새로운 경험을 추가한
다. 그렇게 기억하고 싶은 하루를 쌓고 삶의 밀도를 높인다.

14. 소중한 이들과의 인연에 진심을 다한다.
- 만남은 우연히 이루어진다. 하지만 시간을 거슬러 인연을 간
직하는 것은 무심한 우연이 아니라 간절한 필연이다.

15. 마지막을 먼저 떠올려보고 중요한 결정을 내린다.
- 끝을 생각하면 우선순위가 바뀐다. 그리고 조금 더 과감해지
고 너그러워진다. 속도보다는 방향이 기준이 된다.

   내가 배우고 깨달은 일과 인생의 15가지 습관

BH 067

그렇게 일을 배웠고 그렇게 일을 마쳤다
: 삼성, LG, 현대를 다니며 깨달은 것들

초판 1쇄 발행 2026년 4월 1일
초판 2쇄 발행 2026년 4월 6일

지은이 박만수

펴낸이 이승현
디자인 스튜디오 페이지엔

펴낸곳 좋은습관연구소
출판신고 2023년 5월 16일 제 2023-000097호
주소 서울 마포구 월드컵북로 400, 서울경제진흥원 5층 출판지식창업보육센터 18호

이메일 buildhabits@naver.com
홈페이지 buildhabits.kr

ISBN 979-11-93639-76-4 (13320)

- 이 책은 저작권법에 따라 보호받는 저작물이므로 무단 전재와 복제를 금지합니다.
- 이 책의 내용 전부 혹은 일부를 이용하려면 반드시 좋은습관연구소로부터 서면 동의
  를 받아야 합니다.
- 잘못된 책은 구매하신 서점에서 교환 가능합니다.

좋은습관연구소에서는 누구의 글이든 한 권의 책으로 정리할 수 있게 도움을 드리고
있습니다. 메일로 문의주세요.